JN295032

サービス・イノベーション

価値共創と新技術導入

南 知惠子
西岡健一 著

Service Innovation:
ICT as an enabler for co-creating value

Chieko Minami
Kenichi Nishioka

有斐閣

まえがき

経済活動のサービス化が進行し，提供される製品のハードウェア的な面とサービスとが徐々に分離しづらく，一体化してきていることは日常的に観察できるであろう。スマートフォンの購入は，処理速度や液晶のきれいさ，それに電池容量といった端末のハードウェアとしての性能は重要ではあるものの，それ以上に「いつでも」「どこでも」インターネットに接続できることに意味がある。ＳＮＳをはじめとしたさまざまな通信サービス，音楽やゲームなどのエンタテイメントなど，スマートフォンと通信サービス，コンテンツとが一体となることで，ユーザーに意味をもつことになる。

従来，「サービス」はサービス業で提供される財を示し，製造業においては製品に付加的なものという認識であった。しかしながら現在，サービス業のみならず製造業者もサービスに着目する時代となっている。これは製造業において，従来の「モノ」を製造する役割だけでなく，顧客に「価値」を提案し，提供する活動の重要性が認識されつつあるからである。このようなビジネスの現場における「サービス」への関心，これは製造業において確立されたさまざまな経営的手法や知見をサービス業に当てはめようとしてきた「サービスの工業化」とは異なる事柄である。

「サービス・イノベーション」とは，新しい技術により画期的なサービスが世の中に生み出されることである。一方で，新サービス創出だけでなく，従来，提供されていたサービスであっても，飛躍的に生産性が上がったり，サービスの提供プロセスが変わったりすることもサービス・イノベーションである。本書は、「サービス・イノベーション」に関して、サービス産業におけるサービス生産性の向上への観点だけでなく、製造業も含めたビジネスのサービス化による市場における価値創造活動に着目している。

いったい、なぜサービス業は経済活動に非常に大きな影響を与えていながら、経営手法において課題が多いと目されがちなのか。これには、サービス特有の問題が関わってくる。サービスは、製造物を取引することと異なり、形のないものを取引する。前述の通信サービスは、通信という、形がなく、見えないものをやりとりしている。「モノ」を通じてではなく、サービスはその提供する「プロセス」を通じて顧客と価値を交換する。音楽配信サービスを利用するのは、結果として楽曲を手に入れることに目的があるのでなく、音楽を聴いて楽しむというプロセスに意味がある。さらにサービス提供を受けることには、ユーザーが積極的にそのプロセスに関わることが求められる。スマートフォンにたくさんアプリケーションが提供されていても、ユーザーが使い方を知らなければ、あるいはそれを使わない限りはサービスが成り立たないのである。

サービスにはさまざまなものがあり、それぞれの業界を形成している。たとえば、金融、医療、教育、行政、観光、輸送、広告等と業界規模も性格も異なるが、人を介在して提供するサービスの場合は、しばしば労働集約的となり、サービス提供の生産性を上げにくいという問題がある。医療を例にとっても、医療従事者と患者とは、診療という直接的、対面的な接触で医療サービスを形成していることになるが、医師は一人一人の患者にかけられる時間やエネルギーは限られているし、また患者も直接アクセスできる医療機関を選ぶしかない。たくさんの患者を診ようとして、数分の診察だけで数をこなせば、患者としては注意深く診てもらっていないという不満足につながる。そこで通信技術により遠隔医療が提供されれば、医師も患者も相互にアクセスできる範囲が広がり、また直接的な接触時間が少ない、あるいはなくても、医療行為の成果自体を上げていくことができる。このような技術利用により、サービスのプロセスを変更したり、生産性を上げていくこと自体もサービス・イノベーションと呼ばれる。

サービス・イノベーションへの注目の中で、新技術による新サービスの創出や、新技術によるサービスへの科学的な手法の投入、すなわちサービス業務を測定化して生産性を上げていこうとする方向性はかなり議論され、実践されてきたといえる。そのような中で、筆者らの問題意識としては、新サービスの創出もしくはサービスの生産性向上へのアプローチが、ともすれば一面的に捉えられてきているのではないかということがあった。つまり、サービス・イノベーションとは、イノベーションである限り、社会における普及プロセスを含むものであり、単に新技術に注目するだけでも、技術による測定の問題だけでもないはずである。むしろ、新技術を援用して、社会に何がもたらされるのか、その仕組みや考え方を整理したいというのが本書を執筆するきっかけであった。

本書のめざすのは、サービス・イノベーションという現象を、新技術を導入することにより、技術というものがサービスの創出や生産性向上にどのように貢献するのかを、最終的に実現される顧客価値というものを通じて明らかにするということである。本書では情報通信技術（ＩＣＴ）を中心に議論を進めているが、それ以外の技術、すなわち製造業者における中核技術についても着目している。

本書は理論編と事例編とに分かれている。まず理論編では、サービスとは何か、サービス・イノベーションとは何か、技術はなぜ、どのようにイノベーションを実現化させうるのか、サービスを管理する上で何が重要かを論じている。またサービス企業だけでなく、製造業もサービスによる製品付加価値を向上させようとしてきているという現状を踏まえ、製造業によるビジネスのサービス化についても焦点を当てている。

事例編では、筆者らが数年間にわたり、サービス・イノベーションに焦点を当てて調査・研究してきた事例を紹介している。ここに紹介する事例はそれほど世の中に知られていない事例かもしれないが、サービス・イノベーションの本質に関わるさまざまな諸側面をそれぞれにもっている。事例研究を通じて、サービス・イノベーションがどのように起こってきているのか、どのように分類できるのかが結果として明らかになっている。

本書は「サービス・イノベーション」に関するさまざまな学際的な議論を取り扱っているが、この分野に関心のある研究者だけでなく実務家を読者の対象に含めており、そのためできるだけ議論を整理し、解説には具体例を用いて説明するようにしている。しかしながら本書は、完成された理論や議論を解説する教科書ではない。現在進行中であるビジネスの事例とアカデミックの世界で議論されている内容、そして筆者らが研究してきた研究上のさまざまな知見を盛り込んでいるものである。本書をきっかけにこの新しい研究分野が進展すること、そして多くの実務的なインプリケーションが生まれることを期待している。

本書はサービス産業および情報通信産業に関わる実務家・研究者を読者として想定できるが、それだけではなく製造業に携わる実務家にも参考になる内容と考えている。本書では、製造業がビジネスのサービス化を行うためには、中核技術の開発・育成とともに、こうした技術の適用領域を設定することの重要性をより強く示唆している。その点で研究開発や技術部門で働く方々にも読んでいただきたいと思っている。

読者諸氏には、これらの理論的な説明や事例を通して、現在起こっているサービスに関連するイノベーションを理解する契機となり、またビジネスに新たなイノベーションを吹き込むための何らかの示唆を感じとっていただければ、筆者らにとって望外の喜びである。

目　次

目　次

目　次

目　次

本書のコピー、スキャン、デジタル化等の無断複製は著作権法上での例外を除き禁じられています。本書を代行業者等の第三者に依頼してスキャンやデジタル化することは、たとえ個人や家庭内での利用でも著作権法違反です。

序章 サービス・イノベーションへのアプローチ

1 サービス・イノベーションとは何か

サービスとイノベーション

かつて多くの日本人にとって、寿司は大人になってから寿司屋に赴き、カウンターに座り、目の前で寿司職人に握ってもらって食べるものであった。家庭では、近所の寿司屋から桶の寿司を出前で取ることはあったが、それは客人を迎えるためのものや、何らかの非日常性を伴うものであった。

現在では、寿司というものはパッケージ化されてスーパーの店頭に並んですっかり非日常感がなくなっているばかりか、回転寿司という業態の開発により、寿司屋というものは大人だけが楽しむところではなく、親も子も揃って店で着席し、レーンの上に流れてくる皿を手にとって食べるところとなっている。さらには、寿司を作るのは職人ではなくロボットやアルバイトとなり、注文が自動化され、寿司を載せた皿が回転するレーンで運ばれる仕組みは、日本のみならず海外でも展開されている。鮮魚を食べることなど考えたこともなかった国の消費者にも受け入れられてきているのである。

回転寿司は鮮魚を仕入れて調理し、顧客に提供する仕組みにおいて、職人技という属人的な能力を必要としなくなったばかりか、顧客にとっては、注文、配膳、精算のプロセスがカウンター式の寿司屋とはまったく異なる仕方でサービス提供されることになっている。その結果として、回転寿司業態は大量出店が可能となり、低価格で寿司を楽しめる人口が増えているといえる。回転寿司をビジネスとして可能にしているのは、調達や出店における資本力のみならず、注文や精算を機械化することや、単品管理における情報技術の利用などによるところが大きい。

サービスの業務プロセスを改革することにより生産性を向上させること、あるいはこれまでにない革新的なサービスを創出することを一般にサービス・イノベーションという。

イノベーションとは言葉の定義上、革新を意味する。ＯＥＣＤ（経済協力開発機構）の定義によると、イノベーションとは研究開発にとどまらず、国境、産業、制度を超えて利用者や商品・サービス提供者に広まるものと捉えられ、事業における製品／サービス、製造提供プロセス、マーケティング手法、組織的な活動という四つのタイプにおいて起こる、新規性もしくは顕著な向上を表す概念とされる。つまり、イノベーションとは、一つの発明物の技術的な発展のみを意味するのではなく、その技術的発展が最終消費者による採用や普及を通じて市場導入されていくプロセスであると捉えられる。発明や創案はそれだけではイノベーションではなく、市場に広められてこそイノベーションになるのである。換言すれば、技術が世の中において何らかの価値を生み出す場合にイノベーションとみなされるということになる。

❖ サービス・イノベーションの特性

サービス・イノベーションもイノベーションの一つとして上記の定義で捉えることができるが、製品のイノベーションと区別して焦点を当てる必要があるのには、次の議論が関連する。

まず、サービス財やサービス取引がもつ、製品にはない特性を、イノベーション創出に関連させて議論する立場である。加えて、サービスこそが情報技術の恩恵を享受できるという主張である。

サービスには製造物とは異なる特徴がある。航空便利用といったサービスの場面を想定してみると、輸送サービスを提供してくれる側の企業と利用客との同時参加によりサービスが形成される。空港カウンターでの搭乗チェックイン時に、顧客側が預け荷物や機内持ち込み手荷物の重量や品目に制限があることを理解していれば、スムーズにチェックインが行われるが、顧客側が理解していないか、協力的でなければチェックイン時に制限を超えた物の取扱いをめぐって、顧客側がスーツケースから中身を取り出したり、超過料金を支払わされたりということが起こる。さらに次にチェックインを待っている顧客が必要以上に待たされるということが起こる。逆に、空港職員の機転により、予約していた席よりもより好ましい席へと変更がなされ、顧客がその航空会社に対して高いサービス品質を感じることも少なからずある。形がなく、顧客との共同作業で行われるサービスをいかに標準化し、また質を一定水準に保ちつつ提供するかということは、質の標準化を前提とする工業製品の提供では起こりえない問題であり、サービス特有の問題として捉えられる。

サービス提供が顧客の参加により行われることはサービスの生産と消費が不可分になることを意味し、結果としてサービス品質を標準化させることが難しいという問題、サービス生産性の問題にもつながる。サービスの生産性向上において、工学的な発想、すなわちサービスの業務を一つのシステムとして捉えて設計し、システムを構成する要素（個々のサービス業務）を標準化していくことにより目標を達成しようとする立場がある。このサービスの工学的なアプローチは、サービス・サイエンスと呼ばれる。工学的な発想と手法自体の導入がサービス・イノベーションの一つの次元として捉えられることになる。

サービスのマネジメントに対して設計発想や測定問題を導入するというアプローチがある一方で、新市場開拓という観点からサービス・イノベーションを捉えようとするアプローチもある。たとえば消費者による口コミサイトは、ICT（情報通信技術）利用により可能になったものであるが、口コミサイトの情報を企業が収集し、新製品開発やプロモーションに利用する、いわゆるプラットフォーム・ビジネスと呼ばれる事業形態は、まさしく新技術利用による新規サービスである。これは消費者間の情報交換が、企業にとっての情報収集となるばかりでなく、消費者自身が情報交換、情報収集において便益を得るという、従来にない新しいビジネス形態を形成している。また、企業側、消費者側の両方において市場開拓につながることがこれまでのサービス開発にはみられない点である。

サービスのシステム化による設計や測定を推進するアプローチも、サービスにおける新市場開拓も、ともに新技術の導入を基盤としている。換言すれば、サービス・イノベーションとは、新技術導入による、サービスのシステム化発想による生産性向上と、革新的な新サービス創出との両方を意味すると定義することができる。

2 サービス・イノベーションが望まれる社会的背景

❖ サービス・イノベーションへの関心

サービス・イノベーションという概念は、すでに一九九〇年代の初めからサービス経済化に伴う現象として主張されていたが[(1)]、日本においては、二〇〇六年に閣議決定された「経済成長戦略大綱」にサービス戦略が盛り込まれたことを契機に注目度が高まった。経済成長戦略において、サービス産業を製造業と並ぶ経済戦略の双発のエンジンと位置づけ、サービス産業の生産性を向上させること、さらにICT、イノベーションとの関連でサービス戦略の必要性を打ち出したことは、サービスにおけるイノベーション創出へのさまざまな取り組みを促した。サービス産業における生産性向上を支援する組織の設立や、経済産業省、文部科学省による、サービス・イノベーションの推進を目的としたさまざまな研究プロジェクトの公募は、産業界と大学との連携による研究を促進し、また経営管理と工学とを代表とする学際的な研究アプローチが発展したという点でも影響力が大きかったといえる。

サービス・イノベーションを促進させようという機運には、サービス産業における生産性向上のみならず、世の中に新規なサービスを創出することも期待されている。アメリカでは、グーグルやアップルといった企業が、モバイル機器を通じたサービス提供を中心に、企業や消費者の経験や価値を変えてしまうほどの革新的なサービスを創出しているのと比較して、[2]日本からグローバルに影響を与えうるほどの、産業界を牽引し、社会を変革するようなインパクトをもつサービスが新たに生まれていないという認識も、サービス・イノベーション創出への関心につながっているといえる。

❖ 経済におけるサービス化の進行

サービス産業におけるイノベーションが望まれる背景には、経済のサービス化現象の進行という現実があり、またサービス産業自体が製造業とは異なる特徴をもっていることが指摘される。経済のサービス化は、経済活動においてサービスの占める割合が増加することを指すが、その指標として、通常、GDP（国民総生産）におけるサービス産業の占める割合や就業人口におけるサービス産業就業者の割合の増加が用いられる。あるいは家計消費に占めるサービスへの消費支出の増加もサービス経済化の進行を示すものである。

第一次産業と第二次産業を除く、第三次産業は広義のサービス産業と捉えられている。図序−1に示すように、すでに日本のGDPにおけるサービス産業の占める割合は七〇%を超えている。経済発展とともにサービス化が進行することはよく知られており、アメリカ、ドイツ、イギリス、フランスといった先進国ではサービス化比率は七割から八割を占める一方で、BRICSや中国といった新興国では、サービス化はまだ進展していないことが指摘される（図序−2参照）。

就業者人口も、サービスに従事する就業者数がやはり全体の七割近くとなっており、経済社会の中で、サービス産業が雇用創出や労働力の受け皿という点でも大きな役割を占めていることがわかる

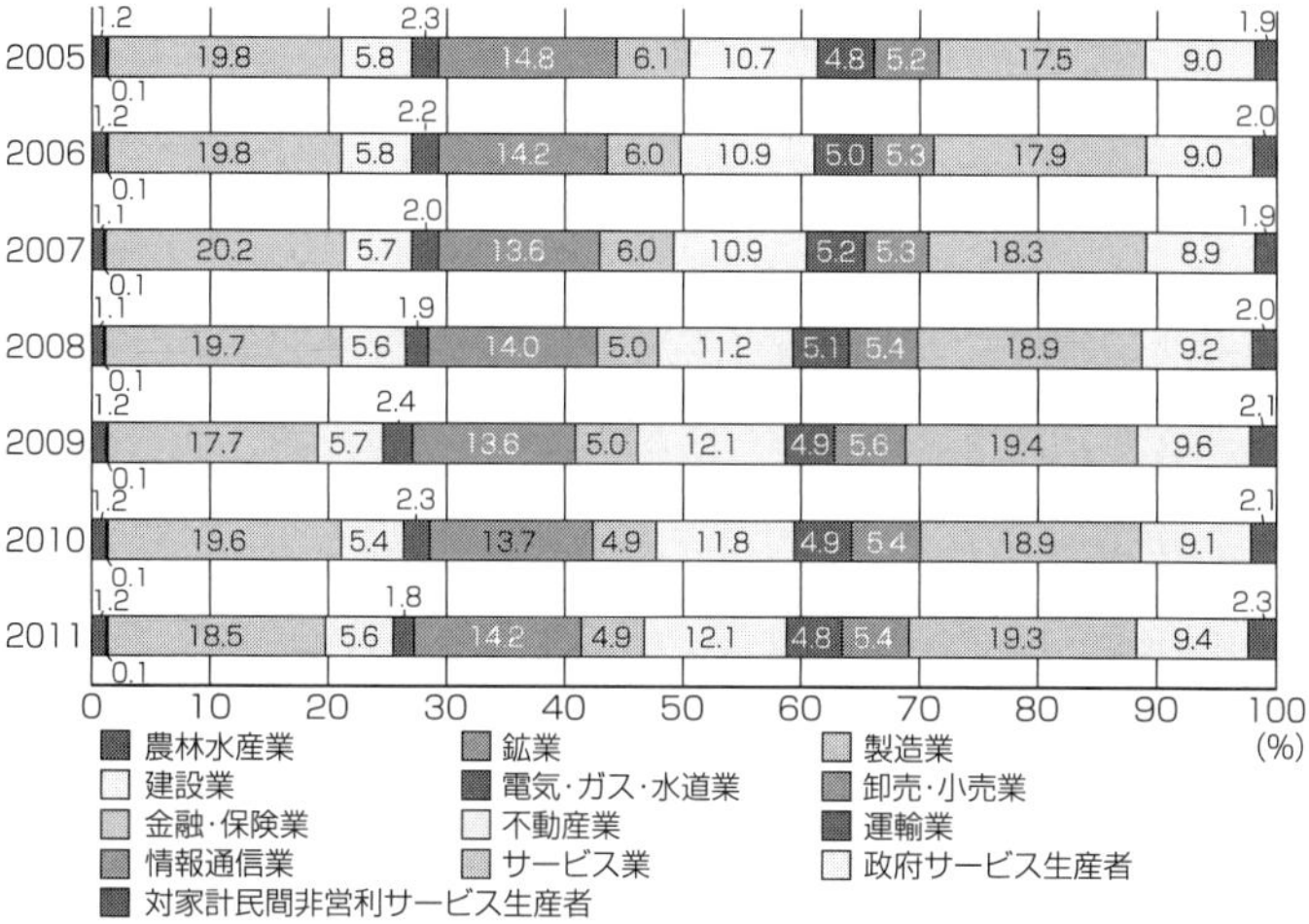

（出所）内閣府統計情報・調査結果より筆者作成。

図序-1　経済活動別（産業別）GDP 構成比（名目）

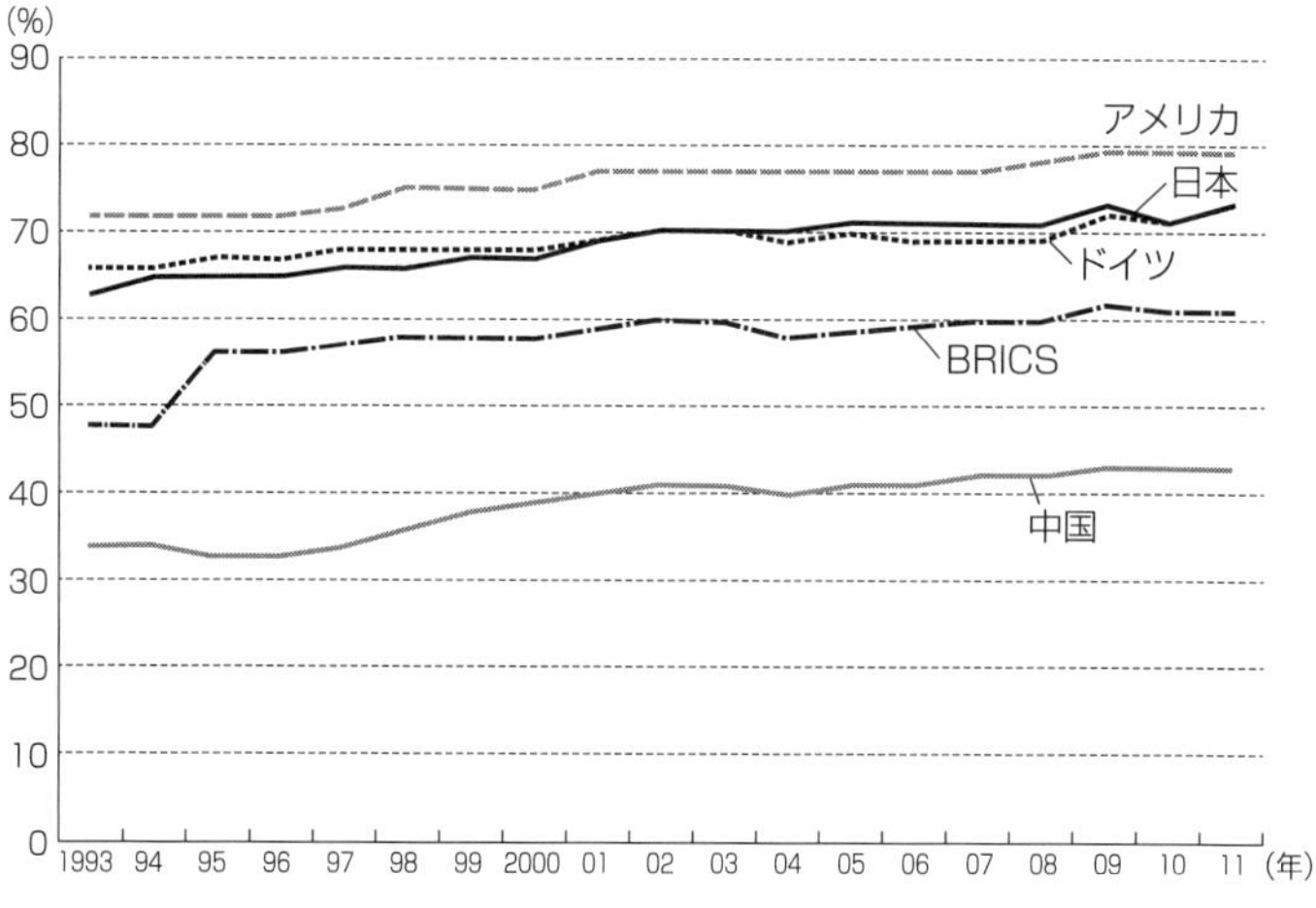

（出所）世界銀行調査結果より筆者作成。

図序-2　各国の GDP に占めるサービス産業の割合

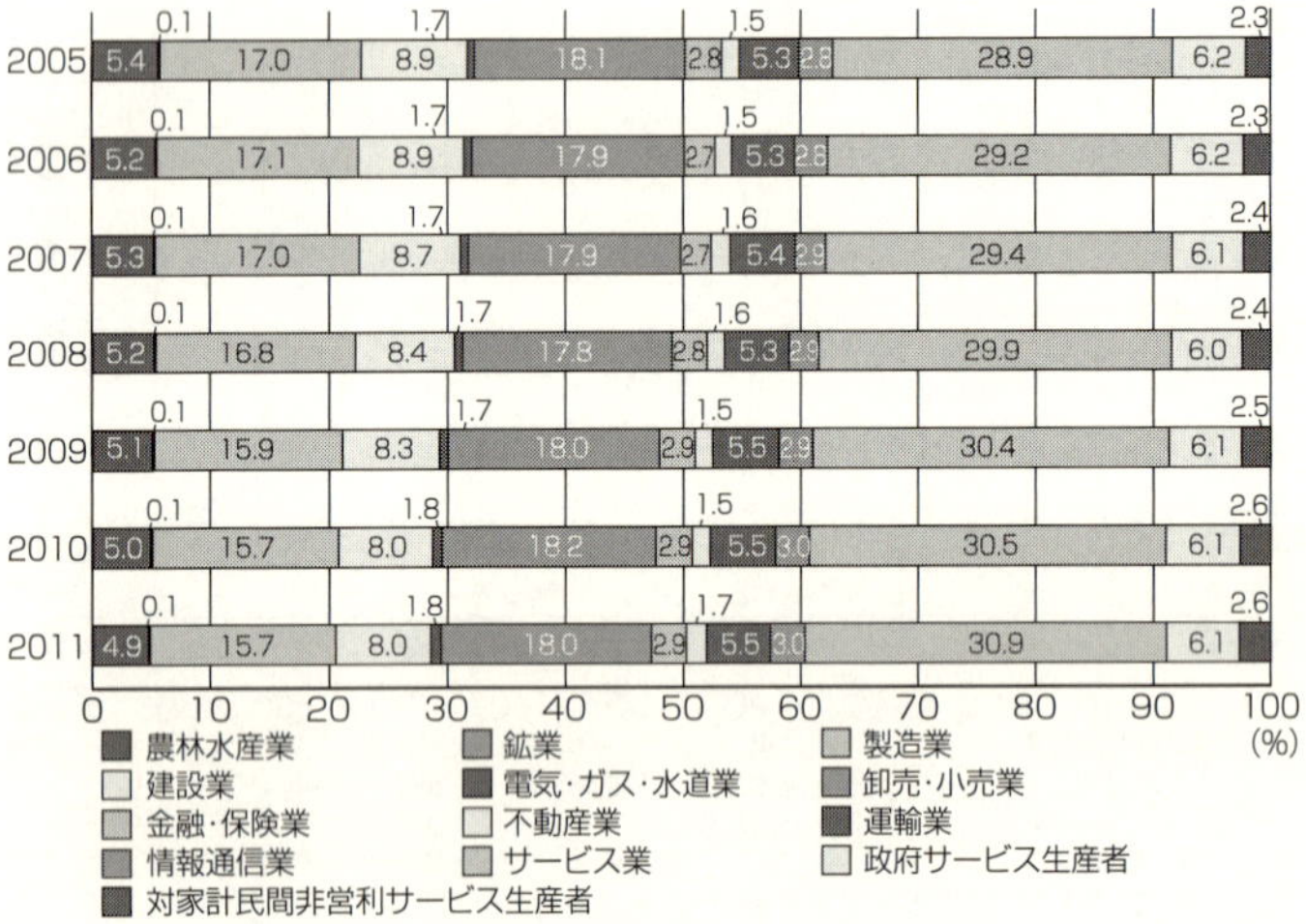

（出所） 内閣府統計情報・調査結果より筆者作成。

図序-3 経済活動別（産業別）就業者構成比

（図序-3参照）。「ものづくりジャパン」といわれるように製造業はながらく日本の経済の支柱であり続けてはいるが、GDPに占める割合は二割を切っており、七割を占める第三次産業、つまりサービス産業の生産性をどう向上させるかが重要性をもつのは明らかである。経済活動におけるサービスの進展とともに、家計消費支出に占めるその割合も増加することになる。総務省の『家計消費年報』調査では、家計支出（総世帯）における支出構成を、「耐久消費財」「非耐久消費財」「半耐久消費財（靴や鞄など）」「サービス財」と四分類しているが、このうちサービスへの支出が最も多く、四四％を占めるようになっている。

経済におけるサービス化進行に伴い、サービスの生産性向上を促進することや、サービスにおけるイノベーションを起こすことが望まれることになるが、サービス・イノベーションを推進していくためには、まずサービス・イノベーションがどのように起こるものであるのか知る必要がある。次節以降、サービス・イノベーションが、新技術と市場における価値とにおいてどのような関係にあるのかに注目することにする。

3 市場における価値創造とサービス・イノベーション

❖ マーケティング活動との関わり

サービス・イノベーションは新技術に関連するものであるが、一方で社会に受け入れられ価値を生み出すという点で、市場における価値創造、すなわちマーケティング活動に関わることに注目する必要がある。

サービス・イノベーションへのアプローチは、経営管理、工学分野を含み、マーケティング、オペレーションズ・マネジメント、組織論と学際的になされてきた。マーケティング的な観点からのサービス・イノベーションへのアプローチは、顧客を問題の焦点に置くという点が他の分野とは異なる。サービス形成に顧客自身が関わり、品質を知覚するため、サービス開発において顧客自体の重要性が強調されるのである。

マーケティング分野においては、サービス・イノベーションを、①顧客満足と生産性とのトレードオフを新技術の援用により解消すること[3]、②顧客が便益を享受する新市場を創出すること[4]、の二点において捉える傾向にある。つまり、新技術の援用による、製品／サービスやプロセスの顕著な向上をイ

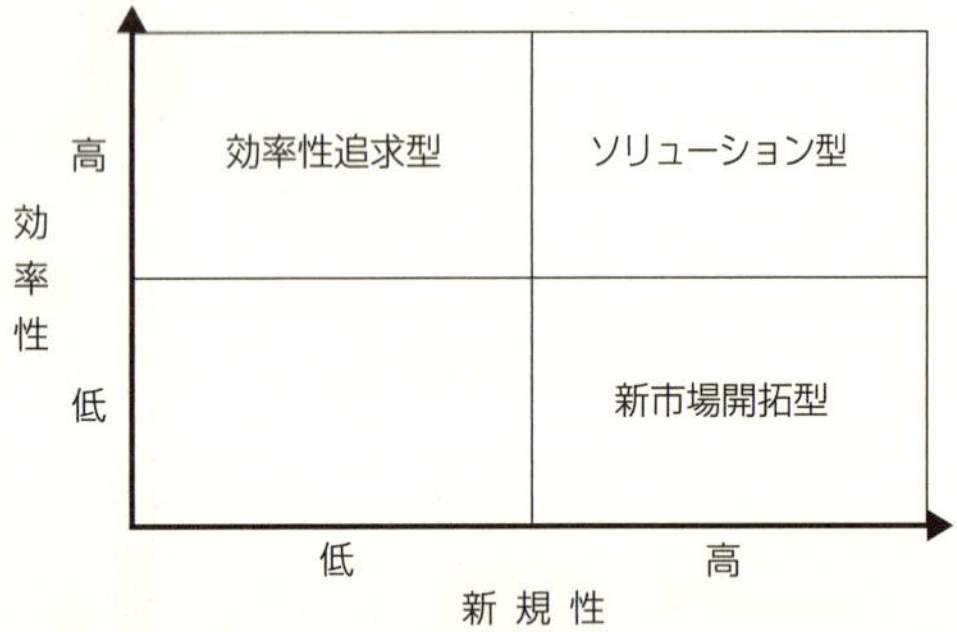

図序-4　サービス・イノベーション・アプローチの方向性

ノベーションの目的と捉えるのではなく、顧客における成果問題として捉えるのがマーケティングにおけるサービス・イノベーションへのアプローチの特徴といえる。

サービス・イノベーションを生産性と新サービス創出との二つの軸で捉えようとするとき、生産性の問題は、インプットに対するアウトプット創出の効率性に関わることになり、新サービスの創出は、サービス自体の新規性を意味する。つまりサービス・イノベーションを起こす方向性として、サービス創出・提供における効率性の軸と新規性の軸とで考えることができる（図序-4）。

❖ 顧客価値と生産性の追求

顧客満足と生産性とのトレードオフ解消という問題は、サービスのもつ特徴に関連する。サービス提供が、顧客の参加を必要とし、無形の経験的なものによるということは、サービス品質を標準化させるということを難しくする。サービス提供が多くの場合、労働集約的であり、かつサービスの品質を標準化し、向上させることが難しいということが現実問題として起こる。しかし一方で、サービスの品質評価に顧客側の知覚や満足が影響を与えることから、労働集約的な環境下で、顧客を満足させつつサービス提供の生産性を上げるということ、つまり顧客満足と効率性を追求することはしばしばトレードオフとして捉えられる。顧客一人一人へのカスタマイズを追求すれば、サービス提供は当然ながら効率が悪くなる。しかしながら、機械化によるセルフサービス化の推進は、このトレードオフ関係を解消できる可能性がある。

たとえば、出張時のビジネスパーソンにとっては、ホテルのチェックアウト時に、カウンターで個々に接客されることなく、自動精算機で行う方が、利便性が高く満足度が高いということがあろう。サービス・イノベーションは、単なる自動化ではなく、サービス提供のうちどの部分をセルフ化し、どの部分を接客対応するのが、効率性と満足度の向上とを同時に追求できるかという問題に関わり、サービス・オペレーションのモジュール化やモジュールの組み合わせ、つまりサービスの再設計という方向性を示す。効率性は生産性向上のための一つの概念であり、ここに測定技術の進化という点も重要性をもつ。

一方、サービス・イノベーションとは、競合他社のみならず顧客の行動に劇的に影響を与えるに十分なだけの訴求力があり、その新しい便益を顧客が知覚しているような、パフォーマンス向上としても捉えられる。[5] サービスにおいては、提供と消費が同時に行われることが前提であり、不可分であったものが、「切り離しができる」ことにより、新しい便益が生まれ、イノベーションが起こることがある。たとえば、診療という体面接触的なサービス供与が行われてきた医療サービスにおいて、インターネット利用による遠隔医療の実現のように、情報通信技術が以前は切り離しができなかったサービスをいつでもどこでも消費されうるようなサービスへと変換させてきたことを挙げることができる。

ここで新しい便益の提供という点と同時に、従来サービスの特徴とされてきた点を超えた、提供の仕方の新しさという視点もサービス・イノベーションでは重要な議論となるのである。そしてそれを可能にするのが新技術なのである。

4 ICTの役割とサービス・イノベーション

❖ ICTの役割への注目

イノベーションが技術を基盤として創案を広めていくことだと捉えられるとすると、サービス・イノベーションにおいても新技術がどのようにその創出に影響を与えるのかに注目する必要がある。サービス自体が研究開発や技術集約的になっていけば、製造業のイノベーションの恩恵を受けるのみならず、サービス自体がイノベーションの最前線になることが期待される。技術においてもとりわけ、ITの役割が注目されてきた。[6] ITは近年では、コミュニケーション技術と統合され、ICT (information and communication technology) と呼ばれる。

サービス・イノベーションにおいて、とくにICTの役割が注目される理由として、ICTは、いつでも、どこでも誰とでもコミュニケーションを可能にする、つまりユビキタス性をもつという点がある。さらに経済活動における生産性において知的活動の占める割合が増加していく、つまり知識集約的な経済へと移行していく中で、情報を処理する技術は不可欠であるという現実もある。

サービス・イノベーションにおいて、新しい便益を生み出すということと、新しい提供の仕方を創出するという両面が考えられる。そうすると、ＩＣＴは、サービス・イノベーションに関して、たとえばＳＮＳのように、それ自体がサービスの新規性として捉えられるものを起こすということと、またｅコマースのように、手段として革新性が実現されるということの、両面において影響を与える。

❖ ＩＣＴイネーブラー

ＩＣＴが新規なサービスを生み出しているという点では、ＩＣＴは物事を実現させる役割、すなわちイネーブラー（enabler）としての役割を担っているといえる。また、ＩＣＴを手段として用いることで既存のビジネスを進化させることができるという点では、ＩＣＴはファシリテーター（facilitator）としての役割を担っているということになる。つまりＩＣＴは、ビジネスにおける業務プロセスを促進したり、新しいプロセスを創り出すことができるといえるが、実際にはＩＣＴが直接的にそれを実現するのではなく、既存のビジネスに働きかけ、他の組織内外の経営資源とともに機能することで実現している。このＩＣＴが他のリソースを機能させるという考え方は、ＩＣＴイネーブラー議論と総称される。

ＩＣＴが何をどのようにイネーブル（実現化）するかについては、まず、統合化、協働化、処理の高度化という点が主張されてきている。ＩＣＴには組織間をつなぎ、統合する役割がある。たとえば企業間の受発注システムなど、企業の業務プロセスがＩＣＴにより接続され、業務の効率化が実現される。また、組織間をつなぐだけでなく、関係を密にし、組織的な協働関係を実現し、促進、モニター、コントロール、ガイドするという役割を果たしている（図序-5）。インターネットで企業間をつ

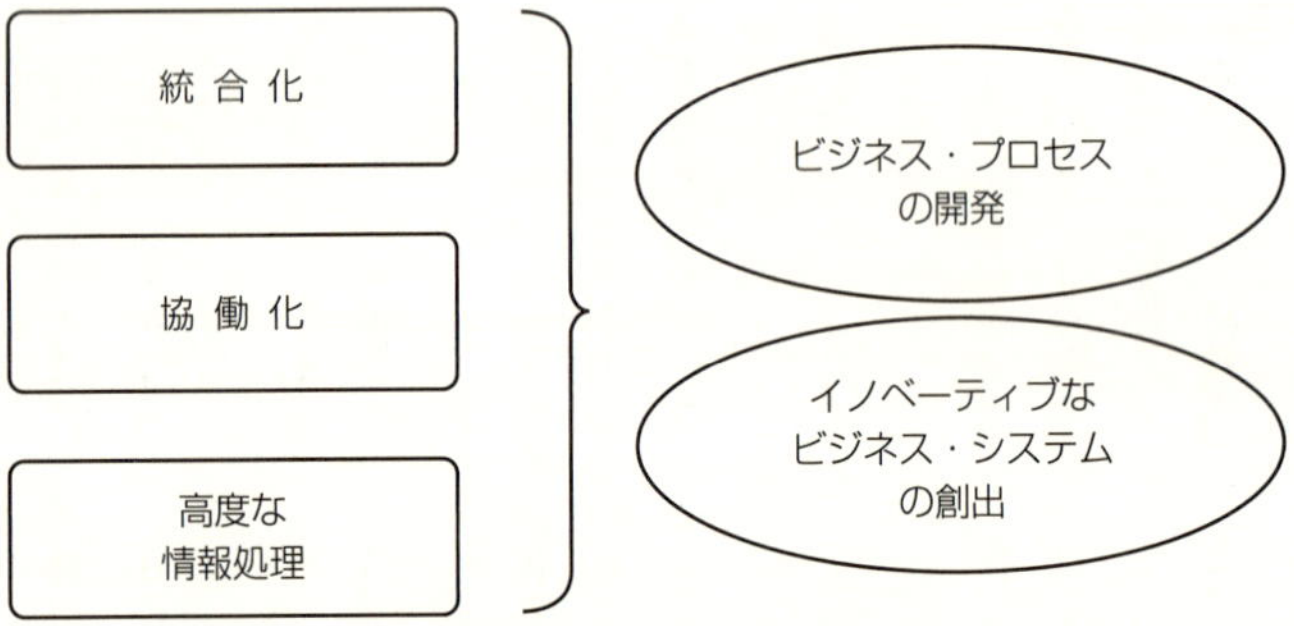

図序-5　ICT イネーブラーの機能

などだけでなく、協同して需要予測を行い、在庫補充システムを構築するということがＩＣＴによって可能となる。さらに、ＩＣＴは情報集約的であり、高度な分析処理を実現化させている。たとえば小売店で日々買い物をする消費者の購買データを収集、蓄積し、短時間で分析処理するということも、ＩＣＴにより可能となる。

これら統合化、協働化、高度な情報処理という、三つのＩＣＴのイネーブリング機能により、結果として、ビジネス・プロセスの開発と、イノベーティブなビジネス・システムの創出、つまり狭義のサービス・イノベーションが起こることになる。ビジネス・プロセスの開発とは、二社間による受発注システムの導入に関わりなく、サプライチェーン全体のマネジメントなど、製造と供給の連携システムにおいて、ビジネスの諸活動を効果的に実施することを指す。ＩＣＴシステムと他の職能とが統合され、境界が拡大することも起こる。たとえばＥＲＰやＣＲＭ（顧客関係管理パッケージ）がこの例に当てはまる。また、後者は、製品・サービスを提供するサービス・プロセスの新しい展開をもたらし、新しい企画や方法を提供することを実現していくことになる。

5　価値共創と新技術導入のサービス・イノベーション

サービス・イノベーションをマーケティングの観点からアプローチする場合、イノベーションの成果が生産性の向上にとどまらず、顧客における成果に焦点があるということはすでに述べたが、マーケティング理論において、近年、顧客の捉え方についてより進化した議論が起こってきている。サービス・ドミナント・ロジックと呼ばれる考え方に代表されるように、マーケティングという活動を、企業と顧客との価値形成・交換と捉えることからさらに進め、顧客との価値共創が主張されるようになってきている。顧客との価値共創は、顧客が企業の製品開発プロセスに関与することを意味する場合もあれば、顧客こそが使用する場面において価値を創り出すのであり、企業は価値を創り出す提案をするのみであるという議論もされてきている[(7)]。

サービス・イノベーションに関して、市場における成果を考える際に、顧客満足の追求にとどまらず、企業側が顧客の価値をどのように提案し、実現していくかという観点が必要となってこよう。価値を共創する上での、顧客との相互作用や、企業内部の活動のみならず、企業の取引ネットワーク内に存在するアクターとの関係性や相互作用がどのようにイノベーションさらには顧客価値を生み出すかに注目すべきであると考える。

そこで本書では、ＩＣＴイネーブリング議論に関連して、企業間の関係性つまりネットワーク連携の程度と、そこから生み出される価値とに注目することにする（図序-6参照）。私たちは、ＩＣＴの

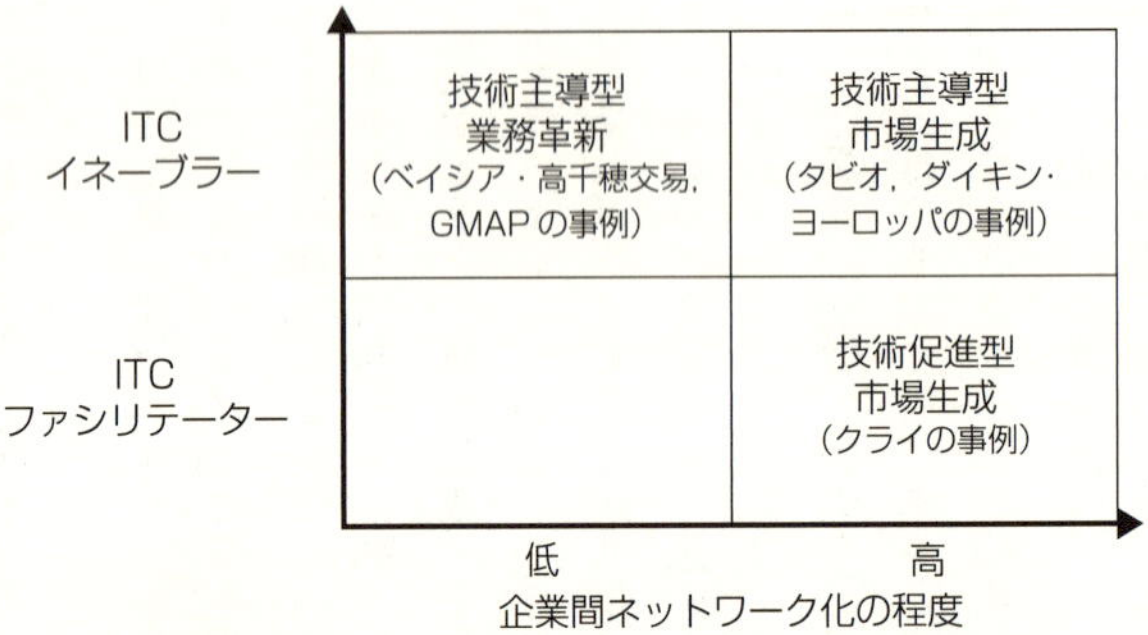

図序-6　ICT ベースのサービス・イノベーション類型

機能のうち、イネーブリング（実現化）と、企業間ネットワーク化の程度とに注目し、これらの二軸でサービス・イノベーションの類型化を試みる。ICTの他のリソースに働きかける機能（イネーブラー）が、企業の活動の中で価値を創り出すということを考えるときに、革新的な動きの多くは、企業内にとどまらず企業を超えた連携により生み出されている。つまり従来型の企業間取引による付加価値の連鎖、つまりバリュー・チェーンにとどまるより、バリュー・ネットワークこそが重要であると考えるからである。また、ICTがイネーブリングする程度が低い場合は、ICTはビジネスにおいて何かを起こす前提や不可欠なものというより、ビジネス・プロセスの発展を促進するものと捉えることができる。

6　本書の構成

本書は次章以下、次のような構成で議論を進める。まず第1部を理論編として位置づける。第1章において、サービスと顧客価値との関連について焦点を当て、第2章において顧客との価値共創の問題について、サービス・ドミナント・ロジックと、オープン・イノベーションの観点から取り上げる。第3章では、サービス・オペレーションが顧客満足にどのように関連するか、とくに小売業を対象として議論する。またサービスのオペレーションに対する顧客の知覚の問題として、とくにレジ待ちへの消費者の反応の調査結果を示す。第4章では、サービスにおける新技術導入についてICTのイネーブラー機能を中心にさらに議論を深めるとともに、サービスの設計とオペレーションの問題について取り上げる。第5章では、サービス・イノベーションのうち、製品とサービスとの統合問題を取り上げ、とくにサービタイゼーションと呼ばれる製造業のサービス化現象について議論する。さらに、製造業のサービス化アプローチの問題について、日本の上場企業の現状と課題をアンケート調査に基づき示す。

第2部では、事例編として、ICTベースのサービス・イノベーション類型の分析枠組みに基づき、第6章はサービス・オペレーションの革新とネットワーキングの事例としてタビオ社のアジャイル型サプライチェーン・マネジメントの例を取り上げる。第7章では、サービス・オペレーションの設計と顧客価値の事例として、イタリアの小売業であるクライ社が提供している量り売りの仕組みとそれを支える環境対応型のサプライチェーン・マネジメントとの事例を説明する。第8章では、新技術導入によるサービス・オペレーションの再設計に関する事例として、技術専門商社の高千穂交易と日本のスーパーマーケットであるベイシアが協働して行った事例に焦点を当てる。第9章は、新技術導入による業務効率化の事例として、GMAPコンサルティング社の提供している地理情報システムに基づくエリア・マーケティングの事例を取り上げる（図序-6参照）。第10章では、サービタイゼーションの事例として、ダイキン・ヨーロッパ社の事例について議論する。
終章では、サービス・イノベーションを通じて、顧客との価値共創をどのように実現していくか、理論的に整理するとともに、実務的な含意を述べ、本書を締めくくることとする。

注

(1) Miles (1993).
(2) ハイテク企業を中心に構成するナスダック市場では、二〇一三年一一月二六日時点での株式時価総額一位企業がアップルで四八〇〇億ドル、二位のグーグルが三五四〇億ドルである(『日本経済新聞』二〇一三年一一月二八日付)。
(3) Huang and Rust (2013), Dotzel, Shankar and Berry (2013).
(4) Berry, Shankar, Parish, Cadwallader and Dotzel (2006).
(5) Berry, Shankar, Parish, Cadwallader and Dotzel (2006).
(6) Miles (1993).
(7) Vargo and Lusch (2004).

第1部

理論編

サービス・イノベーションと顧客価値

第1章　サービスにおける顧客満足と顧客価値

1　サービスの特徴と顧客の位置づけ

❖ サービス・イノベーションと顧客価値

イノベーションとは、新技術の発明や創案にとどまらず、市場における普及プロセスを伴う。そしてサービス・イノベーションとは、サービスを受ける顧客も競合企業も市場において新しいサービスが生み出されたと認識するような新規のサービスが創出されること、あるいは従来からあるサービスであってもサービス提供の仕方において革新的に生産性の向上が達成されること、この二つの方向性で考えられることを序章で述べてきた。企業により新しい提供物が市場に導入される際に、顧客自身が価値を認めなければ市場において普及しない。換言すれば、サービス・イノベーションは顧客に価値が認められ，価値が形成されてはじめてイノベーションが起こったといえる。その点で，サービス・イノベーションと顧客価値とは切り離して考えることができない。マーケティング分野ではサービスの生産性向上と顧客満足とがトレードオフになり，それを新技術により解消するのがサービス・イノベーションであるという考え方も示されてきた。

そこで，本章では，サービスを享受する側である，顧客の問題に焦点を当て，顧客満足と顧客価値について議論していくことにする。サービス財の取引において，なぜ顧客の問題がクローズアップされるのか。それはサービス取引が消費財等の製造物の取引と異なっていることに大きく関連する。そこで，まずサービス取引の特徴についてみていくこととする。

❖ サービス取引の特徴

サービス取引の特徴として，まず形のないものを提供したり，受け取ったりするという，財の無形性が挙げられる。消費財の場合，物の所有権が企業から消費者に移転され，消費者は物を入手してから消費をし始めることになるが，サービスの場合は，サービスを企業が創り出すことと消費者がそれを消費することが不可分であり，同時に進行する。

サービスの形成に受け手側の参加が不可欠であるということは，サービスの品質に受け手側も直接的に影響を与えるということになり，結果としてサービスの品質を標準化させることが難しいという問題が発生する。レストランでの飲食というサービス財を例にとると，レストランから出される料理を，顧客が食事をすることにより成り立つ。顧客自身もサービスの提供プロセスに直接参加しなければ

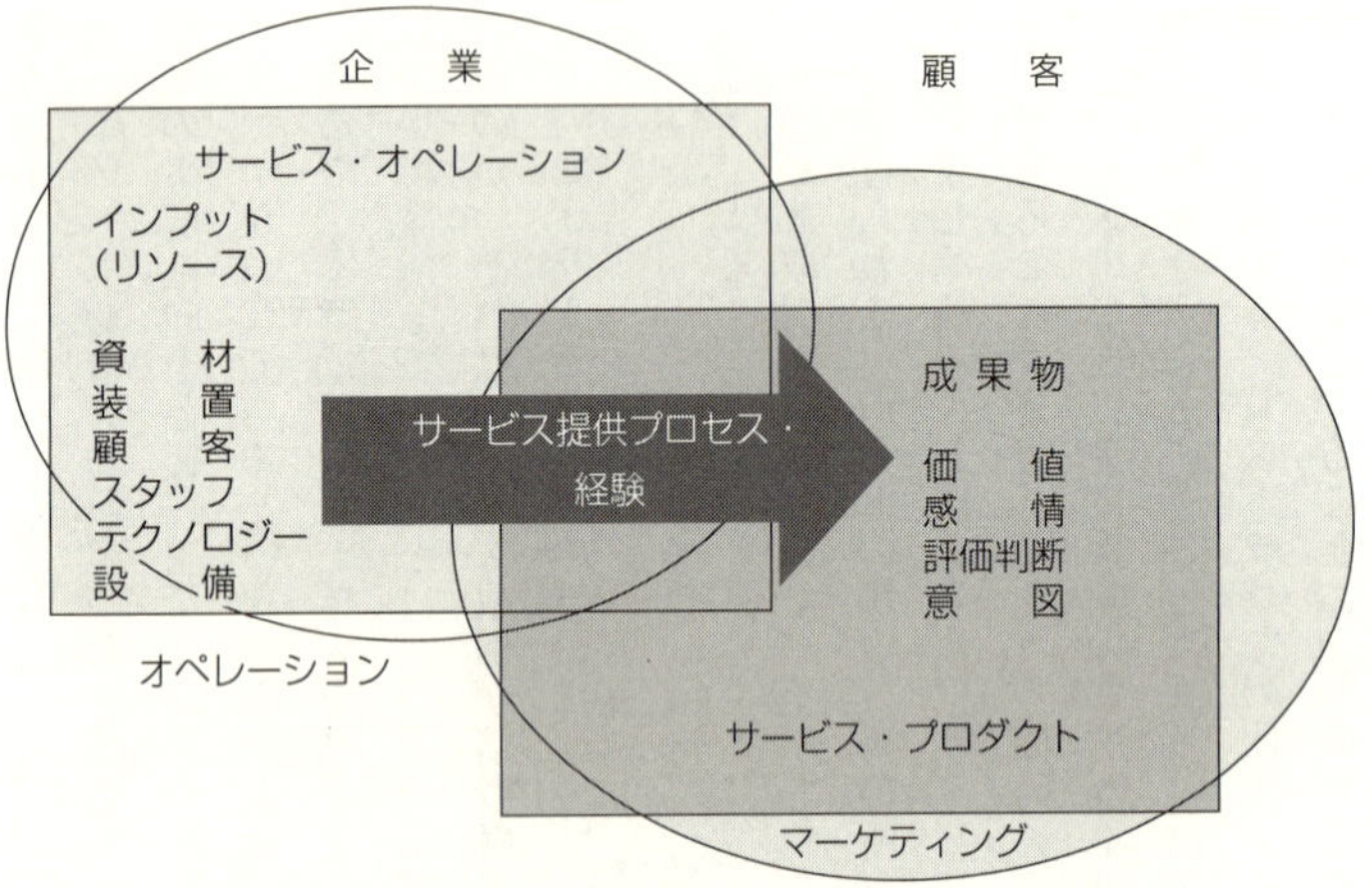

（出所）Johnston and Clark（2005）より筆者作成。

図1-1　サービス・プロダクトと顧客における成果

ばならない。また，給仕や配膳と顧客の着席や食事，従業員との会話など，サービスのプロセスは顧客との相互作用で進行する。サービスを提供する側がいかに提供するサービス内容すなわち料理や接客を標準化しようと努力しても，顧客側のふるまいや従業員とのやりとり，顧客側の体調や心証といったもので，サービスの形成自体が変化することになる。また，いかにすばらしい料理と接客を準備していたとしても，標準化された物とは異なり，サービス自体を在庫しておくことはできない。つまり，サービスは，無形性，生産と消費の不可分性（同時性），バラつき性，易損性（在庫の困難性）ということによって特徴づけられることになる[(1)]。

また，サービスは何かを所有することではなく，プロセス自体が消費対象となる。ここでサービスはデリバリー（提供）・プロセスとして捉えられるということもサービスの特徴を考える上では重要な点となる。

サービスのデリバリー・プロセスにおいて、顧客とサービス提供企業との接点はサービス・エンカウンターという概念で捉えられる。サービス・マーケティングにおいては、顧客が感じる価値、満足感といったものが、マーケティング上の成果物となり、一方でそれらを生み出すための活動のフローがサービス・オペレーションということになる。つまり、物の製造であれば、インプットに対し何をアウトプットとして生み出しているかは、製造物それ自体となるが、サービス提供の場合は、生み出されるものはサービス経験となり、アウトプットへの評価が顧客側の評価に委ねられることになるのである（図1-1参照）。

サービスがプロセスの中で形成されるということは、サービス取引が顧客との直接的な接点をもち、顧客との相互作用的な活動の連続によって成り立つプロセスであるということでもある。企業が顧客との対面接触の機会を生かし、顧客ニーズへの適応へと努力すれば、満足した顧客が再利用や継続利用をすることにもつながる。つまり、サービスの取引には、顧客との継続的取引や対面接触という点で、企業と顧客との関係性を発展させるものであるということがいえる。

2　サービスにおける品質評価と顧客満足との関連性

❖ 品質評価と顧客満足

サービスの品質を評価する際に、サービス取引に固有の特徴を反映し、製造物の品質とは異なるという捉え方がある。製造業者によって生み出された製品の品質が客観的属性をもとに評価可能であるのに対し、サービスの形成自体に顧客が関わることから、サービスへの評価は、顧客側の知覚によって形成されることになり、そのことがサービスの品質評価の特異性となっていることが指摘されてきた。(2) たとえばパソコンの品質をハードウェア・スペックで評価することは難しくないが、グーグルのサービスを評価する際は何をもって評価するかは明白ではない。検索処理の速さや適切性など、ユーザー自身がそのサービスから得られるものを得たという感覚こそがサービスへの評価となる。

つまり顧客がサービス形成に参加するということは、サービスの品質自体は顧客の知覚に委ねられることになり、顧客のサービス経験に対する満足とサービスの品質についての知覚が密接に関連するということになる。ここで顧客側が知覚するサービスの品質は知覚品質と呼ばれる。

この知覚品質と顧客の満足とがどのような因果関係で説明されるかについては、多くの研究者の関心を集めてきた。顧客側はサービスを提供される中で、その品質を評価する。サービスのアウトプットとして得られるものが満足であるならば、サービスの品質への知覚とサービスへの満足は関連するという考え方である。

サービスの知覚品質と顧客満足との因果関係について、議論の焦点は、サービスに対して知覚された品質がサービス経験における満足につながるのか、あるいは満足自体が品質の知覚に影響を与えるのか、さらには、サービスの知覚品質と満足とはそれぞれ別個のものとして存在していると区別できるのかということにある。

顧客満足について多くの研究者に影響を与えてきたのは、「期待‐不一致（expectancy-disconfirmation）理論」と呼ばれる考え方である。(3) これは、あるサービス経験に対して事前期待があり、期待されたものに対する確認が行われ、期待に達しなければ満足に至らず、また期待された水準のものが確認される、あるいは期待を超えていれば満足が形成されるという考え方である。知覚品質は先に起こり、顧客満足に影響を与えるものとして捉えられる。たとえばある飲食店に対し、口コミや宣伝により期待感を高めていった結果、思ったほどいい経験を得られなかった場合、不満足に終わるということは日常的にある。単にその対象に対して満たされる、満たされていないという状態が満足感を形成するのではなく、事前にもつ期待が満足度に影響を与えるという考え方である。

これとは異なる考え方もある。顧客がサービス提供を受ける接点において、あるサービスに対して満足感があれば、そのサービスの質を高く評価するという研究結果もある。(4) この考え方の違いは、顧客満足は特定の、一回一回のサービス経験に基づいて形成されるものであり、企業の提供するサービスへの総体的な評価については、全般的な態度として、満足と区別されるものという捉え方から生じるものである。また、知覚品質は、特定のサービス経験に対する評価というより、より全般的な企業のサービスに対する態度として捉えられ、満足の結果として起こるものとされる。たとえば、鉄道会社や航空会社へのサービス評価、通信会社や医療機関へのサービス評価を思い起こしてみれば、一回ごとに品質評価をするというよりも、あの企業のサービス提供は優れているとか、安定しているとか、全体の企業イメージとして評価しているという経験があろう。

つまり、サービスの知覚品質と顧客満足の関係については、顧客満足を、一回ごとのサービス経験の結果と捉えれば、知覚品質が顧客満足に影響するということが想定され、一方で、経験の累積によって品質評価が形成されると考えれば、顧客満足が知覚品質を形成していくものであると捉えることができる。さらに近年では、知覚品質と顧客満足とは独立したものではないという考え方や、サービス品質が高まれば顧客満足が高まるというものではなく、サービス品質と顧客経験とが同時に顧客満足に影響を与えるという主張もある。

❖ 顧客満足と再購買意図

これまで述べてきたように、消費者の心理的プロセスとして、サービス品質と顧客満足との因果関係は多くの関心を集めてきた。その一方で、サービスを提供する企業側からみると、顧客満足がわかれば、顧客の再購買意図や再利用意図を予測できるという期待につながる。そこでサービス・マーケティング分野において、サービスの知覚品質と顧客満足、さらに再購買意図との因果関係を特定化していくことに関心が寄せられてきた。

一九九〇年代以降、顧客満足と再購買意図との関係が注目を集めることになるが、この背景には、サービス提供企業によるマーケティング戦略が関係していることが指摘される。つまり、新規顧客獲得のコストの高さや顧客の離反を防ぐことが戦略的に重要性を持ち始めたのである。サービス提供において失敗した場合にリカバリー（回復）を行うことのコストや、顧客の離反を防ぐことの方が新規顧客獲得コストを考慮しても有効であることが注目されてきた。顧客満足度を高め、推奨行動を促すことがサービス・マーケティングの戦略上、重要性をもつことが指摘されるようになったのである[5]。

サービスの知覚品質と満足とが消費者の再購買意図へとつながるという因果関係については、満足

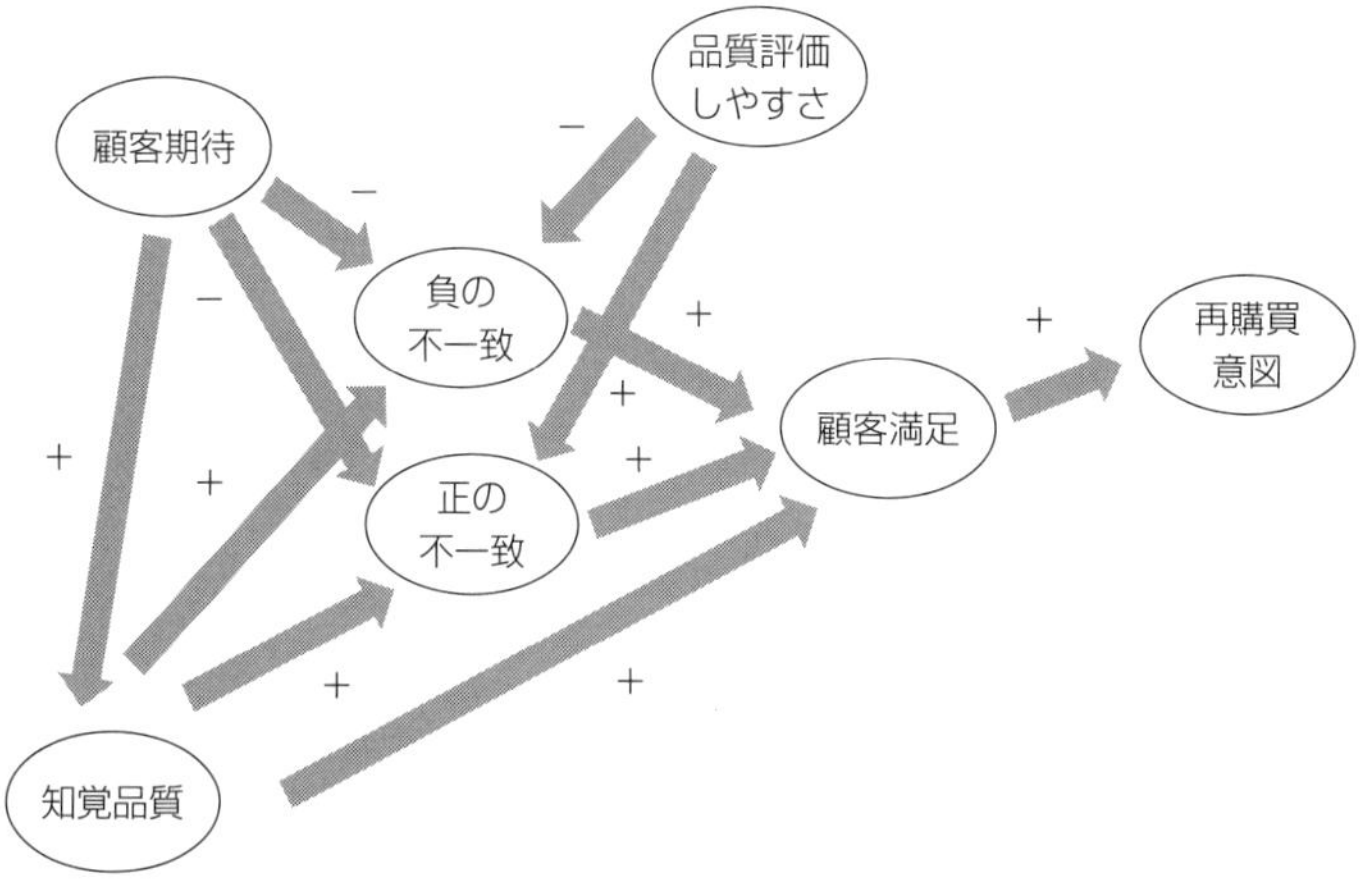

（出所）　Anderson and Sullivan（1993）より筆者作成。

図 1-2　満足の形成と再購買意図

が直接的に再購買につながるという因果関係であるという想定がある一方で、サービスの知覚品質が再購買意図へとつながるプロセスにおいて、その中で顧客満足が調整的に影響を与えるという検証も行われてきた[6]。

期待したものとの違いの確認が満足へとつながるという「期待－不一致」仮説にとどまらず、さらに顧客の期待が、知覚品質に影響を与えるとともに、また再購買意図へと影響を与えるという因果関係は図1-2のように想定され、検証されてきた[7]。この結果として、品質が期待に達しないと感じられたときの方が、期待以上のときよりも、満足と再購買意図に与える影響が大きいことや、また企業が高い満足度を提供している場合は、再購買意図が条件によって変化せず、一定していることを示している。

サービスの知覚品質と顧客満足が再購買意図にどのような影響を与えるかという問題は、さらに顧客が知覚する価値の影響や、再購買意図のみならず、苦情や推奨行動への影響についての関心へと拡大していくことになる。

❖ 他の要因との関わり

サービス品質と顧客満足、さらに再購買意図に関わるものとして、近年では知覚価値という概念が注目されている。知覚価値とは、サービス品質と満足との関係のみならず、それらの関係に介在するものとして捉えられる。つまりサービス品質の知覚が顧客満足に直接的に影響を与えるという想定ではなく、価格や、得られる便益と顧客が支払う便益とが考慮されて、価値の知覚や認識が満足に影響を与えるという考え方である。たとえば、スマートフォンを例にとってみると、通話品質やアプリケーションそれ自体が直接的に満足感につながるというよりも、端末価格への支払い額と通話料金と、さらに利用することから得られる便益などをすべて考慮して満足感、不満足感を覚えるといってよいだろう。

また、得られる便益のみならず、何かを犠牲にしていることも総合的に考慮して、サービスへの価値が形成されるという考え方もある。たとえば、携帯電話やスマートフォンの契約には、現在各社は二年契約など契約期間を定め、期間内に解約すると違約金を課している。顧客にとっては契約に縛られるということが起こり、不便さやコストを感じつつも、総合的に通信会社や携帯端末に対して満足・不満足感を感じることになる。

サービスの品質への知覚と満足、さらに再購買意図へとつながる因果関係は、提供されている品質に満足したから再購買につながるかというと、それほど単純ではない。サービス提供の際に顧客に知覚される公平性というものも関係してくる。通話品質や料金、利用できる機能などに満足していても、新たに契約する顧客により安い料金が提示されたり、特定の顧客にのみサービスが提供されたりすると、顧客は不公平感をもつことになり、これが再購買意図に影響を与えることになる。

サービスに対して知覚する品質と、満足、さらに再購買意図についての関係がなぜ注目を集めるのかについては、サービス・マーケティングの戦略上で、顧客の離反を防ぐことに対する注目が高まったことが理由として大きいことをすでに述べた。この顧客満足から再購買意図への因果連鎖が企業に収益性をもたらすかどうかについて、一九九〇年代半ばには、「サービス・プロフィット・チェーン」と呼ばれる、従業員満足から顧客満足、さらに再購買意図、企業への成果という好循環をもたらすという主張が注目を集め、顧客満足から再購買意図への関連は重要なものとみなされてきた(8)。

再購買意図に影響を与える要因としてスイッチング・コストにも注目する必要がある。スイッチング・コストとは、同じ企業からのサービスを再購買しようとせず、他のサービスへと変更しようとする際の移動コストであると捉えられる。たとえばあるネット通販サイトを使っていて、他の通販サイトへと利用の切り替えを検討する際に、会員登録など手続きを最初からしなければならない時間的なコストや、通販でのショッピングの仕方の手順を覚えなければならないという手続き的コスト、今までに利用のたびに貯めていたポイントを失うという金銭的なコスト等が生じ、それらのコストが他社へとスイッチする際の障壁となる。

すなわち、顧客満足度を高め、顧客に再購買意図を促し、他社にスイッチさせないということが防御戦略としてサービス・マーケティング上の重要性をもつことになるのである。したがって、ポイントの付与などの特典で、顧客囲い込みを行うことが示唆されることになる。積極的な新規顧客開拓や市場シェア志向を攻めの戦略だと捉えると、ここでいう防御戦略とは、顧客に再購買を促し、顧客維持をすることにより、新規顧客開拓のコストを削減し、顧客からの購買量を増やしたり、あるいはプレミアム価格での購買を促し、他の顧客への推奨をさせることにより、収益性を増加させていくという戦略を指す。

3 知覚品質と顧客満足の測定

❖ 顧客満足度指数の開発

サービスにおける品質評価は、製品の品質評価とは異なることをすでに述べたが、サービスのアウトプットを顧客側の反応や評価として測定しようという需要がある。サービス品質の評価方法としてよく知られているのは、SERVQUALという測定方法である。これは一九八〇年代に開発された、触知性（tangibles）、信頼性（reliability）、反応性（responsiveness）、保証性（assurance）、共感性（empathy）という五つの次元において尺度化、点数化するものである。[9] 触知性とは、物理的な設備、装置などハード的なものに関わり、信頼性とは、約束したサービスを適切に遂行する能力を指す。反応性とは、顧客に対して迅速なサービスを行う準備や意欲のことをいう。保証性とは、従業員自身の知識や信頼、自信を指す。さらに共感性とは、当該企業が顧客に提供する配慮や個別の注意を指す。SERVQUAL

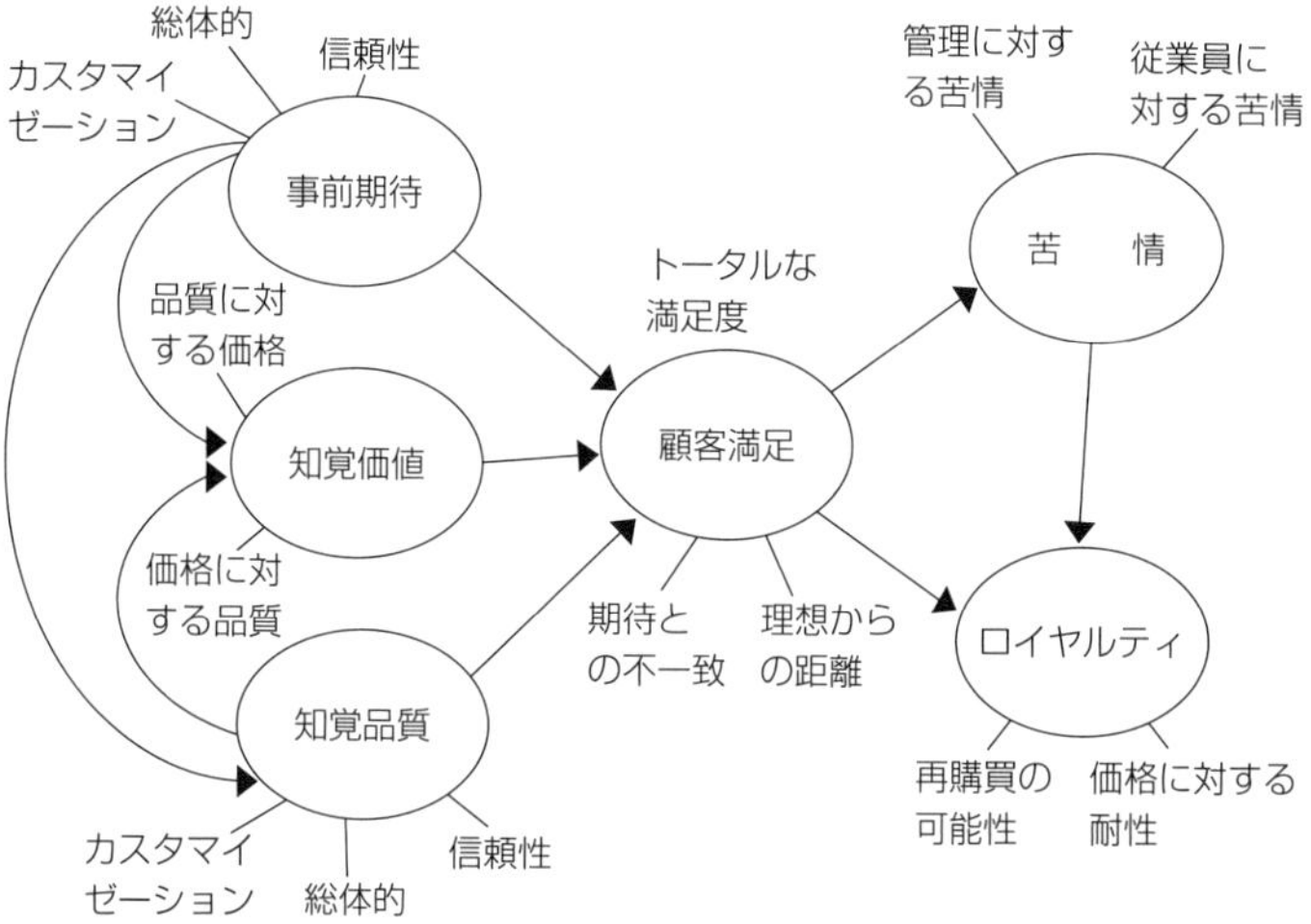

（出所）Anderson and Fornell (2000) より筆者作成。

図 1-3　ACSI モデルの構造

は、導入する企業にとって競合他社と比較して当該企業への顧客の知覚品質を定期的に計測したり、企業内で各次元の知覚品質の次元やトータルな品質評価を行ったり、あるいは顧客自身を点数によって分類するといった用途を意図して設計されている。

一方で、サービスに対する顧客満足を、関連する他の概念である顧客価値や顧客による知覚品質とともに測定しようとする、顧客満足度指数の開発というアプローチがある。これは、サービスの知覚品質と知覚価値、事前期待を顧客満足の先行要因とし、満足した結果として再購買意図と他者への推奨行動へとつながるという因果関係をモデル化し、そこで得られた顧客満足度に対する評点を顧客満足度の指数とするというものである。

顧客満足度指数とは、顧客満足度を、複数の質問項目から測定される潜在的な概念と捉え、満足を形成する事前期待や顧客が知覚する価値、品質を同様に複数質問により測定し、これらの因果関係の中で、顧客満足度を測定し、モデルに当てはまる推定値を出すことを特徴としている。もともとはスウェーデンにおける、国レベルでデータ収集し、業界横断的に顧客満足度を指数化するプロジェクト、ＳＣＳＢ（Swedish Customer Satisfaction Barometer）が知られている。[10] ＳＣＳＢにおける顧客満足度指数開発の成功後、さらにアメリカのミシガン大学にて、ＡＣＳＩ（American Customer Satisfaction Index）の開発が行われ、この指数がヨーロッパ、アジア三十数カ国において適用されていくことになった。

その基礎となる因果モデルの構成は、「期待」「価値」「知覚品質」が顧客満足の前提条件となり、「苦情」と「ロイヤルティ」が顧客満足の結果となるという因果関係である。[11] ここでロイヤルティは、「再購買の可能性」と「価格への耐性」を意味する。ＡＣＳＩは、その精度、「期待」や「価値」といった抽象的な概念が適切な質問によって測られているか、あらゆる産業に妥当なものであるかが検証され、さらに顧客満足度指数が、経済指標になりうるか、企業についての業績に関わる診断性、比較可能性についても検証されてきている（図1-3参照）。

顧客満足度指数開発のねらいとして、サービス品質と顧客満足等の因果関係を解明していくという目的よりも、顧客満足度を高め、マーケティング上の防御的な戦略を志向するならば、顧客満足度指数と企業成果との関連について当然ながら関心度が高くなってくる。とくに企業（ブランド）への満足度指数が、経済指標という観点からみた予測可能性や診断性、比較可能性について、とくにアメリカで数多く検証されてきている。

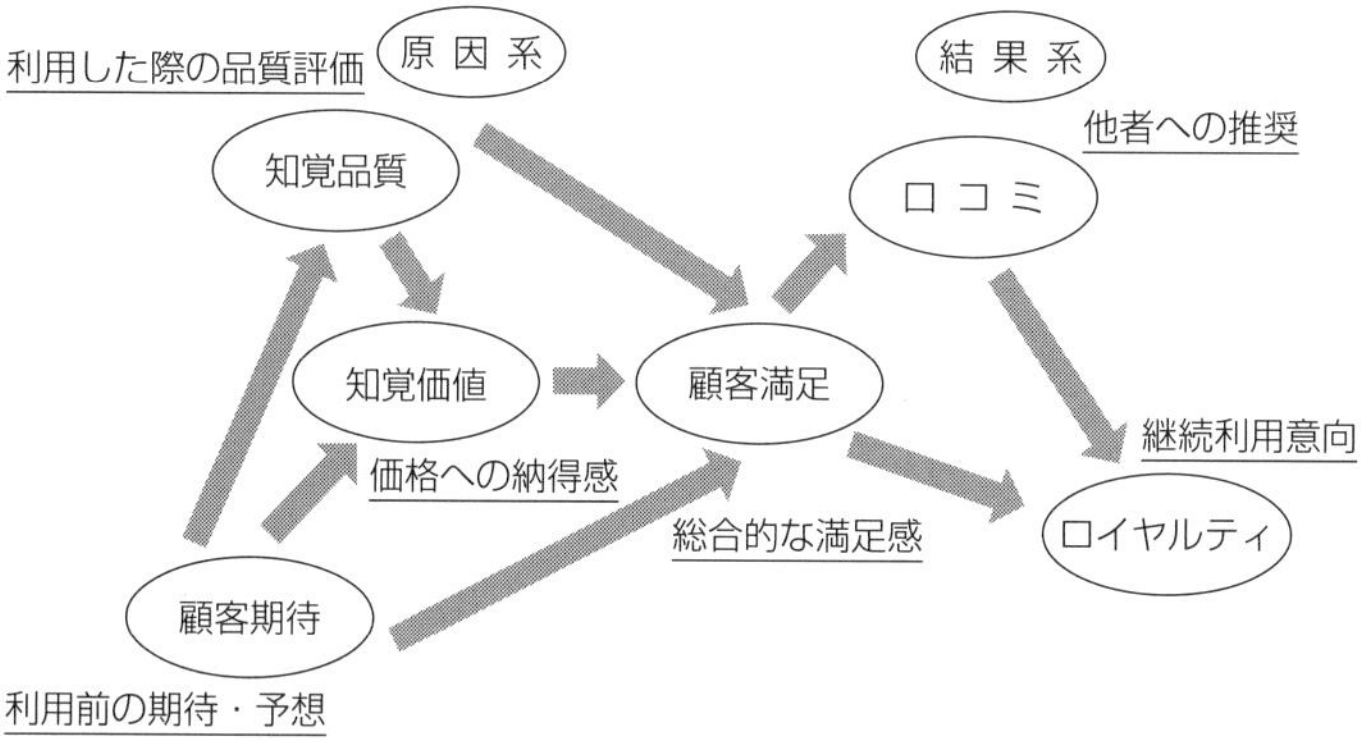

（出所）　サービス産業生産性協議会資料より筆者作成。

図 1-4　JCSI モデル

❖顧客満足度と収益性との関係

顧客満足度と収益性との関係においては、顧客の離反を防ぐことによる営業コストの低下を根拠として、顧客満足度がロイヤルティに影響を与え、結果として企業に収益性をもたらすという考え方が主張されてきた[12]。顧客満足度指数が、企業の業績に与える関心の背景には、アメリカでは、ＡＣＳＩが公表されることにより、企業の市場価値が向上し、企業にキャッシュフローをもたらすという見方がある。しかしながら、顧客満足度の測定自体は、当該企業の将来の営業利益に関する情報をもたらすかもしれないが、長期にわたる収益を予測するものではないという見解や、企業の財務的成果が顧客の心理的プロセス以外の要因において影響を受ける変動部分が多いことも指摘され、顧客満足度指数と財務的成果との関係についてはさまざまな論議がある。

顧客満足という非財務的なものの測定が財務指標となりうるかどうかの可能性について、アメリカでは、たとえば顧客満足と株式市場評価、株主価値、債権市場評価、株価、キャッシュフローと株主価値、金融市場の評価、株式収益リスクについての関連性が研究されてきている。これらの傾向を踏まえて、顧客満足度指数は、企業の将来の営業利益に関する情報を提供するものであるが、長期にわたる収益を予測するものではないという見解がある(13)。

顧客満足度と財務的成果との関連については、企業の業績とは、顧客の心理的プロセス以外の要因において影響を受ける変動部分が多いことを考慮すると、直接的な関連を検討するよりも、顧客満足度を向上させることが、企業の市場戦略や顧客対応、業務革新にどう反映させられるかを検討することの方が重要というべきであろう。

ACSIを参考に、日本版顧客満足度指数（JCSI）が三年間の開発、準備期間を経て、二〇一〇年に導入された。開発に際し、アメリカにおいて開発された測定尺度の質問項目の見直しや、構造方程式モデリングの推定方法において、日本の実情に合うモデルへと改編され、実施となった。開発の背景として、政府が主導してサービス業界の生産性向上という目的のもとに実施されてきたという経緯があり、顧客満足度指数を直接的に企業の株価などの財務的成果に結び付けようという意図はなく、むしろ業界横断的な比較から得られる示唆を個々の企業のサービスの業務革新に反映させようとする目的で実施されてきている。つまり財務戦略の観点はもたず、サービス・マーケティング戦略における有用性をめざしたものとなっている(14)（図1-4参照）。

4　インターネット利用下でのサービス品質と顧客満足への注目

サービス品質と顧客満足との関係に関して、近年とりわけ関心が高まっているのは、インターネットによるサービスの普及を反映して、インターネット利用環境におけるサービスの品質測定である。インターネット利用環境では、サービスの提供の仕方自体が、たとえば対人的な接触を伴わない場合や、サービス利用時の操作性など、これまでのサービスと異なる側面があるため、インターネット利用のサービスの固有の問題設定がされてきている。

インターネット利用のサービスについては、オンライン・ショッピングにおけるサービス品質など、ウェブサイトを通じたサービス・プロセスの設計が重要性をもつことになる。インターネット通販で商品を買おうとする際に、ネット上での買い物の仕方がわかりにくかったり、スムーズでなかったり、無味乾燥なものであれば、商品は購入できても満足度は低くなり、そのサイトを頻繁に訪れたいと思うようにはならないであろう。これまで、ウェブサイトを通じたサービス・プロセスにおける、設計面や、楽しみの提供といった点と、信頼性や反応性といった次元に関心が集まってきた(15)。また、オンライン上のサービス品質はオンライン上の満足度に効果を与え、その満足度を通じて、サイトへの再訪、リピート購買、関連購買に影響を与えることが明らかにされてきている(16)。

一方、ウェブサイトとの非対人的な接触のみならず、ICT利用環境下での対人的なサービスとして、コンタクト・センターにおけるサービスへの満足度にも注目すべきである。コンタクト・センターのサービス品質については、オペレーターが電話口で顧客に応対する対人的なサービス面と、通話とコンピュータとをつなぐＩＣＴの技術面との総合的なサービス・プロセスとが顧客満足に影響する。電話のつながりやすさ、応答面での品質の向上などは、コンタクト・センターのサービス自体をどのようにオペレーション上の設計をするかが問題となってくる。

オンライン上でのサービス品質に関して、インターネット環境下でのサービス品質の、従来型のサービスとの相違に注目し、ウェブサイトを通じて提供されるサービスに特化した、E-SERVQUALや、E-S-QUALといった測定尺度の開発も行われてきている。(17)前者では、サービス品質を測定する次元である反応性に焦点を当て、対人接触とネットではサービス品質の知覚が異なることに注目する。たとえば、サービスの提供の反応性については必要以上のメール送信をすることは評価されないなど、サービス品質評価が、企業のアプローチがそのまま評価されず、一定レベルを超えると低減する、Ｕ字型になることを示唆している。後者のE-S-QUALは、SERVQUALのインターネット版ともいえるサービス品質を測定する尺度である。この測定尺度は従来型のサービスと異なり、効率性や、システムの入手性、サービス・ニーズの充足、プライバシーなど、ネット特有の次元における品質を測ることを意図している。

5　BtoB取引領域におけるサービス品質と顧客満足関係への注目

サービス取引において企業間取引の占める割合は大きいが、消費者を対象とするサービスに比べて、サービスにおける企業間の継続取引と品質や満足との関係など、サービス取引に関する知見が十分蓄積されているとはいいがたい状況がある。この背景には、BtoB取引という文脈に固有の問題が関連しているためと推測される。これまで述べてきたサービス品質と顧客満足との関連性において、消費者を対象とするサービス業界の問題設定においては、消費者の心理的な過程を解明していくことに関心が高かった。しかしながら、必ずしも個人の心理的な過程の解明が、企業間の取引におけるサービス品質と顧客満足、さらに再購買意図や継続利用意向との因果関係に対して適切に説明できるものであるわけではない。企業は組織として意思決定しているからである。

そこで、本節では、BtoB取引関係におけるサービス品質の形成過程と評価の関係を取り上げ、とくに企業間のサービス品質と顧客満足との関係における固有の問題を明らかにすることにする。

BtoBサービス取引における特徴としては、まず消費者のサービス利用と異なり、取引関係に複数部門や複数名が関与とするという組織的な意思決定であることが挙げられる。また、企業としての生産や業務に役立てるための意思決定であるために、意思決定にて合理性をもたなければならないという点が指摘される。さらに、業務のためのサービス取引ということは、取引において継続性がなければならないという点が重要である。[18] 企業間のサービス取引にはさまざまなものがあるが、金融サービス、物流サービスの利用、コールセンターの外部委託、情報サービスの利用、コンサルティング、広告・宣伝、保険、引っ越しサービスなど、おおむねどのサービスをとっても取引は一回にとどまらず、継続的に行われる傾向にある。また、一回ごとのサービス利用ではなく、継続的にサービスが利用される状況では、サービスへの評価が、当該企業への全般的な評価になる傾向にある。つまり一回ごとのサービスに対して評価するというより、サービス提供側の企業への信頼性といったものが品質評価となる。たとえば、物流サービスの利用を例にとっても、一回の利用について品質や満足を測定するというより、契約全体を通じて全般的な評価をすることになる。しかしながら、全般的な評価とは、単なるある企業のイメージで評価されるというわけではなく、受発注処理や納品、欠品の扱い、顧客サービスなどの活動次元を識別して評価することが必要になってくる。

BtoB取引が継続的に行われるということは、取引が関係的取引であるということを意味する。つまり特定の企業と長期にわたり安定的、継続的に取引を行うという志向は、BtoB取引に特徴的であるが、これはまた、取引において顧客側企業と供給側との間に相互依存的な状況を作り出していることになる。そのため、その取引形態において供給企業と顧客企業との間の関係性に対する関心が高くなり、継続的な取引関係における「関係性の質」というものに対して関心がもたれることになる。関係性の質とは、サービス品質、相手企業へのコミットメント、信頼、顧客満足といった概念を含んだ、より抽象的、包括的な概念として捉えられる。単に長期的に継続的な取引関係があっても、それが良好なものなのか、積極的に推進すべき関係なのか、戦略的に発展すべき関係なのか、あるいはまた解消すべき関係なのか、関係性の内容は通常さまざまである。

BtoB取引関係では、関係性の質が継続購買意向や態度的な忠誠といったロイヤルティに影響を与えることや、関係性が全体としての品質評価に影響をもち、継続意向に効果をもつことが検証されてきている。[19] すなわち、企業間の取引においては、全体としての取引関係の質への評価があり、それが継続意向に影響を及ぼすということがいえる。

また，ＢtoＢサービス取引において特徴的であるのは，企業間に関係的な取引というものが存在するということのみならず，関係継続においてスイッチング・コストを考慮する必要があることである。サービス利用において，たとえば情報システム・インテグレーションのようなサービスを例にとると，価格面で仮に満足度が低いとしても，すぐにより低価格のサービスへ契約を切り替えることには抵抗がある。すでに情報システムを統合したものを，他社に切り替えるとなると，技術面な問題に加え，切り替えに伴う業務手順の変更や，新しいシステムや手順に慣れるためのコストが発生するからである。つまり，ＢtoＢ取引においては，提供されているサービスに対する顧客側の知覚する価値というものが，単純に継続的な関係につながるというより，他社サービスへのスイッチに伴うコストをどう知覚しているかが重要性をもつことになる。スイッチング・コストは企業間の関係において，顧客価値，顧客満足が継続利用につながるかどうかということにおいて，調整効果をもつことに注目する必要があるのである。

ＢtoＢ取引における意思決定が合理性をもつということは，実際には，価格面への知覚と，得られる価値への感受性という点で捉えられる。ＢtoＢ取引の場合，取引を継続していくか検討する際に，顧客企業側の価格面での評価が影響を与えることが想定されるが，そこにサービスへの知覚と顧客満足とがどこまで継続利用意向に影響し，価格面への評価が逆にどれくらい継続利用意向を断念させることに影響を与えるかということになる。この点に関し，サービス・パフォーマンスと価格への知覚，顧客満足，継続意向との関連性の中で，取引を継続しない企業と継続する企業とでは，価格への知覚に顕著な差がみられるという検証や(20)，サービス品質は価格感受性に対して直接影響を与えるけれども，

知覚価値と顧客満足にも影響を与えるという検証が行われている。(21)

6 サービスにおける顧客満足と顧客価値を考える

サービス取引のもつ特徴、すなわち無形性、生産と消費の不可分性、バラつき性、易損性は、サービス品質に対する評価を、物の品質への評価とは異なるものにしている。とりわけ、サービスが生み出され提供される際に顧客が同時に参加して消費しているという特徴は、顧客側のサービスの質に対する評価自体がサービスの質を決めてしまうという問題が確認された。顧客満足は、事前期待と経験しているサービスの品質とのギャップを確認することから起こるという考え方に基づけば、サービスにおける品質と顧客満足とを理解する上で、顧客との関わりや相互作用といったものが、いかにサービスの提供において重要性をもつかをあらためて強調することになるであろう。また、サービスの品質評価が顧客満足に直接的につながるかどうかについて、顧客の価値評価というものが介在することも重要な点である。

サービス取引の特徴である、サービスの生産と消費との不可分性が、ＩＣＴにより可分性の程度が増加するとき、たとえばインターネット利用により、医師が患者に接して診断したり医療行為を行わない遠隔地医療が可能になる。あるいは逆に、ＢtoＢ取引において、製品にサービスを付加して、製品－サービスの提供における不可分性を高めていくこともありうる。そのとき、顧客による顧客満足はどのように変化するのか、また満足度形成において顧客による価値の知覚はどのようなものになるかに注目する必要があろう。

次章では、顧客価値という点に焦点を当て、サービスの提供者を含む企業全般と、顧客とがどのように価値形成に関わるかという問題を取り上げることにする。

注

(1) Zeithaml, Parasuraman and Berry (1985).
(2) 山本（一九九九）。
(3) Oliver (1980).
(4) Bitner (1990).
(5) 山本（一九九九）、Reichheld and Sasser (1990).
(6) Taylor and Baker (1994).
(7) Anderson and Sullivan (1993).
(8) Heskett, Jones, Loveman, Sasser and Schlesinger (1994).
(9) Parasuraman, Zeithaml and Berry (1988).
(10) Fornell (1992).
(11) Anderson and Fornell (2000), Fornell, Johnson, Anderson, Cha and Bryant (1996).
(12) Fornell (1992).
(13) Ittner, Larcker and Taylor (2009).
(14) 日本版顧客満足度指数のモデル開発については、南・小川（二〇一〇）を参照されたい。また、モデルの実務的有効性の検証については、小野（二〇一〇）、酒井（二〇一〇）、土田・鈴木（二〇〇九）を参照されたい。
(15) Bauer, Falk and Hammerschmidt (2006).

(16) Liang, and Chen (2009).

(17) Zeithaml, Parasuraman and Malhotra (2002), Parasuraman, Zeithaml and Malhotra (2005), Marimon, Vidgen, Barnes and Cristóbal (2010).

(18) 継続的な関係性が介在する点、取引関係に複数名が関与するという組織性、また意思決定における合理性の尊重といった点のそれぞれについては以下を参照されたい。Coviello and Brodie (2001), Homburg, and Rudolph (2001), Williams, Khan, Ashill and Naumann (2011).

(19) Rauyruen and Miller (2007), Briggs, Landry and Daugherty (2007), Myhal, Kang and Murphy (2008).

(20) Williams, Khan and Naumann (2011).

(21) Zeng, Yang, Li and Fam (2011).

第2章 価値共創とは何か

1 顧客価値とは何か

❖ 消費者価値

ここにある美術品があるとしよう。消費者によっては、美術品を入手することは、その美術品に絶対的な価値を感じ、値づけなどできないものかもしれない。しかしながら一方で、別の消費者は、その美術品を手に入れる際に、コストと得られる便益とを天秤にかけることで、それ自体の価値についての判断をするかもしれない。さらに、他のモノとの比較の上で、その価値が決定されることもある。つまり価値とは一過性の気持ちではなく、その対象についての何らかの理解を伴うものである。顧客価値と顧客満足とは、関連が深いが異なるものである。つまり、価値とは、何らかの基準に従って消費者の判断を伴うものであり、感情や情動的なものとは違う、認知的なものである。[1]

ここで、消費者の感じる満足感は、対象となるモノの品質について知覚し、価値についての判断を行った後に生まれてくるものとして捉えられる。またその一方で、満足感や、価値についての判断がどのように品質を知覚するかについて影響を与えることも想定される。さまざまな品質評価や価値を勘案した上で、美術品について満足感が生まれるということがあるし、逆にその美術品に満足しているために、非常にその対象がよく見えてきて、価値があるように感じられることもある。つまり、顧客満足は、顧客価値とは異なるが、相互に深く影響し合うものなのである。

それでは顧客価値は、コストと便益、つまり価格と品質のバランスについての評価判断のみで捉えられるかというと、それは価値についての一面的な捉え方にすぎない。たとえば、スマートフォンという製品を考えてみるとき、通話やブラウザとして役に立つという意味で価値あるものかもしれないが、それ自体が製品として卓越していたり、あるいは製品の外見が美しいと感じられたりもする。あるいはそれを所有していることで尊敬が得られたり、自尊心につながったりという価値も存在するかもしれない。つまり顧客が感じる価値というものは、多面性をもつといえる。

顧客が感じる価値はさまざまであるが、企業が自社の製品やサービスを市場空間に位置づける際に、ポジショニングの次元を表すのは、消費者に価値をもたらす製品属性やブランドの特徴であるという考え方がある。[2] たとえばホテルを例にとって説明すると、顧客側がホテルに対して知覚する価値は、立地の良さという利便性であったり、あるいは料金の安さであったりする。ホテル側は利便性と価格という二つの次元で、自社の提供できるものは、利便性は劣るが低価格であるというようにポジショニングできる。さて、ここでホテル側が自社で提供できるものは利便性や料金ではなく、料理の充実であると考えたり、内装のデザインやスタイリッシュ性であると考えたらどうであろうか。つまり料理やデザインが提供価値となり、この基準で自社と他社との位置づけが決められることになる。市場空間の中で、提供できるものの次元を考えることが、すなわち提供できる価値ということになる。

提供価値はさまざまに設定できるが、M・B・ホルブルックは、価値論に基づく分析的な枠組みを提唱する。ここで前提となるのは、価値というものは消費者や顧客と製品の間の相互作用的なものであり、その点で価値は絶対的であるというより、主観的であり、選好を伴うものであること、経験することの中に価値というものが存在するということである。消費者が製品を購入・所有したり、ブランドを選択する際に価値はあらかじめ存在するのではなく、消費経験をすることで存在することになる。消費経験をする中で、製品の選好が決まってくるということは、価値自体が相対的なものになることを示す。たとえばビールやコーヒーといったものは嗜好品として捉えられるが、これらを好きかどうかは、人によって好みが異なり、また状況によっても変化する。ある人は職場で誰よりもコーヒーをこよなく好むかもしれないが、暑い夏にはコーヒーよりもビールを好むかもしれない。

これらの価値論の考え方に基づき、消費者価値の分類を行ったものが、表2‑1に示す、ホルブルックによる消費者価値の分類である。まずこの分類枠組みでは、消費者価値を、外在的なものか内在的なものか、また自己志向か他者志向か、あるいは能動的か受動的なものかという次元で分けることができるとしている。

消費者が製品に対して抱く価値のうち、「外在的な価値」とは、そのものに備わっているのではな

表2-1　消費者の価値類型

		付帯的	本質的
自己志向	能動的	有効性	楽しみ
	受動的	卓越性	審美的
他者志向	能動的	ステイタス	倫理的
	受動的	尊敬	精神的

（出所）Holbrook（1999）を参考に筆者作成。

く、外に付帯しているということである。ある物が、ある目標や目的に従って手段や用具として役に立つということを意味する。たとえば工具はそれ自体に価値を認めないが、何かの作業を行うのに役に立つという価値がある。対照的に「内在的な価値」とはそれ自体が有する価値である。たとえばリゾートでの経験はそれが何かの目的に使われるのではなく、その経験自体が価値である。

「自己志向」と「他者志向」の価値とは、前者が純粋に自分のために価値をもつということで、たとえば自分が使っているパソコンは自分のためにだけ価値をもつ。一方で他者志向の価値とは人のためということであるが、家族や友人のためというレベルから、地球環境のためというレベルまである。隣人に印象づけるために高級車を買うというのも他者志向の価値のうちに入る。

「能動的」と「受動的」価値の違いは、能動的な価値は、消費者が何か対象に対して働きかけることから得る価値であるが、受動的な価値は、結果として対象から得られる価値であるという違いである。たとえば高級車を買って操縦することから得られる喜びや、他者を印象づけようとすることは、車という対象に対する自らの能動的な働きかけであるが、高級車を所有していることによる、結果として隣人から尊敬や羨望の念を得るのであれば、それは受動的な価値ということになる。

❖ＢtoＢ取引における顧客価値の問題

消費者価値が主観的であり、状況に依存する、経験的なものであると捉えられるのに対し、企業間の取引における顧客価値の問題は、その取引に特有な特徴を考慮する必要がある。ＢtoＢ取引は、意思決定において、企業の活動のために財を選択購買するという合目的性をもつこと、企業の取引活動は継続的で相互依存的であること、また購買部門と事業部などで組織的に決定されることなどの特徴をもつ。[3] ＢtoＢ取引では、生産財取引であっても、サービス取引においても、継続的な取引関係が存在しているということが多くの場合前提となる。

企業間の関係の場合には、価格や業務への評価に加え、関係の質自体が品質評価対象になることを前章において述べたが、ここではあらためて「関係性の価値」に焦点を当てることにする。

ＢtoＢ取引における価値は、取引関係から得られる便益と関係ゆえに犠牲にしなければならない点とのトレードオフにおいて決まる。[4] ここでいう価値は、顧客側がその取引から得られる、取引量や利益など、直接的な価値のみならず、その取引関係に基づいて革新が起こることや、市場情報を得ること、競合情報を得ること、関連機関へのアクセスを得ることなど、間接的なメリットも価値として捉える。

一方、取引関係ゆえに犠牲にしなければならない点もあるとすると、関係性の価値とは、取引関係から得られる便益－コストのトレードオフを考慮したものになる。具体的には、その企業との取引関係から得られるすべての利益とかかるコストを考慮したとき、顧客企業にとって自社との関係は価値があるものであるのか、また代替的なサプライヤーとの関係と比較したときに価値があるかといった点になる[5]。また、企業間関係において顧客企業にとって価値となることを、顧客の業務改善に貢献しているかどうかという視点で捉えるという考え方もある[6]。

❖ 価値連鎖から価値の組換えと再統合へ

マイケル・E・ポーターが、経営戦略論において、事業が顧客に対する最終的な価値を創り出す連鎖、つまりバリュー・チェーンという考え方を示したことはよく知られている。これはたとえば製造業であれば購買・調達、製造、物流・販売という一連の事業の連鎖において、各企業においてインプットされたものがアウトプットとなり、価値が付加されていくことを示す。それに対して価値群（value constellation）という考え方がある[7]。スウェーデンの家具製造小売業であるＩＫＥＡのビジネス・システムはこの価値群という考え方によく合致する例である。ＩＫＥＡのシステムは、顧客に部品（板材）組立や自宅への配送の役割を担わせているが、部品としての製品を店舗で消費者に低価格で提供するためには、サプライヤーへの大量発注と、分散している各部品発注先からの集荷や輸送などを管理する供給システムが必要となる。つまり最終的に低価格という消費者価値を実現するためには、供給の連鎖の中で、各企業の創り出す付加価値からの取り分を圧縮するという方法ではなく、むしろ価値を創り出すシステム自体を組み替えること、つまり価値創出のネットワーク化が必要となるのである。

2　価値共創概念

スマートフォンを購入しただけではそれが価値のあるものかどうかは感じられないが、たとえば、地図や経路探索を行ったり、ゲームを行ったり、写真を撮ってSNS（ソーシャル・ネットワーク・サービス）にアップして友人と共有するということからは、それらからツールとしての有用性の価値や、友人とコミュニケーションする楽しさの価値など、何らかの価値が創り出されることになる。楽しみ、有用性などの価値は、消費者がその製品を使用して初めて消費者自身が価値を創り出しているといえる。この場合、企業は価値提案をするのみである。製品コンセプトが顧客に伝わっていない、あるいは製品仕様が顧客に使いづらいといったものであれば、顧客はその製品から十分に価値を引き出すことができないだろう。この顧客側が価値を創り出すこと、企業がそれに関わることは価値共創と呼ばれる。

一方で、たとえば料理のレシピ投稿サイトにみられるように、企業が投稿の場を提供し、消費者同士が自らの情報や経験を披露し交換し合い、その結果として企業も市場情報や顧客情報を集めることができ、製品企画や開発に生かすということが行われている。つまり製品開発プロセスのあるポイントで、ユーザーを参加させ、製品をともに開発していくということが行われる。このことも価値共創と呼ばれる。

価値共創とは、顧客とともに価値を創り出すことである。この言葉は冒頭に例を挙げたように、主として二つの文脈で使われることが多い。一つ目は、サービス・ドミナント・ロジック（service-dominant logic: 以下、S-Dロジック）と呼ばれる、マーケティングの進化した理論における co-creation of value（価値共創）の概念である。二つ目は、オープン・イノベーションに代表される、顧客参加型の共同開発による価値創出という概念である。同じ言葉を用いながらこの二つの文脈における顧客価値の考え方は異なっている。S-Dロジックでは、顧客との価値共創とは顧客が価値を創り出すということを意味する。一方、オープン・イノベーションの考え方では、企業の製品開発工程における顧客参加による価値の創出を意味する。本章においては、それぞれを説明しつつ、顧客価値がどのようにサービス・イノベーションに関連するのか、考察を加えたい。

まずS-Dロジックであるが、これはサービス分野における知見を導き出すことをめざしているものではなく、「モノ」も「サービス」も含めた企業の提供物を想定し、マーケティング論の新しい支配的ロジックとして提唱されているものである。S-Dロジックは、経済交換が「モノ」中心から、企業のもつ専門化されたナレッジやスキルといった「サービス」を中心とするものへとシフトすることを提唱するものであり、基本的な前提を積み上げることにより経済交換の論理を構築しようとするものである。

一方、オープン・イノベーション概念に代表される顧客参加型の価値共創とは、ビジネスにおいて既存のバリュー・チェーンの考え方が変化し、企業間の連携や、最終消費者をも巻き込むビジネス・システムを提唱するものである。

次節より、まずS-Dロジックにおける顧客価値共創の考え方に注目することにする。

3　サービス・ドミナント・（S-D）ロジックとは何か

S-Dロジックという概念への注目は、二〇〇四年にマーケティング分野のリーディング誌に、S・L・ヴァーゴとR・F・ラッシュがマーケティングにおける新しいロジックを提唱する論文を掲載したことに始まる（Vargo and Lusch 2004）。この論文において、S-Dロジックが、マーケティング分野における新しい支配的な論理として主張され、その後のS-Dロジック議論展開の端緒を開くこととなった。この論文の主張は、「サービス」と呼ばれる概念が、価値の創造および交換、市場とマーケティングにおいて中心的な役割を果たすことにあり、ここでいう「サービス」とは、資源やナレッジといった概念に相当し、このサービス概念を中心としてマーケティングの新しい理論を構築していくということにある。このことは具体的には、企業が市場に提供しているものは製品それ自体ではなく、企業がもつナレッジが市場で評価されているという現状を説明するものである。たとえば、アップル社の提供物は、製品ではなく、人とコミュニケーションする手段であったり、音楽や画像を楽しむやり方であり、この楽しみ方を創り出すことがアップル社にとっての資源やナレッジということになる。消費者は製品を購入するのではなく、この資源やナレッジに価値を感じていることになる。

S-Dロジックは、概念の提唱があってから、北米にとどまらず、ヨーロッパ、オセアニアでのマーケティングの年次大会やフォーラムで特集テーマとして取り上げられた。また、二〇〇六年にはマーケティング分野の世界的に著名な研究者を招いたS-Dロジック自体を議論する論文集が書籍として編集・出版され、その後もマーケティング分野のメジャーな学術誌で二〇〇八年に特集号が組まれ、関連論文が多数出版されてきている。

日本では、社団法人マーケティング協会にてS-Dロジックに関するセミナーが二〇〇八年、〇九年と開催され、また季刊誌『マーケティング・ジャーナル』誌一〇七号にてS-Dロジックのテーマが掲げられた。二〇〇九年の商業学会全国大会開催時にはS-Dロジックをテーマとするワークショップが開催されている。

S-Dロジックの主張がなぜこれほどまでに、北米にとどまらず、ヨーロッパ、オセアニア、アジアの研究者の間で注目を集めたのかについては、次のようなことが指摘される。まず、現在の経済発展動向においてサービス自体への関心度が高いということが指摘される。後述するようにS-Dロジック自体はいわゆる「サービス経済」自体を主張するものではないが、価値の創造を議論する上で、サービスという、資源やナレッジに相当する概念を導入し、現在の知識社会をひもとくというスタンスが受け入れられる土壌がある。つまり、先進国においては現実的には製造物がもつ性能や機能だけで市場に受け入れられるという時代は終わっており、消費者が企業から提供される、その製品やサービスに価値を感じ、価値を自ら創り出そうということが起こらない限り、その製品やサービスは市場で成功しない。だとすると、企業としては消費者に意味のある製品・サービスを提案できる力、すなわちナレッジを提供していくべきであるということになる。ここでこの提案力のもとになるナレッジや資源が、「サービス」として概念化されるのである。この現実を反映したマーケティング観が提示されたという意味において、S-Dロジックは多くの賛同者を得たと考えるべきであろう。

さらに、彼らの議論展開の仕方自体にも注目すべき点がある。S–Dロジックの提起は、新しい理論構築をめざすものであるが、S–Dロジック自体はロジックの提唱であって、理論ではない。理論構築に際し、事象を説明するためのロジックについて「基本的な前提」を提起することにより、論理を組み立てるというアプローチをとっている。また、前提について多様な研究者たちとのオープンな論議を展開することにより、さまざまな論者の参加を促し、理論を共同で構築していくというスタンスをとっている。つまりセミナーや学会、論文の公募などを通じて、オープンな共同参加型の理論構築を行うというアプローチ自体が論者たちを関与させ、賛同者を増やす仕組みとなっている。

それでは、S–Dロジックの議論の本質は何か、またオープンな論議、すなわち既存理論との統合プロセスを通じて理論構築を図ろうとする論者たちの試みとは何かについて検討することにする。

4　S–Dロジックを巡る論議

❖ マーケティング理論の進化への挑戦

二〇〇四年に最初に提案されたS–Dロジック概念とは、次のようなものである。マーケティングにおける進化したロジックとは、「サービス」を中心に置く市場交換の論理である。資源やナレッジと呼ばれるものが経済交換の基本単位として捉えられ、それらは触知できないが、他者や他組織に働きかけるものは「サービス」と呼ばれる。さらにこのサービスは、市場において、価値が認められたから顧客が購入するといったものではなく、顧客との協働において価値が創り出されることが強調される。彼らが提唱する「サービス」という概念は、他者に働きかけて、価値を生み出すものという意味で、経営学におけるリソースやケイパビリティという概念に近いものであり、いわゆるサービス産業における諸サービスや、製造物の付帯サービスとは異なるものである。ケイパビリティとは、一般に能力を意味するが、組織的な活動の中で、活動を調整するプロセスを通じて実行される、スキルを複合したものや組織による集合的な学習を意味する。(8)

この主張は、オペランド（operand）とオペラント（operant）という二つのリソース概念を援用しながら、八つの基本的前提として展開される。(9) オペランド・リソースとは、効果を生み出すように活動するのに用いられる資源であり、オペラント・リソースとは、資源を活性化するための資源を意味する。たとえば土地や建物といったものは、オペランド・リソースとして捉えられるが、それらの不動産をどう運営し、活用するかといった能力はオペラント・リソースとして捉えられる。

ここで、マーケティングにおける交換とは、専門化された能力であるナレッジとスキルを交換することであり、ナレッジとスキルはオペラント・リソースであると説明される。

彼らの二〇〇四年時のS-Dロジックにおける基本的前提（FP）は、次の通りである。

ＦＰ１：専門化されたスキルとナレッジの適用が交換の基本単位である。

ＦＰ２：間接的な交換が交換の基本単位を覆い隠す

ＦＰ３：モノはサービス提供の流通メカニズムである

ＦＰ４：ナレッジは競争優位の基本的な源泉である

ＦＰ５：すべての経済はサービス経済である

表2-2　G-DロジックとS-Dロジック

G-Dロジック	S-Dロジック
グッズ（goods）	サービス
触知可能	触知不可能
オペランド・リソース	オペラント・リソース
非対称的な情報	対称的情報
プロパガンダ	会話
付加価値	価値の提案
取引的	関係的
収益の最大化	経済的なフィードバック

（出所）　Lusch, Vargo and Malter (2006) p. 268より筆者作成。

FP6：顧客は常に共同製造者である
FP7：企業は価値の提案をすることができるだけである
FP8：サービス中心の見方は顧客志向であり、関係的である

S-Dロジックの主張は、従来のマーケティング理論に転換を迫るものであり、また現実的にビジネスの競争優位が、結果としての物財ではなく、それを創り出すナレッジから生み出されているという現代の経済社会における認識に適合するものであったといえる。

S-Dロジックと、製造物を中心とするG-Dロジック（goods dominant logic）とは、表2-2のように比較対照される。

S-Dロジックの主張の背景には、管理的マーケティングと呼ばれる考え方、すなわち市場を管理対象として考えるマーケティングの理論が終焉を迎えたという認識がある。そしてその後、発展してきたマーケティングのさまざまな理論的展開、たとえば市場志向概念、サービス・マーケティング、リレーションシップ・マーケティング、品質管理プロセス、付加価値とサプライ・マネジメント、リソース・マネジメント、ネットワーク・マネジメント等の概念枠組みの影響を受けながら、より包括的なマーケティングの思考体系をめざすという意図がある。S-Dロジックは、革新的に理論的パラ

ダイム・シフトを志向するというより、マーケティング理論の進化をめざすものと捉えられよう。

❖ S‒Dロジックに対する批判と精緻化

S‒Dロジックが二〇〇四年に発表されて以降、さまざまに批判的な論議が起きた。中にはS‒Dロジックについて、サービス経済への移行を主張するものとする誤解や、サービスの物財への優位性およびサービス企業の卓越性を主張するものとするという誤解もみられたが、本質的な批判として、マーケティング領域における一つの支配的論理を主張することが適切なのか、あるいはS‒Dロジック自体が理論として完全なものといえるかといった点についての指摘がある。S‒Dロジックがナレッジ資源、関係性、ネットワークといった理論についての優れた概説を展開していることを評価しながらも、S‒Dロジック自体がそれらの理論同士をつなぎ、全体像を創る理論的なフレームワークであるにはほど遠いという批判である。[10]

S‒Dロジックの唱道者たちは、さまざまに論議されることにより、むしろその論議の中で、理論的な精緻化をめざしていくといったスタイルをとっている。とりわけ価値に対する概念定義、価値の共創、リソースの統合についての議論が論者たちの関心を集め、これらを中心に理論的な補強もしくは精緻化が試みられてきている。

中でも、「価値の共創」の主張はS‒Dロジックの概念を拡張させていく上で重要な意味をもっている。当初は価値についての共創概念はもっとシンプルなものであり、八つの前提の中で、顧客を価値の「共同生産者」として捉え、さらに企業は価値の提案をするにすぎないという主張がされていた。

しかしながら、価値の共同生産（co-production of value）と価値の共創（co-creation of value）とを分けて考えるべきであり、価値の共創は、共同生産における協働関係とは区別され、対話的な相互作用を伴うものであるという考え方が付加され、価値の「共創」という考え方へと発展した[11]。価値の共創という考え方は、顧客との相互作用を強調するマーケティング思考に影響を受けたものであり、顧客がそのプロセスの中で自ら価値を創造することができるように、サービスを含めた「提供物」を提供することを意味している。これらの論議により、価値の共創という前提が、S–Dロジックの主要な理論的要素と位置づけられるに至った。

ここで、価値の共創について、S–Dロジックにおいて展開される、「使用における価値」（value-in-use）と「交換価値」（value-in-exchange）についての議論に注目する必要がある。マーケティング理論では、「交換」が中核概念として出され[12]、さらに交換活動を通じて市場において価値を創造することがマーケティング活動であるという考え方が、これまで支配的であった[13]。しかしながら、S–Dロジックの論者たちは、交換価値に対して、価値が製品の中に埋め込まれたものとしてモノを交換するという見解をとることはまさしく「モノ支配的なロジック」であるとし、使用プロセスの中で価値を創り出すという「使用における価値」に注目するのである[14]。

S–Dロジックの理論面での精緻化の努力は、サービス概念の正当化、マーケティングを含む経済交換への歴史的なアプローチの展開、S–Dロジックにおける概念の精緻化および理論的検討が行われ、改訂版ともいうべき論文も出されるに至っており、価値の共創概念においての概念の進化がみられる[15]（表２–３参照）。

表 2-3　S-D ロジックにおける基本的前提の追加・修正

前　提	オリジナル版（2004年）	修 正 版	解　説
FP1	専門的能力とナレッジが交換の基本的な単位である。	**サービス**(service)は交換の**基本的原理**である。	オペラント・リソース（ナレッジとスキル），すなわち S-D ロジックで定義される「サービス (service)」は，あらゆる交換のための基礎である。サービスはサービスと交換される。
FP2	間接的な交換が交換の基本的な単位を隠してしまう。	間接的な交換が，交換の**基本的原理**を隠してしまう。	サービスはモノ，金銭，制度の複合体として提供されるため，交換の基礎がサービスであることは常に明白であるとは限らない。
FP3	モノはサービスの提供のための流通メカニズムである。	モノはサービスの提供のための流通メカニズムである。	モノ（耐久および非耐久消費財）は使用を通じてその価値，つまり提供するサービスを生み出す。
FP4	ナレッジは競争優位の根本的な源泉である。	**オペラント・リソース**が，競争優位の根本的な源泉である。	望ましい変化を引き起こす，相対的な能力が競争を促進する。
FP5	あらゆる経済はサービス経済である。	あらゆる経済は**サービス**経済である。	サービス（service）は，専門化とアウトソーシングの増加に伴い，ようやく顕著になってきている。
FP6	顧客は常に共同生産者である。	顧客は常に価値の**共同創造者**である。	価値創造は相互作用的であることを意味する。
FP7	企業は価値を提案するにすぎない。	企業は**価値を提供することはできず，**価値の提案をするのみである。	企業は価値創造のために適用されるリソースを提供すること，および協働して（相互作用的に）価値をつくり，価値提案を受け入れてもらうことのみできるが，独立して価値を創り出したり，提供することはできない。
FP8	サービス中心的な見方は顧客志向であり，関係的である。	サービス中心的な見方は，**本質的**に顧客志向であり，関係的である。	サービスは，顧客が決める，顧客のベネフィットという点において定義され，共創されるものであるので，本質的に顧客志向であり，関係的である。
FP9	組織は，微細に専門化された能力を，市場で需要されるサービスの複合体として，統合変換するために存在している。	**すべての社会的，経済的行為者はリソースの統合者である。**	価値創造の文脈は，複数のネットワークのネットワーク（リソースの統合）であることを意味する。
FP10		**価値は，常にそれを受けるものによって唯一無比に，また現象学的に決定される。**	価値は恣意的で，経験的，文脈的であり，意味が含まれているものである。

（注） FP9 はオリジナル版になかったが，後に加えられた。
（出所） Vargo and Lusch (2008) p. 7 の表より筆者加工。

◈ S‐Dロジックにおける戦略と管理問題

S‐Dロジックでは、価値を創り出すのは顧客自身であり、その価値を創り出させるのが企業の「サービス」すなわちリソースやナレッジであるという論理展開がなされてきた。それでは企業としてはサービスをどのように展開し、戦略的に位置づけるべきであろうか。S‐Dロジックにおけるサービスの概念は、「オペラント・リソース」と同様のものと提唱者らによって定義づけられている。つまり、サービスとは、リソースやナレッジであり、しかもリソースを活性化するものであるという主張である。したがって、前述の通り、このサービスという概念はリソース概念やリソースを統合するものであるケイパビリティ概念と密接に関連することになる。したがって、S‐Dロジックは、企業のリソース・マネジメントやリソースに基づく戦略の観点から議論することも可能になる。[16]

顧客との関係性も競争優位の資源となるという考え方に立てば、S‐Dロジックでは、リソースと顧客との関係性を強調するゆえに、オペラント・リソースをマーケティング戦略的に展開すべきということになる。しかしながら、S‐Dロジック自体は、企業にリソースを選択させ、リソース展開を戦略策定に役立てるには、曖昧性が残ることも指摘されている。[17]

一方、S‐Dロジックをもとに、企業が顧客に価値を創り出させることをいかに管理していくべきかというアプローチもある。価値の共創が行われるプロセスは、提供者側と顧客側のエンカウンターとして捉えられ、顧客と組織は相互作用を通じて経験し、学習していくことになる。顧客側の経験とは、企業からの提案や提供に対する感情や、認知ということになるが、提供企業側は、価値の共創のための機会を捉え、計画し、実施をしていく上での設計能力が求められることになる。[18]

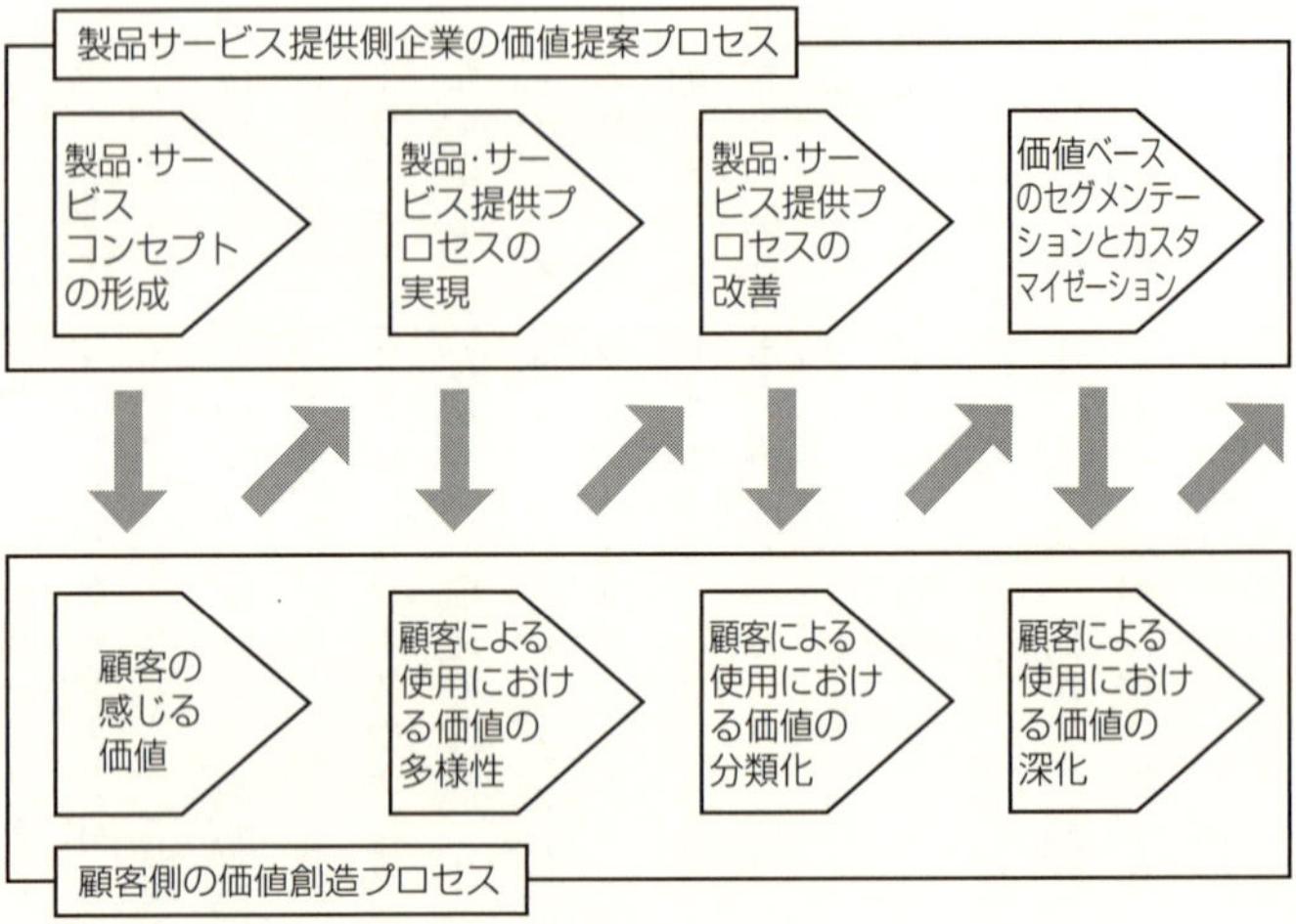

（出所）　南（2012）。

図2-1　価値共創マネジメント

つまり価値共創のためには、顧客との相互作用や学習が企業に要請されるが、企業は、企業と顧客との相互のプロセスの設計とともに、最終的には価値を訴求点としてどのような市場空間でのポジショニングやセグメントにおいて提案すべきかを考えるべきであろう。このプロセスは図2-1にように表せる。

S-Dロジックは、消費者がモノからいかに価値を創り出すかということを最もよく説明する考え方といえるが、企業間における顧客企業との価値共創の面にも、この考え方は適用されてきている。企業間の価値共創についての管理面に注目するものとして、たとえばメンテナンス・サービス企業に対する顧客企業側の評価を、アウトソースとしてサービスが導入された一年目と四年目の時点で比較調査し、興味深い研究結果を示したものがある。[19]サービス・プロバイダーが提供するプロセスを顧客企業側はどのように捉えるかに関し、サービス品質、関係性の質、ネットワークの質という次元から捉え、それがどのように「使用における価値」として知覚されているかについて調査が行われている。結果として、導入一年目は、組織にとって効率性が上がり、資産が極大化できること、資産コントロール、コアビジネスへの時間創出といった点で価値が生まれていると知覚されており、また従業員個人にとっては、自身の業務時間の節約、問題の転換、リスク管理という点が価値として知覚されていることが明らかにされている。しかしながら四年後には顧客側が、サービス提供により顧客企業に生み出されたと知覚している価値は、操業の継続性、知識の継続、能力の継続、セキュリティ、時間といったものに変化していることが発見されている。この研究から示唆されることは、目標が達成された後に顧客側が感じる価値が変化することであり、企業間の価値は相互の関係に基づき形成されていく、動的な性質をもつことがあらためて強調される。

5　S-Dロジックにおけるマーケティング理論への統合

❖ ビジネス・マーケティングにおけるネットワーク・アプローチとの統合

S-Dロジックは、顧客との協働による価値の創造を強調するものであるが、顧客との関係性や、顧客が価値を創り出すプロセスについては、二者間関係を想定しているようにみえる。現実的には、バリュー・チェーンは、直接的で垂直的な取引関係における顧客との共同関係のみならず、その他多数の企業や組織、消費者を含んで形成されている。そこで二者間の関係で価値の共創を捉えるというスタンスではなく、S‐Dロジックに、多対多関係、すなわちネットワーク視点を導入すべきという提唱がある。[20] ネットワークを、複数の人や組織を結節点とする、それらの相互作用や関係性として捉えるという考え方である。

たとえばサプライチェーン・ネットワークなど、ネットワークの中での情報の流れをリソースとして注目し、企業間の相互作用の中で、ナレッジが生み出されるプロセスや情報の密集度というものに対する注目が集まっている。[21] 情報の仲介者の存在や、情報技術の進展による情報リソースの再統合が、さまざまな企業や組織からなる価値の形成ネットワーク自体の再構成と関連すること、さらにナレッジやイノベーションがネットワーク関係から創出されることが示唆される。

❖ サービス・サイエンスとの理論的統合の試み

ＩＢＭの基礎研究所であるアルマデン研究所の提唱する、サービス・サイエンス（service science, manufacturing and engineering）と呼ばれる概念は、無形財のサービスにシステム的概念を導入し、サービスを科学的、分析的に捉えようとするもので、サービスの生産性向上概念と結びつく形でビジネス社会に概念的普及を行っている。

S‐Dロジックはその系譜として、いわゆるサービス産業におけるサービスの生産性向上とは異なるところから生まれてきた概念であり、すでに述べてきた通り、そのサービス概念は、サービス産業のサービスというより、むしろナレッジやスキルを意味するものである。しかしながら、近年アルマデンの研究者たちとともに、S‐Dロジックとサービス・サイエンス的アプローチを統合させようという動きがS-Dロジックの唱道者側において盛んである。この理由には、主としてサービス・サイエンス自体が、科学的に確固たる一つの知識領域を基盤としてもたないため、S-Dロジックが理論的枠組みを提供するというアプローチになっているということがある。[22]

この統合の試みでは、「サービス・システム」は、人、技術および他のリソースとの互いの価値を創り出すために相互作用する形態だと捉えられ、サービス・システムの基礎を理論化する上で、どのように価値が協働的に作り出されるかについて、S-Dロジックにおけるリソース概念や価値の共創概念を援用している。

6　外部リソース導入における価値共創

「オープン・イノベーション」概念が提唱され、関心を集めている。これは、企業内部のリソースによらず、外部との連携において開発を進め、他の組織との相互作用を通じて、外部知識を探索し、リソースとして取り入れることで価値を創り出し、イノベーションを起こすことである。[23]

イノベーションを起こすために外部からリソースを取り入れることの重要性は、以前より主張されてきている。研究開発は新規な技術を生み出すプロセスという点でイノベーションに深く関わるが、研究開発においてオープンであること、つまり外部組織に対して開かれているということは、イノベーションと関連してこれまでに数多く議論されてきた。[24]

研究開発活動を、内部組織でのみ行うか、あるいは外部組織と共同して行うかは、研究開発の境界に関する重要な議論であり、研究開発コストにも関わるものである。従来は、研究開発の成果による競争優位の追求のために、垂直統合的に自社組織で研究開発を進め、蓄積することに企業は注力してきた。しかしながら、次第に研究開発にかかる費用が膨大となり、そのため負担すべきコストと失敗した場合のリスクを考えた場合、自前主義よりも、企業との二社間の提携、さらには公式的に企業間ネットワークで研究開発を行うようになってきている。

研究開発に対するコストとリスクに関するプレッシャーが増すにつれ、資本関係や契約に基づかない「緩い研究開発ネットワーク」の重要性が議論され、イノベーション・マネジメントの発展により現実的にその動きが促進されてきた。さらに技術管理の領域においてオープンなイノベーションに関する議論では、ＩＣＴが他の組織との緩い相互作用を通じて外部知識を探索することを促進させるということが認識されてきている[(25)]。つまり、外部リソースの入手コストがＩＣＴにより削減されることが期待されるということである。イノベーションの外部調達と、開発コストの削減、研究開発における比較的緩いネットワーク形成との関わりが関心を集めてきている[(26)]。

外部リソースの調達については、とりわけ議論の焦点となってきたのは、外部知識に関する、組織内の吸収能力である[(27)]。吸収能力に優れている企業は外部の情報の価値や知識をよりよく評価し、それを組織内に同化させる能力が、コスト削減を伴う、緩いネットワークの利用を可能にするという点が主張されてきた。

近年のオープン・イノベーションに関する議論では、外部リソースを利用することによるコストに関する議論よりも、むしろ「顧客との共創」によるイノベーションの創造面が強調されることが多い。

とくに消費者たちが企業の製品企画や開発のプロセスに関与するということ自体が大きな関心を集めている。[28]

E・フォン・ヒッペルにより提唱された「情報の粘着性」概念とは、情報を有している地点から情報を引き剝がすことにはコストを伴うという考え方であるが、消費者のもっている知識は暗黙知であり、それを企業が理解し、企業の活動に移転させる努力を行うよりも、消費者と共創することの方が、効果的であるという考え方が台頭してきている。[29]

注

(1) Oliver (1999).
(2) Holbrook (1999).
(3) 高嶋・南（二〇〇六）。
(4) Walter, Ritter and Gemünden (2001).
(5) Ritter and Walter (2012).
(6) Windahl and Lakemond (2006).
(7) Normann and Ramirez (1993).
(8) Day (1994).
(9) オペランドとオペラント・リソースについては Constantin and Lusch (1994) を参照されたい。
(10) Achrol and Kotler (2006).
(11) 価値の共同生産から共創への変化は、下記の論文を参照されたい。Ballantyne and Varey (2008), Varey and Ballantyne (2006).

(12) Bagozzi (1974), (1975).
(13) たとえば、Sheth, Gardner and Garrett (1988).
(14) Ballantyne and Varey (2008), Vargo and Lusch (2004).
(15) たとえば、以下の論文など。Vargo and Lusch (2008).
(16) たとえば以下の論文が挙げられる。Arnould (2008), Madhavaram and Hunt (2008).
(17) 資源を競争優位の源泉とする立場に以下が挙げられる。Hunt and Morgan (2004). S-Dロジックとリソースとの関連については下記の文献を参照されたい。Hunt and Madhavaram (2006), Day (2006).
(18) Payne, Storbacka and Frow (2008).
(19) Macdonald, Wilson, Martinez and Toossi (2011).
(20) Gummesson (2006), (2008).
(21) S-Dロジックへのネットワーク概念導入については、たとえば下記を参照されたい。Lusch, Vargo and Tanniru (2010).
(22) たとえば、Lusch, Vargo and Wessels (2008), Maglio, Vargo, Caswell and Spohrer (2009), Vargo and Akaka (2009).
(23) たとえば、Chesbrough (2003).
(24) Barge-Gil (2010), Cassiman and Veugelers (2006).
(25) たとえば、Lichtenthaler (2011).
(26) たとえば、Colombo, Laursen, Magnusson and Rossi-Lamastra (2011).
(27) Cohen and Levinthal (1990).
(28) たとえば小川（二〇一三）。
(29) Chesbrough (2011).

第3章 サービス・オペレーションと顧客満足

1 サービス・コンセプトとは

❖ サービス・コンセプトの重要性

顧客に提供すべき価値は、サービスにおいてはサービス・コンセプトとして表現される。製造業における製品開発においても、製品コンセプトは重要なものであることはいうまでもない。製品コンセプトは、物理的な「製品」を通して顧客にそのコンセプトを伝え、顧客に対する価値を伝え、それを利用することでその価値を創造していく。最終的な「製品」を中心にマーケティング・コミュニケーションを通じて、顧客に製品コンセプトで表される価値を伝達することになるのだが、サービスの場合、事情が異なってくる。そもそもサービスには「最終的な完成形」が存在しない。このことがサービスが「生産途中の製品」といわれてきた理由でもある。サービスにおける最終製品形が触知できないということは、その途中である「提供しているプロセス」において、どこに最も重点を置けばよいのかが非常に難しい問題となる。

製品開発においては、通常、製品のコンセプトは顧客のニーズという観点から定義される。有形の製品であれば、顧客ニーズは技術的な特性と製品仕様という形で表すことができる。顧客ニーズを定義することにより、製品の開発、生産、さらにマーケティングまですべての作業を製品特性と仕様に基づいて行うことが可能である。しかしながら、サービスの提供プロセス自体がサービス財なのであり、顧客にとってはサービス体験となる。それゆえに、焦点を絞り込んで「これが私たちのサービス・コンセプトを表しているものです」と、明確にするべきポイントがない。そのために、サービス全体で顧客へ価値を伝えるために、サービス・コンセプトをいっそう明快にすることが重要となる。

サービス・コンセプトは、サービスを開発するときだけでなく、開発したサービスをマネジメントする場合にも重要である。サービスを提供するシステムにおいて、サービスを提供する側と提供される顧客との間にさまざまな相互作用があることにより、サービスが提供される。つまりサービス提供システムの中に顧客自身が密接に入り込んでいるといえる。一方、製造業では、とくに消費財の場合、製品の設計者、生産者、および流通業者が、最終消費者と直接接してコミュニケーションを行うことはほとんどない。顧客価値を実現しようとするには、有形の最終製品を媒介としなければならない。しかしながら、サービス提供においては、その提供システムの大部分が、顧客とその多種多様な顧客ニーズや顧客価値と直接結び付いている。サービスを提供する従業員の能力や行動、そして態度を含めた属人的な側面とそれをシステム的にマネジメントするサービス提供システムこそが、顧客ニーズや顧客価値へ影響するものとなる。つまりサービス提供システムはサービス製品の一部なのである[(1)]。

さらにサービス・コンセプトは、それを実現していくにあたって、提供する品質とサービスのレベルを管理することが難しいことが指摘される。サービス業では従業員、とりわけ顧客サービスや営業といった顧客と直接接する「フロント・オフィス」に携わる従業員には、ある程度の自主性を認めることは非常に重要である。しかしながら、個々の従業員の行動、能力、態度などには差異があるために、自主性ゆえにサービス・コンセプトが曖昧になることがある。これは従業員がサービス・コンセプトを自由に解釈することから生じてくる。サービス・コンセプトの徹底が曖昧であり、従業員に浸透していない場合である。従業員は好意的にもっとこうすればよくなるという想いから、徐々に自分好みにサービスを変更してしまうことがある。結果として、サービス提供においてサービスの品質やレベルが従業員ごとに異なることとなり、当初、想定していたサービス・コンセプトを提供できなくなってくる。小売業においても、このことは顕著に存在する。

ある靴ブランドでは、各店舗の商品ディスプレイについて、ブランド・コンセプトを顧客に伝えるための手段として重視している。そのため、各店舗のそれぞれの従業員が自分の感覚で異なる陳列の仕方をしてしまうと、ブランドの訴求力が弱まるという判断から、商品陳列を通じたブランド・コンセプトの伝え方を教育するために、専門の従業員を全国の店舗に回らせている。

サービス・コンセプトが曖昧になるもう一つの要因は顧客にある。宿泊サービスを考えてみよう。ある温泉旅館は独自の料理と質の良い温泉を顧客に訴求しているが、施設が比較的大規模のため、団体客を受け入れている。このような旅館の場合、サービスに対して異なる要求が出てくる。団体客は宴会やカラオケを求めているが、個人客は静かな時間を過ごしたい、温泉でくつろぎたいと考えている。それぞれ求める目的が違う場合に、声の大きな団体客の意見を聞き続けると、個人客が求めているサービスは十分提供できなくなるであろう。明快なサービス・コンセプトを出していても生じる問題もある。もし提供側の想定しているサービス・コンセプトに適さない顧客が現れてサービス提供に対してさまざまな要望を出した場合、それに対して従業員はどのように対応すべきなのかは悩ましい問題である。場合によっては要望に応えすぎて、そのサービス・コンセプトを曲げてしまうことも起こりうる。

教育サービスにおいても同様である。大学の講義に出席する学生の中には、勉強することよりも講義に出ることで仲間に会えることを目的にして出席する学生がいるであろう。そういう学生が多い場合、講義内容を高度にしたり、出欠を取ったり、あるいは課題を多く出すということが学生からは嫌がられることになる。学生を顧客と設定し、顧客の要望に忠実に従うと、大学の存在目的である教育において十分な効果が得られないことになる。このことはサービスを提供する側だけでなく、顧客側にも明確にサービス・コンセプトを提示し、顧客がそれを理解し、受容することが必要であることを示しているのである。

❖ サービス・コンセプトの検討すべき点

J・L・ヘスケットは、サービス・コンセプトについて、次の三点から検討すべきだと主張してい

る。(2)

(1)　サービスの構成要素を決めること。顧客に便益を与えるという観点から，企業と従業員が提供すべき重要なサービス構成要素は何か。
(2)　そのサービス構成要素は，ターゲット市場セグメントにどのように知覚されるか。市場全体，従業員そしてその他の人たちにどのように思われるか。
(3)　サービスの設計と提供，およびマーケティングにおいて，どのような努力が求められるのか。

たとえば回転寿司において重要なサービス構成要素は，値段の安さと品揃えの豊富さ，大人から子どもまで大人数で入れる店舗の容量と設備である。回転寿司チェーンは，信頼のおける低料金の店として顧客には認知される。サービスの設計と提供，そしてマーケティングを行う上では，効率的な素材の仕入れと製造，管理，品揃えの充実，セルフサービスの推進，最小限のフロア従業員の雇用，わかりやすい注文方法，グループ席の設置が求められる。

一方，寿司職人が運営する小規模な寿司店では，まったく異なることが求められる。ここでは価格の安さよりも質の高い料理，そして職人との会話や助言に基づき，自分好みのものをカスタマイズしてくれることが望まれる。ここでは不特定多数の潜在顧客よりも，この店を理解してくれる特定の顧客を大事にし，客筋を重要視する。そのため，店のコンセプトを維持するために，魚の鮮度や質を重視し，店主のこだわりを発揮することが重要となってくる。

サービス・コンセプトの策定には，顧客への価値提案だけでなく，従業員が支持しうる価値が含まれている必要がある。最終的にサービス・コンセプトを実行するのは従業員であるために，従業員がそのコンセプトに対して共鳴し、理解し、実行することでサービス・コンセプトは実現される。サービスの特徴である生産と消費の不可分性は、従業員と顧客が密接に関わり、交流することでサービスが創り出されることを示す。この協働作業は、お互いを観察し、相互作用を行うために、従業員が不満やフラストレーションを抱えていたり、あるいは業務に無関心であれば、それらが顧客に伝わることになる。それとは逆に、従業員の感情ややる気が顧客に伝われば、サービスの品質向上につながってくる。

2　サービス・コンセプトの策定

❖ コンセプトの絞り込み

これまでに、サービスの提供は提供側と顧客との協働で行われること、サービスに対する顧客ニーズが多様であること、そして、その提供する価値は顧客だけでなく従業員も支持するものであること、を示してきた。顧客と従業員の相互作用が重要性をもち、そのために、サービス・コンセプトの策定と実行において、相互作用における非常に高いバランス感覚が必要となってくることが強調される。そこで、サービス・コンセプトの策定は、それが従業員にとって実行可能で、適切なサービス・オペレーションを開発できることが前提となる。

最初の作業は、明快なサービス・コンセプトによって、「誰に」「何を」「どのように」提供するかという点に焦点を当てることである。すなわち、サービス企業はターゲットとする市場とそのニーズを明確にする必要がある。このためには提供しようとする潜在顧客について、市場セグメンテーションを行うことが必要となる。その際に、単に性別やエリアといった人口動態に基づくセグメンテーションを行うのみならず、重要なことは、顧客の便益と特性からセグメンテーションを行い、ターゲットを設定すべきである。これは顧客の特性を居住している地域（地理的条件）や学歴・勤め先（社会的条件）や年齢（人口統計的条件）と、顧客の便益とを組み合わせてターゲットを選定することを意味する。この顧客の便益とは、顧客が得たいと望んでいるものであり、換言すれば顧客が期待する価値ということである。

しかしながらこのように顧客ニーズを認識し、設定するマーケティング手法では、ビジネスとして成立可能な市場を設定するのがしばしば難しいというのも現実である。そもそも顧客ニーズの多様化により適切な市場規模でのセグメンテーションをビジネス・レベルで設定することが容易でなくなっているからである。このような状況では、単純にターゲットを絞り込みすぎると、設定した市場自体が小さくならざるをえず、そこから十分な収益を得ることが難しくなる。しかしながら多様化している顧客ニーズを十分に考慮せずにサービス提供を設定し、結果的にはオペレーション上、多種多様な顧客ニーズに対応してサービス提供せざるをえない状況をつくってしまうことはきわめて危険である。すでに述べた温泉旅館のように、大規模施設がまずありきで、多様な顧客を受け入れてそれぞれに対応しようとすると、カラオケルームと静かなバー・ラウンジが隣り合わせになるような状況となる。サービス・コンセプトが不明瞭で、ターゲットが適切に設定されていなければ、結果的にはどの顧客層からも自分が得たい便益が得られないと思われてしまうことになる。

しかしながら、サービス・コンセプトの焦点を適切に設定することにより、むしろ市場を創り上げることができ、大きなビジネス・チャンスにつながることがある。たとえば、前述した回転寿司がその例である。多くの家庭にとって寿司屋は大人になってから行くものであり、小さい子どもを連れて行くところではなかった。しかしながら回転寿司は、寿司を特別な料理から、ファミリーを含めた一般大衆向けの料理にすることに成功した。そして、焦点をファミリー向けに低料金で寿司を提供することに絞ってきたサービス・コンセプトが、逆に寿司を食べる層が広がることで、子どもやファミリーから学生や営業マンが昼食に立ち寄ることを可能としたのである。すなわち寿司屋という領域を越えて、回転寿司という新たな業態を開発したことで、学生やサラリーマン、そして主婦などさまざまな人の昼食の機会を与えることになったのである。

❖ ターゲット設定

サービス・コンセプトの形成において、ターゲットを絞ることは重要である。たとえば音響製品を購入したい消費者がいるとする。購入先の選択肢として、音響製品を扱う家電量販店や、音響製品の専門店がある。量販店チェーンは、あらゆる顧客層にできるだけ広い品揃えを提供することを狙いとしている。この場合、広い店舗面積に数多くの商品を品揃えし、どの層にも購入可能な価格帯で勝負することになる。一方、専門店の場合、取扱い製品カテゴリー数は少ないながらもその中の種類を多くし、それらの商品について精通したベテランの店員を配置し、詳細に助言するサービスを提供している。

この場合、量販店が専門店を駆逐するために、従業員数を増やしたり、従業員に専門の研修をさせることで専門店と同じレベルのサービスを提供することは得策ではない。人件費の比率が上がり、他店舗に展開するコストも相当かかることになる。それよりもむしろ、ターゲット顧客を適切に設定することにより、顧客との間にコミュニケーションが促進されることが望ましい。すなわち顧客にその店に適合した「期待」をもたせることができ、さらにサービス提供システムと結び付けることで、個々の顧客にあったサービス・レベルが提供できるようになるのである。量販店に行く顧客は、自分に必要な多種多様なものを低価格で手に入れることを目的としているし、専門店に行く顧客は、物品の購入よりも、自分が実行したいことに対するコンサルティングや専門的知識を得ることを目的としている。すなわち、量販店で過度な助言を顧客は求めないし、専門店では同じく低価格を目的とはしていないのである。

3　サービス・プロセスの設計と管理

❖ サービス提供の科学的手法

製造物の生産については、製品品質を維持し、なおかつ生産量を向上させるための科学的な手法というものが「科学的管理方法」として二〇世紀初頭から研究され、実践されてきた。実際にサービスに対しても、工業製品の生産管理の手法を用いることが有効であるという議論がある。機械化を図ることが難しいため、人力と個人の献身に頼ったサービス提供を、いわゆるサービスの工業化によりシステム的にサービスの品質と効率化を上げることを提唱したものである。[(3)] サービスの工業化は、サービス提供において最大の課題である品質管理と信頼性確保を目的とするものである。これを実践した例として挙げられるのは、ファストフード・ビジネスであろう。サービス提供のプロセスを分割し、細部にわたってマニュアル化することで、職業訓練を受けていない学生であっても、そのマニュアルに従って短時間の訓練で、ファストフード店の店頭に立ち、業務が遂行できるようになったのである。

しかしながらその結果として、しばしば批判の的となってきたのはマニュアルによる画一化されたサービス提供である。サービスの工業化を進めた結果、効率的で信頼性のある業務プロセスをつくることはできたが、たとえば注文カウンターで馴染みの顧客と世間話をしたり、飲み物やフードの提供の仕方の手順を自由に変えるなど、顧客の個々の都合や要望を反映したサービス提供は行われなくなったのである。同時に、これは働く側の従業員にとっても、個性や得手不得手を無視した方法でもある。

このような批判を考慮すれば、サービスは人が介するために、工業製品のような工程管理手法は、サービス提供には適切でないという結論になりがちである。しかし、サービス・プロセスの管理は、顧客にとっては安定したサービスをいつでも受けられることを意味する。また、企業の経営者や管理者にとっても、サービスの品質管理が容易になり、提供効率も向上するために必要不可欠なものである。従業員にとってもそれは同じである。従業員にとって、業務のマニュアル化は自らの個性を無視した受け入れがたい方法かもしれないが、とはいえすべてのサービス提供を自らの意思や判断のみで行うことは、その能力を超えたことを求められていることになる。そこで、従業員のモチベーションを向上させ維持しつつ、企業側で従業員が自律的に働くために必要なサービスのプロセスを設計し、サービス提供におけるさまざまな判断基準や行動指針を明示することが重要性をもつことになる。

❖ サービスの設計

企業にとって、サービス提供において安定した品質を確保するために、提供プロセスを設計し、管理することの重要性に対する認識は高まってきている。しかしながら、実際のサービス提供においては、顧客がその提供プロセスに関わるために、顧客の要望や行動までも管理することは難しい。この理由により、サービス・プロセスを設計し管理しようとしても、現実にはそれほど役に立たないとの懸念を出されることがある。それにもかかわらず、サービス提供者は顧客側の知覚や論理を取り入れてサービス・プロセスを設計する必要がある。たとえば次のエピソードは、サービス提供時に生じるさまざまな事柄は事前に管理することができることを示している。

新しい美容室を探していた倉田保奈美さん（二七歳）は、一軒の新しい美容室を見つけた。値段表を見ると、高額所得者をターゲットとしているようで、カット料金が最低一万円からのラインナップであった。週末に予約して行ってみると、店のエントランスは大きく綺麗であり、床には大理石らしい床石が使われており、また生花を飾ったインテリアはゴージャス感があった。保奈美さんはすっかり気に入った。一人の感じのよい若い男性が出てきて、今日の担当だと挨拶をしてきた。名札には「じゅんぺい」と名が示してあった。美容師は腕に自信があるようで、迷いなく鋏《はさみ》を入れ、熱心に細かい要望を聞き入れて作業を進めていった。そのため、初めての店を利用するという当初の不安も小さくなっていった。すべての作業が終わると、従業員がやってきて、さまざまな勧誘を受けた。その日カラー・トリートメントに使用したトリートメント剤を家庭でも使い続けた方がいいと、購入を勧められた。通常価格一本五〇〇〇円のものが一〇％引きになるということであった。会員登録をしてさらにメール会員になると毎回五〇〇円引きになること、そしてスタンプ・サービスがあり、一〇回来店すると一〇％割引になるとの説明をあった。会計は三万円であった。保奈美さんは店を出た後で気がついた。そういえば、担当者からは一度も名前で呼ばれなかったことを。

問題は、サービス全体の品質評価と個々のサービス・プロセスの評価との関係、そして評価の絶対性についてである。評価の絶対性という点については、このエピソードの中にあった技術者の名札「じゅんぺい」を例にとってみると、ある人にとっては親しみやすく好感をもたれるかもしれないが、ある人にとっては馴れ馴れしすぎると感じるであろう。また各プロセスには多少問題はあっても、技術的にすばらしい提案と最終的には気に入った髪型を提供できたのだから、問題はないという意見があるかもしれない。このように顧客個々の価値観は違うのだから、サービスのプロセスを設計したり、管理するのではなく、サービス提供者の価値観で行えばいいし、そもそも管理などは不可能だと結論づけてしまうのは危険である。サービス提供者にとって、偶然に頼ることなく、サービスのコンセプトを顧客の価値観とできるだけ一致させる努力をする必要がある。そのことが個々のサービス・プロセスの評価とサービス全体の品質評価とを一致させることになる。そのためサービス提供プロセスは、サービス・コンセプトに合致するように設計し、管理させる必要があるのである。

この例のような高級サロンの場合、美容師が顧客に合った髪型を提案し、整えるだけでは、十分なサービスを提供したことにならない。高級なイメージに関連して顧客が事前に期待した価値、そして値段以上のサービス・プロセスを提供できたかが重要となる。ヘア・スタイルに対する技術の供与を高いレベルで提供しつつ、顧客にとってそれ以上のものを提供することで、顧客満足が向上し、顧客が再度訪れたいと思えるようなロイヤルティの形成につながるのである。

❖ サービス設計と管理の手法

サービスのプロセス設計と管理においては、まず、サービス・プロセスの特徴を明らかにし、オペレーション可能なレベルに落とし込むことが必要となる。ここではサービスの種類を認識することが有効な手法として挙げられる。たとえば、サービスにおいては、顧客とサービス提供者側の相互作用が重要な特徴となるが、この相互作用の程度がプロフェッショナル・サービスと大衆向けサービスとでは異なる。サービスのオペレーションを設定する場合に、多くのサービスが人によって行われている場合と、機械化されている場合と、その組み合わせであることにまず注目する必要がある。

たとえば、銀行業務を考えた場合、主な大衆向けサービスは、銀行の預金入出金や管理、そして送金といったものである。こうしたサービスは定形化することが可能で、銀行は窓口業務ではなく、ＡＴＭ装置を銀行の支店やコンビニエンス・ストアなどに設置している。顧客は銀行カードを用いてＡ

TMを利用したり、あるいはインターネット・バンキングで預金の入出金ができる。大衆向けサービスは、このように高度に自動化・機械化することが可能であり、このことにより銀行窓口に長時間並ばなくても、二四時間家庭で送金処理ができ、預貯金についてもコンビニのATMを使うことで出入金の際の時間帯を気にしなくて済む。このようなサービスは、高度に標準化し、機械化することが可能であり、そのことで顧客価値は増すことになる。顧客にとっては利便性を享受できるからである。この場合のサービス・プロセスの設計は顧客の利用以前に仕様を設計し、コントロールすることが可能である。

一方、プロフェッショナル・サービスでは、機械化は限定的な効果になるであろう。たとえば銀行業務における資産運用の相談は、顧客の状況と金融市場の動向が複雑に絡み合い、機械的に定期預金の金利は計算できても、どのようなポートフォリオで資産を運用していくか、顧客と対応しているコンサルタントの力量によるところが大きい。顧客にとっては、自らの要望に応じた対応や提案といったカスタマイゼーション自体が価値となる。プロフェッショナル・サービスでは、事前にサービスの仕様を決めておくことができず、顧客との相互作用により、サービス提供時に設定される。

両者のサービス・オペレーションの管理の仕方は異なることになる。大衆向けサービスに関してはできるだけ標準化された仕様を正確に守れるように教育する必要がある。サービスの仕様変更は個人の判断では行ってはならず、上司の承認が必要である。一方で、プロフェッショナル・サービスでは、最低限の仕様は存在しつつも、個人の裁量範囲を広くしておく必要があり、担当者の社会的な能力や対人能力、そして信頼感といった個人的な素養がより求められることになる。

さらに重要な点は、サービスの品質保証である。大衆向けサービスにおいては、品質保証を設定しておくことは、顧客に対して過度な期待を抱かせることを避けることができ、提供できるサービス品質を明確に理解してもらうことができる。たとえば、ネット・バンキングの利用時間が制限されることがあっても、顧客にメールで知らせれば顧客はそれを受け入れる。また、従業員にとっては顧客に対して提供すべきサービス基準が明確となるため、よりその品質を保つためのオペレーションの維持に努め、結果的に顧客満足と顧客価値の向上が見込めることになる。

一方、プロフェッショナル・サービスにおいては、事前に品質保証に限定を設けて顧客に伝えることは、ともすれば逆効果になることがある。顧客の状況やそのときの環境面によって提供するサービス・レベルの変動が大きいために、そもそも顧客ごとの期待の変動が激しくなること、提供できるサービスのレベルも変動してしまうために、顧客の事前期待を調整することには困難さを伴う。これは顧客がカスタマイゼーションの程度を顧客価値だとみているからである。たとえば先程のヘア・サロンの例では、女優やモデルが見本となった写真を見せて、このようになる、と約束することは誰がみてもリスクがある行為であるし、資産運用のコンサルティングにおいても、利回りを約束するのはよほどの根拠がない限り、顧客に多大な期待を抱かせ、結果として提供サービスの品質に疑義をもたせることもありうるのである。

❖ サービス・プロセスの設計

サービス・プロセスの設計においては、サービスのバック・オフィスとフロント・オフィスとの関係について留意する必要がある。サービス・レベルを向上させる目的で、多くの場合、顧客に直接接するフロント・オフィス部分に注力しがちである。従業員にマニュアルを順守させることや、サービス提供場面のハード的な部分、たとえば施設、調度品を変更することが行われる。しかしながら、こうした改善策の有効性は、実際のところ顧客がそのサービスをどのように知覚して経験しているかを考えることで評価し、改善されるべきである。

顧客との接点は、対面接触を伴うものであったり、あるいは間接的に、たとえば電話での応対であったりする。あるいは人的接触なしに、機械の操作であったり、インターネットのウェブ・サービスであったりする。こうしたサービスに付随する顧客との接触と交流は、サービスの本質であるリアルタイム性に関わってくる。すなわち、サービス提供プロセスは、その瞬間だけの出来事の組み合わせとして認識される。このことは顧客が認識するサービス品質というものが、一つ一つのサービスのイベントやエピソードの積み重ねとして理解しなければならないことを示している。こうした顧客とサービス提供者との相互作用を起こす直接的な接触する場面は、「サービス・エンカウンター」と呼ばれる(4)。

一方、サービス・エンカウンターでは、前述の通り顧客と直接対応する業務（フロント・オフィス）に着目されがちであるが、実際のサービス提供は、フロント・オフィスを成り立たせる、バック・オフィスが支援していることになる。たとえば、銀行の窓口では、顧客からのさまざまな用務を引き受けるが、実際の処理は、その背後にある顧客から物理的に分離されている所で業務は行われている。フロント・オフィスとバック・オフィスの一番の違いは、後者が顧客との直接的な相互作用に基づいて業務を行う必要がないことが挙げられる。フロント・オフィスでは、顧客との直接的な接点であるために、顧客のさまざまな意向を理解し、提供するサービスをより魅力的にするようさまざまな社会的な能力やコミュニケーション能力を発揮させることが必要となる。一方、バック・オフィスでは、このような顧客との相互作用に基づく作業ではなく、必要な処理を迅速かつ正確にすることが求められる。寿司ビジネスでいうと、フロント・オフィスが寿司職人であろう。しかしながら回転寿司ビジネスでは、最も重要であると思われていた寿司職人をバックヤードに移動したのである。これにより、寿司ロボットや学生アルバイトにより効率的にかつ低コストで寿司を生産するシステムをつくり上げている。

サービスを設計する際に重要なのは、このフロント・オフィスとバック・オフィスが適切に連携して機能する方法をつくり上げることである。この目的のために、サービス・プロセスとさまざまなサービス・エンカウンターをマッピングする手法を用いることが行われる。その一つにブルー・プリント（青写真）を描く手法がある。[5]これはサービスのすべての要素を洗い出し、フロント・オフィスとバック・オフィス業務に分類し、それらをすべてマッピングする方法である。またそれぞれの業務間には可視線の境界を示して、顧客がどのサービス・プロセスに関わるのか明確にする方法である。

4　サービス・プロセスの評価

❖ サービス・プロセス評価の実施

サービスに対する顧客の総合的な満足は、サービス提供組織における接点と経験に基づいている。(6) すなわち、サービス品質に対する評価というものは、個々のサービス提供時の事象に対する顧客側の評価の積み重ねと捉えることができる。そして顧客側のサービスへの知覚品質が顧客満足に影響を与えることになる。

先に示したブルー・プリント手法を用いることで、重要な問題点を特定化し、不具合やリスクが生じうるポイントに注目することが可能となる。プロセス評価で重要なのは、不具合が発生する可能性がどこに潜んでいるのかを明らかにすることである。この手法では、事前にサービス提供に関わる人たちがシミュレーションすることで、不具合の発見だけでなく、その改善方法について、たとえば、ある活動を改善することで不具合の発生を避けられうるか、不具合が発生した場合はどのような方法で状況を修正可能か、といったことを明らかにできるというメリットがある。

しかしながらこの手法は、各フロント・バック・オフィスのサービス・プロセスとサービス・エンカウンターの関係を結び付けることを目的に作成されている以上、実際に顧客が体験するプロセスとは異なっている。そのため、サービス提供者の目から見た不具合の検知は可能ではあるが、顧客にとって非常に重要な問題であっても、サービス提供者にとって、通常の不具合と変わらない重要度に設定してしまうことがありうる。そのために、サービスの青写真をもとに、実際に顧客から聞き取り調査をし、実際の体験を尋ねることにより、ミスや不具合、あるいは新たな欠陥を見つけることが求められる。しかしながらこの方法でも、顧客が覚えている不具合しか報告されないし、そもそも顧客が報告に値すると判断した不具合しか報告されない。こうしたサービス提供者側からの視点に立った調査方法では、サービス提供者が気がつかなかった改善点は発見されない状態にとどまる。さらに、顧客が各プロセスに対して、あるいはサービス提供プロセス全体に対してどのような評価を下しているのかを明らかにすることができないという限界がある。

❖ＳＴＡ

サービス評価は、各プロセスに対する顧客の価値を認識し、必要に応じて改善するため、サービス・プロセス再設計を行うために実施される。根本的な問題は、サービス提供者とサービスを受ける側の認識の差を埋める必要があるということである。これを解決するための評価手法としてさまざまなものが開発されているが、ここではＳＴＡ（service transaction analysis）を取り上げる（表3－1参照）。

ＳＴＡは、覆面の調査員や社外アドバイザー、コンサルタントが実際のサービス・プロセスを顧客として体験してみて、個々のトランザクションつまりプロセスの各段階を実際の顧客ならばどのように評価するかを判断する手法であり、次の五つの段階で行われる[7]。

(1)　第一段階として、サービス・コンセプトを特定しておく必要がある。サービス・コンセプトを定義しない限り、次の段階に行かないが、最初にこの項目を設定することは、経営者や管理者、

表3-1　サービス・トランザクション分析シート

サービス・トランザクション分析シート				
組　織		サービス・コンセプト：		
プロセス				
顧客のタイプ				
トランザクション	評点			メッセージ
	＋	0	－	
総合評価：				

（出所）Johnston（1999）p. 105 をもとに筆者作成。

そして従業員とコンセンサスをとるために、組織にとって非常に有益な機会ともなる。

(2)　プロセスの各段階において、観察者が実際にそのプロセスを体験することで顧客がどのように各トランザクションを評価するか、そしてどのようなメッセージを発するかを明らかにする。各トランザクションは定量的に、たとえば三段階で、非常に満足（＋）、満足（0）、不満（－）のように評価する。

(3)　顧客がどうしてこのような評価を下したのかの説明を記す。これには、このサービス・プロセスを経験したときに思いついた感覚、考え、メッセージを記入させる。

(4)　スコアを集計したあと、全体を通した評価を示す。

(5)　サービス・デザインに携わり、また管理職、サービスに従事する従業員は、顧客がそのプロセスを経験することでどのように評価し、感じたのかが初めてわかることになる。この結果をもとに、サービスを改善する方法を検討する。これはサービスのプロセスの変更や再設計を行うたびに実行される。

ＳＴＡを用いることで、個々のプロセスについて定量的な評価を下すことが可能となる点が強調される。例示しているＳＴＡでは評点は＋０－の三点尺度であるが、サービス事業者にとっては、どの点を消費者がとくに重要視するか、あるいは自分たちが顧客に訴求したいプロセスをどのように評価したかを知りたい場合もある。このような場合、＋０－の評価では自分たちの知りたい結果を得られない。このような場合、リッカート尺度を用いることができる。この調査の優れているところの一つは、定量的な評価のみならず、定性的な評価として、その評価に至った背景となる理由を示していることである。そのため、全体のサービスへの評価と個々のサービス・プロセスとの間の関係が明確になり、そのサービスについて表される象徴的なメッセージや、潜在的なメッセージを明らかにすることができる。このことにより、顧客があるサービス・プロセスに対して積極的あるいは否定的な反応を示す場合にその要因を特定できる可能性が生まれる。そして何よりもサービス全体においてどこが肯定的に、あるいは否定的に評価されているか、その要因を把握することができる。それにも増して、新たな予期しない要因を見つけ出すことで新しいサービスの開発や改善策を検討する材料ともなりうることが重要である。

❖ ＳＴＡの実例

次の事例は二〇一三年に実際に行われたＳＴＡ分析の例である（表３-２）。調査対象となっているのは、阪神地区にあるサウナ店のサービスである。大都市の繁華街に位置するこのサウナは、土地をボーリングした結果、都市の繁華街にもかかわらず天然温泉を引くことができたという経緯があり、

表3-2 あるサウナ店に対するSTA分析におけるトランザクション項目

【サービス利用前の印象】
① サウナ・スパの立地について（アクセスのしやすさ，周辺施設など）
② 建物の外観について
③ エレベーターに乗るまでについて（入口のわかりやすさ）
④ エレベーター降車後から受付まで
⑤ フロントでの接客について
⑥ 受付終了後からロッカールームまでについて
⑦ ロッカールームについて（外装内装，アメニティ・グッズ〔女性〕など）
⑧ ロッカールームから入浴前の脱衣所まで（自動ドアまで）

【サービス利用中の印象】
① サウナ・温泉への自動ドアをくぐった時の第一印象
② 各サービスの利用方法について
③ 洗い場について
④ 温泉について
⑤ サウナについて
⑥ 岩盤浴について（女性のみ）

【サービス利用後の印象】
① 浴場からロッカールームにて
② ロッカールームやパウダールームの使い心地
③ ロッカールームやパウダールーム退出後

【その他施設の印象】
A. 無料施設
① メイクルーム（スタイリング・ルーム）について
② 休憩室について
③ インターネット・ルームについて
B. 有料施設
① フィットネス・ジムについて
② ボディケア，タイ古式マッサージ，あかすり，フェイシャル・トリートメントについて
③ レストランについて
④ 有料休憩所について

【退店時とその後の印象】
① フロントでの接客
② 店を出た後

【他の客層への印象について】
サービス利用中に感じた他の顧客に対する印象

地上八階建てのビルには、足湯から男女別のサウナ・カプセルホテル、エステやフィットネス、そして岩盤浴まで幅広くサービスを提供している。このサウナは、以前より独自のマーケティング活動を行うことで阪神地区ではよく知られているが、現社長はサウナを中心とするビジネスの発展性に危機感をもち、中高年男性を中心とする既存顧客だけでなく、客層の拡大を狙っており、女性客やとくに男性若年層への普及が重要であると考えている。つまりマーケティングによるテコ入れが必要だと考えている。

そこでターゲットとなる顧客層、たとえば学生へのマーケティング調査を行い、企画力を向上させることの必要性を感じた。具体的には、これまでに顧客としていなかった層に対してサービスのオペレーションを考えていく上で、潜在的ターゲットである若年層が、このサウナ店で提供しているサービスについて現実的にどのように知覚しているのか知る必要性が認識された。そこでターゲット層である若年層や女性層を含めた層が観察者となり、現状のサウナ店のサービス・オペレーションの実態とそれに対する知覚品質の関係について調査することとした。

調査は、このサウナの現有顧客ではない、三二名（大学生一二名、二〇代の会社員一四名、三〇〜五〇代の会社員・主婦六名）に対して、実際にこのサウナでのサービスを体験してもらい、以下の項目について五段階評価での評価（1〔非常に悪い〕〜5〔とても良い〕）と、それに対する理由を記入してもらった(8)。

次に調査結果を示す。提示した結果は、実際に記録された「トランザクション」のうち代表的なものを抜粋し、評点とメッセージを含む調査結果を筆者が要約してまとめている（表3-3）。調査結果

表 3-3　あるサウナ店に対する STA 分析結果（筆者による要約結果）

サービス・トランザクション分析シート				
組　　織	サウナ＆スパ			サービス・コンセプト：いつでも誰とでも心も体も癒やせるお店
プロセス	サウナ			
顧客のタイプ	リフレッシュしたい！			
トランザクション	評点			メッセージ
	＋	0	−	
立　　地		0		非常に便利なところにあるが，周辺は建て込んでいて，わかりづらい。その割には，案内が小さくて苦労した。駐車場もわかりづらく混雑しているので，レジャー帰りに車で寄るのはきつい。癒やされないかも。
外　　観			−	ビルすべてがサウナでびっくり。入り口が，わかりづらくて，ちょっと怖い感じ。
エントランス			−	エレベーターに乗るのにちょっと抵抗が。初めての店なのに不安。エレベーター降りてもエントランスがわからない。帰っちゃおうかな。
受付の対応	＋			愛想がよくて，またきちんと応対してくれて感じが良い。初心者だとわかったら説明をきちんとしてくれた。
ロッカー			−	どうやってロッカールームに行くんだ？　説明されたのに忘れてしまった。ロッカールームもちょっと狭くて，構造がわかりづらいよね。
施設利用			−	どうやって利用していいかわからなくなった。着替えた作務衣はどこで脱ぐんだっけ？　タオルは？
入浴施設	＋			町の中なのに温泉があって，それも露天風呂！温泉の効能はもっとわかりやすいといい。
岩盤浴	＋			岩盤浴って，どう使えばいいのか？　ローズ・ソルトの砂時計が一人用なので使いづらい。岩盤浴は楽しかった，すばらしい。
サウナ		0		普通のサウナかな。常連さんと思わしき人が寝転んでいる。水を飲もうにも，ロッカールームに浄水器があるので，裸で水を取りに行かないといけない。
メイクルーム	＋			いろいろなアメニティが揃っていて充実していた。ドライヤーも性能がよく，メイク道具の貸出もあって非常にいい。メイク道具の貸出案内がわかりづらい。あまり貸したくないのかな？
諸施設		0		さまざまな施設があるが，どう使っていいのか。単にビールを飲みたいだけなんだが。女性陣とは合流できないな。違う場所で飲むか。
退店後			−	仲間と待ち合わせるところがない。別の階の女性陣とどこで待ち合わせればいいのか。外は寒いし……
総合評価：従業員の対応は良いが，設備面でやや難があり，各設備や施設の使い方がわかりづらい。基本的には常連顧客向けにサービスを設計している印象。顧客層の拡大には，わかりやすい説明と設備を配置することや配置図が必要。あるいは初心者向けにお薦めコースを設定してストーリーをつくっておくのも有効。				

には、従業員の対応は非常に良いものの、設備面でやや難があり、各設備や施設の使い方がわかりづらい点を指摘する意見が多数であった。また、グループで行動することを好む若者には、男女で交流できる場も欲しいことが調査結果よりうかがえた。

このサウナ店は、女性向けには岩盤浴やアロマミスト・サウナ、そしてエステ・コーナーやパウダー・ルームの充実、男性向けにはシアター・ルームをはじめとするさまざまな寛ぎの空間を提供しており、さまざまなサービス設備を準備することで顧客層の多様化に対応するために経営資源を投入していることがわかる。しかしながら、肝心のサービス・オペレーションは既存顧客に対して作り込んであるために、顧客層を拡大した場合、オペレーション上の問題が顕著になることがこの調査結果により予想された。顧客層の拡大には、わかりやすい説明と設備の再配置が必要であるが、設備面の制約条件は改善が難しいのが現実である。そこでオペレーションを改良すること、たとえば、初心者向けにお薦めコースを設定して、ストーリーに従いサウナを楽しんでもらうような工夫を行うことで、設備面の不備を補うことが可能となろう。

このサウナでは、既存顧客の維持のみならず、学生、主婦といった新規の顧客層にも訴求できれば、三〇代以上の男性会社員の既存顧客層と利用時間帯が異なるため、稼働率を上げることができる可能性がある。エントランスのわかりにくさは集客上致命的な問題にみえるが、実際は案内板などで大幅な改善が見込める問題である。既存顧客が問題視していない点が、むしろ新規の顧客を遠ざける要因となっていたことが本調査より明らかになった。

5 サービス・プロセスの再設計

❖ 顧客側がサービス評価をする意義

顧客側がサービス評価をする意義は、サービス提供プロセスにおいて、問題点を探り出し解決することで、新たなサービス提供プロセスを作り上げることにある。サービスの問題点はそれぞれのプロセスが有機的につながり合っているため、個々のプロセスを変えるだけでなく、その他のプロセスの改良も余儀なくされる。たとえば前述のサウナ店の事例にみられるように、温泉、岩盤浴等のコアとなるサービスが評価されていても、着替えや飲み物を飲むという付帯するサービスへのつながりに問題があるということが判明した場合、ロッカールームの設備上の問題、すなわち狭さだけではなく、ロッカールームでの着替えからサウナへの動線自体を検討する必要性が出てくる。ここで「サービス・プロセスの再設計」が行われることになる。

サウナ店のSTAでは、サービスを提供する全体のプロセスを通じて、各サービス・プロセスと顧客がそのプロセスについて知覚する品質について顧客の実際のサービス経験の経過に従って調査を行った。これにより、どのサービス・プロセスに問題があるのかが明らかになった。次の段階としてサービス・プロセスの改善ポイントがわかったところで、現実的に改善が可能かという問題が生じる。たとえば、サウナ店の例では、繁華街に近い立地であるために集客には便利なものの、初めて来た客には同じようなビルが建ち並んでいるためわかりづらく、また車での来店には渋滞や駐車場の問題な時間においてもコストがかかる。このような立地の問題において、新たに移転するという問題解決には費用面でも時間においてもコストがかかる。オペレーション的には効果的に案内板を設置することがその改善策となる。このように設備や施設の改善では、工事が必要となってくるために、改修費用の問題や工事期間中は休業せざるをえないなど、そう簡単に実行することができない。そこでサービス・プロセスの改善には、サービス提供側の設備上の問題とオペレーション上の問題を区別しておく必要がある。

一方、サービスにおける生産と消費の不可分性という特徴からすると、顧客側がサービスに参加しながらどのように評価しているかは重要なことである。しかしながらここで留意しなければならないのは、顧客側の事情である。サービスを消費する際に、一人なのかグループなのか、性別、季節・時間帯、周りの状況など、さまざまな環境で顧客の事情は個々に異なっている。このような顧客側の事情は、店舗側ではコントロールできないものである。そこで店舗側では、どのようにこれらの顧客の事情をオペレーション上の工夫で乗り切ることができるかが課題となる。サウナ店の例で潜在的なターゲット顧客が学生の場合、男女を含めたグループで合流することに楽しさや価値があるのであれば、待ち合わせスペースや飲み物を飲むスペースの配置や雰囲気に改善が求められることになる。

以上をまとめると、サービス・プロセスの改善には、店舗側の問題として設備や立地といったハードウェア的な要素とオペレーション要素、そして店舗側がコントロールできない顧客側の問題、の三点に分けることが重要となる。そのうえで、こうした問題の類型と顧客の知覚品質に与える影響はどのように関連づけられるのか、実務的な関心としては、サービス・オペレーションにおいて、顧客側ではなく企業側によりコントロールできる部分がどのように知覚されているか知ることが重要となる。

❖ レジ待ちに関する消費者調査にみるオペレーションの問題

このようなオペレーションにおける企業側のコントロール問題という視点を踏まえ、小売業のうち、スーパーマーケットに対象を絞り、その精算業務における「レジ待ち」について消費者調査を行った。この調査は、小売業のサービス提供プロセスからレジ業務を独立して切り出し、精算処理に関わる店舗側と顧客側の問題が、そのサービス品質にどのように影響を与えているか、そして店舗オペレーション上の問題点を探るために行われた。小売業にとって、精算業務はサービス提供プロセスの一部であり、顧客との接点である。それにもかかわらず各種調査によると、たとえばスーパーマーケットにおいて、精算時のレジ待ちは顧客からの苦情が最も多い。そのため、スーパー側としても顧客満足の向上を目的として、レジ待ち問題の解消は重要課題と認識されている（詳しくは第8章を参照）。

調査は二〇一二年六月にネットリサーチで実施された[9]。ネットリサーチ会社では「平成二二年国勢調査」をベースにした人口構成比をもとに、二〇歳代から七〇歳未満の成人男女を対象としてサンプリングを実施した。「半年以内に二回以上買い物をし、かつ最近一か月以内に一回で二〇〇〇円以上の買い物をされたスーパー」という条件で回答者予備軍を抽出し[10]、その中から一〇四七名に回答依頼を行った。本調査で得られた有効回答数は八一五件、回収率は七七・八％であった。今回の調査で用いた主な質問項目については、章末注に示す[11]。

本調査では、「店舗の設備」「店舗のオペレーション」「顧客側の事情」に関して、それぞれとレジ待ちに対する顧客の知覚品質に関わる代表的な項目を聞いている。ここでの「レジ待ち」とは、レジに並んでから、精算処理が済むまでの時間である。

表 3–4　レジ待ちに関する消費者調査①

質問①レジに人が並んでいるとき，あなたは何人までレジ待ちを許容できますか。

0人	1人	2人	3人	4人	5人	6人以上
0.1%	2.1%	27.7%	45.2%	12.8%	8.1%	4.0%

表 3–5　レジ待ちに関する消費者調査②

質問②　レジに人が並んでいるとき，あなたは何分までレジ待ちを許容できますか。

1分以内	2分以内	3分以内	5分以内	何分でもよい	その他
1.3%	6.5%	35.0%	42.5%	13.3%	1.4%

❖レジ待ちに関する消費者調査

まず、本調査では、消費者がレジ待ちに関し、待つのを許容する人数について聞いている（表3-4）。結果として、約七五％の回答者が、三人までは待つことを許容できるとしている。また待ち時間に関しても、三～五分以内が許容範囲であることが明らかになった（表3-5）。企業側のレジ待ちに関するサービス・コンセプトの設定としては、待たせる最大限の人数は三人とし、また長くても五分以上待たさないことをめざすべきことが、この結果から示される。

❖「店舗側の設備」と知覚品質

次に、店舗側の設備がレジ待ちに対する顧客側の知覚品質にどのような影響があるか調査してみた。調査項目は店内に流れる「音楽や商品やニュースなどさまざまな音声・視覚」情報と「水槽や観葉植物などのレジ周りの」設備との関係について調べている（詳しくは章末注11を参照）。結果に関しては、多少項目に差はあるものの、回答者のうち八五～九〇％はこれらレジ周りの情報や設備が及ぼす影響に対して「効果がない」と否定的であり、レジ周りの情報・設備的な対応により、「レジ待ちが気にならなくなる」という回答は一〇～二〇％程度にとどまることがわかった。

❖「顧客側要因」と知覚品質

次に「顧客側要因」がレジ待ちに対する知覚品質にどのような影響があるのか調べてみた。質問項目は、買い物後の用事の有無や買い物時の家族・子どもの存在、そして荷物を持ちながら買い物する状況との関連についてである（詳しくは章末注11を参照）。結果からは、顧客が買い物する際の状況により、レジ待ちが気になる程度は、「ややあてはまる」から「非常にあてはまる」と回答した割合がそれぞれ六〇～八〇％近くを占め、実はレジ待ちが気になる要因は顧客側の要因が大きいことがうかがえる。あくまでも顧客個々の状況ではあっても、店舗側としては、何らかの対策をとることで、顧客満足を向上させる手法を検討するべきである。

子連れの顧客対応として、たとえば、子どもにもセルフレジをできるように対応しているスーパーもある。買い物の後の用事や待たせていることが気になっている買い物客への対応の一つとして、専用レーンを設けることがある。たとえば買い物点数によりレーンを変えたり、あるいは会員専用のレーンをつくったりすることが考えられる。しかしながら、今回の調査結果は八〇％以上の回答が「効果がない」と否定的であり、専用レーンの存在と顧客のレジ待ちの知覚品質の間には顕著な関連がみられなかった。先の結果を踏まえると、店舗側の設備は顧客品質にあまり影響を与えていないことを示しているといえる。

❖店舗要因（オペレーション）と顧客のレジ待ち知覚品質との関係

それでは店舗のオペレーションに関わる要因が、レジ待ちに関する知覚にどのような影響を与えて

表 3-6　店舗要因と顧客のレジ待ち知覚品質との関係①

質問③下記のような場面で，あなたはレジ待ちがどのくらい気になるようになりますか（%）

	非常に気になるようになる	気になるようになる	やや気になるようになる	どちらでもない	あまり気にならなくなる	気にならなくなる	まったく気にならなくなる
レジ待ちが起こっている原因が不明である	18.7	30.0	32.1	16.2	2.7	0.2	0.1
レジ待ちの列の並びが悪くて，割り込みがある	43.0	27.6	18.9	8.8	1.5	0.1	0.1

いるのであろうか。表3-6に示した結果は，レジに並んでいる顧客がどのようなことをストレスに感じているかを例示している。店舗は混雑していないのにレジだけが混雑している，特定のレジだけが混雑している，混むような時間ではない時間帯にもかかわらず混んでいる場合にレジ待ちにストレスを感じることが推測される。また割り込みなどは，店舗側で適切に対応すれば，避けられる問題である。これはオペレーションの問題として捉えるべき問題である。

表3-7に示した調査結果は，レジ業務に関わる従業員の対応と顧客のレジ待ちに対する知覚の関係である。店舗側が対応しているときに，どのくらいレジ待ちが気になるようになるかについての回答を示している。これらの結果からわかることは，レジが混雑していても，従業員が適切に対応することで顧客の知覚に大きな影響を与えることである。

またオペレーションの設計に関しても，大きく影響を与えていることがわかる（表3-8）。

表 3-7　店舗要因と顧客のレジ待ち知覚品質との関係②

質問④従業員の対応とレジ待ちについて，どれくらいレジ待ちが気になるようになりますか（%）

	非常に気になるようになる	気になるようになる	やや気になるようになる	どちらでもない	あまり気にならなくなる	気にならなくなる	まったく気にならなくなる
どのレジに並ぶべきか従業員が誘導してくれる	2.9	5.9	17.1	36.4	27.1	8.8	1.8
レジ待ちをしているときに，従業員が誘導などフォローしているのがわかる	1.7	6.4	17.9	31.0	32.5	9.0	1.5
後ろに並んでいる人が隣のレジに先に誘導される	16.9	19.6	32.3	21.3	6.5	2.3	1.1

表 3-8　店舗要因と顧客のレジ待ち知覚品質との関係③

質問⑤店舗の運営状態とレジ待ちに関して，どれくらいレジ待ちが気になるようになりますか（%）

	非常に気になるようになる	気になるようになる	やや気になるようになる	どちらでもない	あまり気にならなくなる	気にならなくなる	まったく気にならなくなる
各レジごとにレジ待ちせずに，1列に並んで空いたレジに誘導される方がレジ待ちが気にならない	0.7	2.0	6.6	23.6	31.7	21.2	14.2
1つのレジにレジ係が2人いるほうが，レジ待ちが気にならない	0.2	1.8	5.8	18.9	34.2	24.3	14.8
レジ待ちをしているにもかかわらず空いているレジがある	22.8	30.3	32.0	12.3	2.5	0.1	0.0
レジ待ちをしているにもかかわらず，手の空いている従業員がいる	25.8	30.9	28.2	12.1	2.8	0.2	0.0

❖セルフレジ・システムと顧客のレジ待ち知覚品質

以上の結果をみると，レジ待ちに対する知覚品質は，店舗側の設備ではなく，従業員の対応を含めたオペレーションやシステム面での影響が大きいことがわかる。このように小売店のサービスの向上には，店舗の立地や設備の充実も大事である。しかしそれ以上に，店舗全体でのサービスを再設計することの重要性が強調される。サービス・コンセプトを明らかにすること，全体のサービスを各プロセスに分割すること，そしてプロセスごとの品質基準を明確にして問題点を明らかにすること，問題点からサービスのオペレーションを再設計し，新しいサービス・システムを開発すること，これらの重要性を示している。

最後にＩＣＴ利用とレジ待ちの知覚に関して，セルフレジへの知覚を取り上げる。セルフレジとは顧客が自ら商品についているバーコードをスキャンして精算を行うレジのことである。アルコール類など年齢認証が必要なものは従業員の確認作業が必要となるが，基本的には顧客がレジのカゴから物を取り出し，バーコードをスキャンし，買い物袋に入れる一連の作業を行うことになる。従来，保守的な消費者からはこのようなシステム利用に関しては，操作上の問題や抵抗感から否定的に捉えられる傾向が指摘されてきている。[12] 今回は，ＩＣＴ利用のオペレーション・システムが，レジ待ちに関してどのように認識されているか調査した。その結果，セルフレジ利用の顧客は，半分近くの回答者（四九・三％）がレジ待ちが気にならなくなる傾向であることを示した。自らが作業をすることで，空いた時間を埋めることができることの効果がその理由と考えられるが，着目すべきは，ＩＣＴシステムが直接的に顧客の知覚に影響を与えている点である。ＩＣＴ利用の否定的な面だけでなく，効果的なシステムを導入し、消費者の認知度を高めていくことで、ICTシステムが消費者に肯定的に受け入れられる可能性を示しているといえる。

注

(1) Van Looy, Gemmel and Van Dierendonck (2003).
(2) ヘスケット（一九九二）。
(3) Levitt (1972).
(4) Solomon, Surprenant, Czepiel and Gutman (1985).
(5) 詳しくは、Van Looy, Gemmel and Van Dierendonck (2003) 訳書三八六頁と、そこに示された参考文献を参照されたい。
(6) Bitner and Hubbert (1994).
(7) Johnston (1999).
(8) 実際の調査は、関西大学商学部サービスソリューション研究チーム（山崎保奈美、亀田望、倉永真紀、高田淳平、福田真澄）が二〇一二年八〜九月に実施した。
(9) 株式会社インテージによるサンプリング。
(10) 複数ある場合は、その中でも利用頻度の高いスーパーを一つ思い浮かべるよう指示（以降「そのスーパー」）。この調査で「スーパー」とはセルフ方式で買い物ができる下記のようなお店を含む。①食料品や日用品を扱う食品スーパー、②食料品や日用品に加えて、衣料品や家電も扱う総合スーパー、③食料品、日用品、衣料品、家電などを扱うディスカウント・ストア（なお、コンビニエンス・ストアやインターネット上の買い物は含まない）。
(11) レジ待ちに関する消費者調査に使用した調査項目（大項目レベル）を以下に示す。①気分が紛れることの効果（Maister 1985, Katz, Larson and Larson 1991）：設備的な事柄（音楽が流れていたり、水槽や観葉植物がレジの周りに設置してある等）や行列が順調に流れる場合等の効果。②従業員のレジ運営へのコミットメントの効果

（Maister 1985）：たとえば、どのレジに並ぶべきか従業員が誘導してくれたり、レジを行う前に何らかの前処理を従業員がしてくれた場合等の効果。③時間に関する項目の効果（Maister 1985, Davis and Voilmann 1990）：平日と休日との違い、時間帯による効果の差等。④間違った判断に関する項目の効果（Katz et al. 1991）：間違って長い列のレジに並んだ、自分の列の流れが遅い場合等の効果。⑤用事の有無による項目の効果（Katz et al. 1991）：次に用事があったり、家族等が待っている場合等の効果。⑥未知への不安による効果（Maister 1985）：たとえば待ち時間がわかる表示板等の効果。⑦店舗運営のデザインによる効果（Maister 1985）：レジの待ち方（各レジごとあるいは櫛形）やレジ係の体制（二人制）等の効果。⑧説明のない状況による効果（Maister 1985, Davis and Heineke 1994）：係員の適切な説明等の効果。⑨納得できない（できる）状況による効果（Maister 1985, Katz et al. 1991）：混んでいる時間帯に来ていることを自覚している、レジ待ちが起こっている原因が不明である等の状況による効果。⑩店舗のオペレーション能力に関する効果（Maister 1985, Katz et al. 1991）：レジ待ちをしているにもかかわらず空いているレジがある、レジ待ちをしているにもかかわらず、手の空いている従業員がいる等の状況による効果。⑪公平でない状況に対する効果（Maister 1985, Katz et al. 1991）：列の並びが悪くて、横入りがある、後ろに並んでいる人が隣のレジに先に誘導されたなどの状況による効果。⑫レジ係に特別な要求がある場合の効果（Maister 1985）：レジ係に聞きたいことがあるときや買い物量等の状況に関する効果。⑬同行者の有無による効果（Maister 1985）。⑭快適性に関する状況の効果（Davis and Heineke 1994）：レジ待ちの空間が狭い、荷物を手に持っているなどの状況による効果。⑮訪問頻度（新規訪問店・頻繁に利用する）による効果（Jones and Peppiatt 1996）。

⑿　Meuter, Ostrom, Roundtree and Bitner（2000）.

第4章　サービスにおける新技術導入

1　ICTイネーブラー概念への注目

インターネットと高速通信ネットワークの進展は、ビジネスのあり方や性質を変えつつある。今日、企業はこうした情報通信技術（以下ICT）の恩恵を、調達、製造、販売、物流とバリュー・チェーンのあらゆるところで享受しているといえる。たとえば、企業間の資材調達におけるeマーケット・プレイスの利用や、受発注システム、営業支援システム、CRM（顧客関係管理）など、ICT利用のビジネス・システムを構築し、企業間取引や顧客アプローチを効果的に行っている例は多い。

企業のもつ資源として、近年では、ヒト、モノ、カネに加え、情報も含まれるという考え方が一般的になってきている。ICT自体も情報を扱う企業の重要な資源として捉えるべきという考え方がされてきた。しかしながら、ＩＣＴ導入を行えばすぐ目に見える形で企業の業績が上がるというわけではない。たとえば二〇〇〇年代初頭では、少なからぬ企業でＣＲＭシステムなどは、導入後何年にもわたり、ＩＣＴ投資に見合う効果が得られているかが社内で懐疑的にみられてきた。そこで、ＩＣＴが資源としてビジネスに実際はどのような貢献をするのかについての理論的な整理が必要になってこよう。

本書では、ＩＣＴをビジネスの資源として捉えるが、直接的にビジネス・システムに投入される資源ではなく、むしろ企業のもつ他資源を有効化、活発化させる資源、つまりイネーブラーとして捉える立場をとる。ＩＣＴイネーブラー議論をわかりやすくいえば、ＩＣＴを企業の活動への直接的効果をもたらすものと捉えるものではなく、間接的に効果をもつものと捉えるということである。

これまでに、ＩＣＴがビジネスに与える直接的効果について、とくに調達活動、オペレーション・コスト削減、生産性向上、情報へのアクセス可能性の向上、意思決定の質の向上などの効果測定に関心が向けられてきた[(1)]。これに対し、ＩＣＴは、組織内あるいは組織間の情報交換をサポートすることに利用され、顧客やサプライヤーとの共同意思決定を促進するために利用されるものであるという、ＩＣＴの支援的、つまり間接的効果も主張されてきている[(2)]。ＩＣＴの間接的効果を主張する立場においては、とりわけＩＣＴの目に見えないメリットへの注目度が高い。たとえばカスタマー・サービスの向上や、企業活動の市場への反応性向上、買い手やサプライヤー間のよりよい調整機能など、ＩＣＴ導入は、直接的にはみえないが、間接的に好影響をもたらしていると考えられるのである。

要約すれば、ＩＣＴは企業のパフォーマンスに直接的ではなく間接的に影響を与え、競争上の優位性や顧客価値につながるというのが、ＩＣＴイネーブラー議論の主張である。ＩＣＴはそれだけでは価値を創り出すことができず、むしろ、他の組織内、組織間の資源とともに機能することにより、バリュー・チェーンの中で価値を創り出すということになる。

2　価値創造のためのICTと資源

ＩＣＴが企業の競争優位につながるという主張の背景には、ＩＣＴが企業の内部にすでに存在している資源やスキルをレバレッジし、あるいは活性化するときにのみ、競争的な価値を生み出す資源になりうるという見解がある。(3)

資源には、それ自体が活動に使われるべきものと、活動が行われる際に別の資源に働きかける触知できないものとの二種類があるという考え方がある。この二つは、前述したように、オペランド（operand）リソースと、オペラント（operant）リソースとして概念化されている。(4) オペランド・リソースとは、それが使われている活動が遂行されて価値を生み出すというものである。たとえば土地を利用してそこから何かを生産したり、その上に建築物を建てる場合、土地はオペランド・リソースとみなされる。これに対し、オペラント・リソースとは、活動が行われる際のナレッジやスキルというものに代表される、目に見えず触知できないものであり、限りある資源とは異なり、無限で動的なものである。

この考え方を発展させ、オペラント・リソースには、基本的なもの、複合的なもの、相互接続的なもの、の三つのタイプがあるという主張がある。[5] 基本となるオペラント・リソースとは、個々の従業員のナレッジとスキルである。このタイプのオペラント・リソースは、たやすく模倣されるために、競争上の優位を持続できるものではないとされる。一方、複合的なオペラント・リソースは、部門や企業内部の組織的な活動から発展するものである。そして外部の組織や企業との間の相互作用から創り出されるものは、相互接続的なオペラント・リソースとみなされる。これらのタイプのオペラント・リソースは、企業内部に深く関わり、外部から獲得したり発展させたりすることが、基本的なリソースよりも難しいため、持続的競争優位につながるといえる。

換言すれば、オペラント・リソースとは、効果を生み出すために他のリソースに「働きかける」ために使われるものと表現でき、それが他のリソースに反応したり融合することにより価値を生み出すということが注目されるのである。したがって、企業の競争優位は、オペラント・リソースの複雑な束から構成されており、オペラント・リソースは企業が環境変化に対して適応するのをスピードアップするなど、さまざまな方法で用いられるものと考えられるのである。

資源には、資源それ自体と、諸資源を統合させる資源があるという考え方があり、後者の資源を統合させるものはケイパビリティと呼ばれている。[6] オペラント・リソースは別のリソースに働きかけて活性化させるという点では、ケイパビリティ概念の一つとみなすことができる。

3　ICT資源とは何か

前節ではビジネスの資源について、物理的資源・資産それ自体と、触知できないケイパビリティに分類されることを示した。同様にICTを資源としてみた場合、物理的な資産と触知できないケイパビリティとが存在することになる。ここで物理的なICT資産とは、企業におけるICTインフラ全体を形成しているものを指し、具体的にはコンピュータや通信機器のような物理的な資産と、それらを動かすためのコンピュータや通信技術が高度に組み込まれたソフトウェアが含まれる。この物理的資産に関しては、ICTシステム自体は競合他社でも購入したり、そっくり真似《まね》することが容易であるため、それ自体は競争優位の源泉としては役立ちにくいことが指摘されている。しかしながら、その技術的なアーキテクチャ（設計思想）がよく定義され、企業のビジネス・プロセスに緊密に関わっている場合には競争優位になりうるという主張がある(7)。

単なる技術的な構成部品であれば容易にコモディティ化しやすいが、非常に精緻でよく考えられたアーキテクチャはコモディティにはならないのは明らかである。なぜなら企業のビジネス・プロセスに統合できるようにICTのインフラ・システムを構築していくことには時間や努力を要するものであり、経験的な学習も必要とするからである。それ以上に、システムが企業のビジネス・プロセスに関わることで高度に統合化されたビジネス・システムは模倣するのが困難だといえる。したがって、物理的資源であるICTシステムは、企業のビジネス・システムに統合されている場合のみ、ビジネスの資源になりうるといえる。

これらの物理的な資源以外に、知識や能力といった触知できない資源がある。一つには、ＩＣＴを通じて常にビジネスの課題を解決しようとしたり、ビジネス機会を捉えようとしている個々の従業員の能力に関わってくる資源である。従業員は研修や仕事上で得られた経験を通じてトレーニングされる。こうした従業員の蓄積されたＩＣＴに関する知見は経験の蓄積を通じ、長期間にわたり進化していくことになる。

これら個々の従業員に蓄積されたものよりも、組織的な活動はより重要であると考えられる。新しい技術やビジネス環境への適合能力は、企業における戦略的な柔軟性をもたらすことになり、企業の成長を決定する大きな要因となる。組織的なＩＣＴケイパビリティとは、個々の技術者が技術的あるいは管理的なスキルを取得するだけでなく、組織の個々の成員がより効果的な知識を獲得できるように包括的な技術ネットワーク環境を提供できることである。こうした組織的なスキルや調整メカニズムは、たとえば大規模なソフトウェア開発のように、組織内での長期間にわたる実践的な学習とその繰り返しを通じて発展していく。さらにこうした資源は組織内に蓄積され、埋め込まれ、将来のプロジェクトのために利用されることになる。このようにして得られた個人のスキルは現在もっている知識のみならず、その知識を使い、応用し、管理する能力を発展させていくことになる。これらの資源は組織外に移転することが難しく、組織内で発展、蓄積され、組織レベルでの資産となる。

ＩＣＴ関連のケイパビリティとして、これまでの研究で次の四つが識別されている。(8) ①技術的な知識とスキル、②ＩＣＴマネジメントと開発スキル、③問題解決志向により組織内外の行為者との関係を管理すること、そして④市場への反応能力である。

①の技術的な知識とスキルとは、ハードウェア、ソフトウェア、ネットワーク製品における知識、経験に関わる資源を指す。これらの資源はＩＣＴ産業において効果的なソリューションを提供するための根本的な要素である。②のＩＣＴについてのマネジメントには技術者のコミュニティ、プロジェクト・マネジメント、さらにリーダーシップ・スキルに関わり、調整する能力が含まれる。ＩＣＴの開発スキルは、主に技術の管理能力であり、新しい技術の発展に対しても適切に動向を把握し、その技術を自らに取り込み、利用し、管理する能力である。③問題解決志向は、顧客のビジネスを深く理解し、ソリューションを提供するために使われる資源である。このタイプの資源として重要な要素は、外部の行為者と調整をする能力と深く結び付いてくる。別の要素としては、内外の情報を収集し、その情報を理解する能力に関わってくる。すなわち組織内外の行為者との関係管理は、組織内外のパートナーとの間の資源の連携を管理する能力を表すことになる。

最後に④の市場への反応能力とは、市場の変化に対する組織的な反応能力を指す。このタイプの資源は、市場に関する知識と顧客との関係性によって取得が可能となる。具体的には、外部の情報源から業界や技術動向、顧客関係についての情報を収集すること、さらに企業の部門間で共有されるマーケット・インテリジェンスから構成される。

以上をまとめるとＩＣＴ関連の四つのケイパビリティは、ＩＣＴに関する知識やスキル、知識やスキルの管理能力、さらにそれらの適用領域として、組織内外の管理能力、顧客市場への対応能力というように、段階的なものとして考えられるのである。

4 ICTイネーブラーの特徴と役割

ＩＣＴを、企業のパフォーマンスに直接的ではなく間接的に影響を与えるもの、つまり他の資源に働きかけ、活性化する資源であり、触知できない能力だと捉えるならば、それではＩＣＴは何をイネーブリング（実現化）するのであろうか。これについて本書は、ＩＣＴが実現する役割として、統合機能、協働機能、高度な情報処理、ビジネス・プロセスの開発、革新的なビジネス・システムの実現、の五点を主張する。次に、これらの役割が具体的にどのようなものかについて説明していくことにする。

ICTイネーブラーの統合化の役割

まず、ＩＣＴイネーブリングの役割として、内部統合を取り上げる。この役割は企業内部のオペレーションの効率性と生産性に関わるものである。たとえばオペレーション・マネジメント・システムを、ＩＣＴの内的な統合機能により実現されたシステムの例として挙げることができる。

ＩＣＴによる内部統合機能とは、組織内部のプロセスを統合する能力のことを指す。具体的には、ＩＣＴが部門間のコミュニケーションを次のような方法で実現化することが挙げられる(9)。①異なる部門間に適切な複数のコミュニケーション・チャネルを提供すること、②すべての部門における、簡単ですぐアクセスできる情報交換の方法を提供すること、③異なる部門の従業員間であっても、専門的な知識を共有できるように相談の場を設定すること、④上司や部下とのコミュニケーションを促進し、ミス・コミュニケーションを防ぐ手段を提供すること、⑤異なる部門間の相互作用、たとえば、新製品新サービス開発に関するマーケティングと製造部門との間のやりとりを促進する手段を提供すること、である。

一方、ＩＣＴの外部統合の役割も注目される。外部統合とは社外のステークホルダーである、顧客、サプライヤー、他のパートナーとの間の関係を管理することを可能にする機能である。このタイプの統合は企業間のインターフェースの提供として特徴づけることができる。たとえば、電子データ交換（ＥＤＩ）は、企業が、調達先など川上に存在するビジネスの協力者、すなわちサプライヤー企業との統合をするためのＩＣＴイネーブラーの例である。

外部統合されたビジネス・システムにより、情報交換の正確さとタイムリーさが実現され、それによって組織のビジネスの仕方が変わることになる。ＩＣＴが外部統合をイネーブリングする役割をもつことについて、具体的には次のように説明できる。一点目として、ソフトウェア・アプリケーションにより、顧客とビジネス・パートナーとがそれぞれのビジネス・プロセスを統合できることである。二点目として、完全に統合していなくても、ソフトウェア・アプリケーションを通して、両者の間に必要な業務プロセスがシームレスに達成されるということが、ＩＣＴにより実現される。企業は各々異なる業務プロセスを行ったり、異なるシステムで業務を行っているが、ＩＣＴによりこれらの相違によらず、取引を行ったり、協働でビジネスを行えることになる。

こうした企業間の外部統合機能は、高度な機能をアプリケーション・レベルで提供することになるが、その機能を提供するために必要なハードウェアやネットワーク機能など下位レベルの機能も提供されていることが重要である。さらに、三点目として顧客とサプライヤーとのデータ共有を容易にする能力が着目される。四点目として、いったんデータが企業によって取得されると、その企業のパートナーにも時間的にタイムレスに共有されることが可能となる。外部統合能力は、これらの機能と技術的なアプローチの組み合わせによって達成される。

❖ ICTイネーブラーの協働化の役割

ICTイネーブラーの機能として、部門間を統合させることのみならず、組織内の協働プロセスを起こさせる能力が強調されてきている[10]。組織内で協働する仕組みとしては、具体的には、事業部門への他部門によるサポート体制、部門間の取り組みを通じた共同事業の進捗をモニタリングすることや品質管理を行うこと、職能横断的なチームによるプロジェクトの実行、が挙げられる。

また、顧客やサプライヤーその他の外部機関との共同活動が、ビジネスに対して革新的な効果をもち、組織自体の能力を高めることが特筆される。従来、企業は垂直統合を通じて自らの資源を蓄積する傾向にあり、企業は自前の資源と資本的な結びつきを通して資源統合し、その蓄積された資源を使って製品とサービスとを開発してきた。しかしながら、近年では、企業は資本的結びつきによらず、他社とのアライアンスや、アウトソーシングなどの提携にビジネスを依存しているといえる。その結果として、製品やサービスの多くが自社や資本関係のみならず、他社、他組織との協働を通じて蓄積された技術的な資源の組み合わせから開発されるようになってきている。オペレーションの効率性や生産性を向上させるのに協働的な活動を利用するにとどまらず、顧客価値を創るのに外部や内部の専門家との日常的で、緊密な相互作用を通じて蓄積されたナレッジが重要性をもつようになってきているのである。

これらの協働的な活動はＩＣＴによりサポートされる。ＩＣＴは業務プロセスを実現、促進、モニター、規制、そしてガイドする役割が発揮できるからである。ＩＣＴは異なる部門間でも情報を同化し、統合するためのインフラを提供することにより、企業間と企業内での協働を可能にする。先に示した内部統合の役割と比較すると、ＩＣＴの協働機能は、企業のサービス・オペレーションの効果をより高めることにある。ＩＣＴは、バリュー・チェーンにおけるさまざまな活動において、オンラインでの発注や在庫などの情報共有を可能にし、バリュー・チェーン全体を統括することにも関わり、パートナー企業との業務のリエンジニアリングを管理することを可能にするのである。

ＩＣＴのもつこのような能力は、アプリケーションやデータベースの技術的な相互接続性を重視するだけではない。顧客やサプライヤー、ビジネス・パートナーのもつシステムとの「物理的な」統合を行う以上の、よりビジネス上の「意味のある」レベルでの協働関係を構築することを意味する。異なる行為者同士のコミュニケーション・レベルを向上させるためには、具体的に以下のような取り組みが必要となる。①企業と他の企業群との間の複数のコミュニケーションができるチャネルを効果的に提供すること、②パートナー企業からのリアルな情報を取得するコミュニケーション手段を提供すること、そして、③企業のスタッフ間の頻繁な専門的な相互作用を促進すること、である。電話やメール、そして企業内で使われる従来の「物理的な」情報通信手段は、情報のやりとりや、交換した情報の管理を目的としているが、「意味のある」コミュニケーションは、コミュニケーションすることで新たな価値が創造できるものでなければならない。たとえば、新しい顧客価値を創り出すために、企業が社内や顧客との間のコミュニケーションをより活発化するためにSNSを導入したり、スタッフとのより効果的なコミュニケーションを目的として、eラーニング・システムを利用する場合がそれにあたるだろう。

ＩＣＴのこのような協働機能は企業に対して、市場の状況変化とビジネス環境に対し迅速に対応することや柔軟に対処することを可能にする。たとえば、ＣＲＭシステムは、顧客との相互のやりとりや顧客の行動についての情報を蓄積し、分析することにより、顧客との関係を組織的に管理する方法である。したがって、ＣＲＭシステムがあることで、企業は市場での需要予測を行うことができ、サプライヤー企業に対し、発注管理プロセスにおける精度を高めることができることになり、市場への即応を促進することが可能になる。

サプライチェーン・マネジメントは、サプライチェーン全体として、低コストで最終市場により高い価値を創り出すためにサプライヤーと顧客との関係性を管理するものとして定義されている[11]。したがって、この場合には川上と川下との協働する能力がＩＣＴには求められることになる。

❖ ＩＣＴイネーブラーの高度な情報処理としての役割

ＩＣＴとは情報を処理し、通信を行うことに関わる技術である。ＩＣＴが大容量の情報を処理・分析することを可能にすることにも注目する必要がある。電子化された情報は、収集、保管、共有をより容易にし、また検索や加工、分析を可能にする。紙に記載された情報は、ある特定の場所でのみ保管されることになるが、電子化されると複写や送信を通じて、他者と共有が可能になる。声など音の情報はその場で消えていく情報であるが、音声自体を電子データ化することにより、保管、共有、さらに加工・分析も可能になる。収集・保管・共有が容易になるということは情報の集積をより速く行うことができ、また集積された情報の加工、分析、通信などを可能にする。それが情報通信関連の技術である。

たとえば製品に関する問い合わせの電話は、音声を電子データとして認識し、テキストとして文字データ化されることが可能になっている。オペレーターが電話に応対して問い合わせを聞くのみならず、テキスト化されたデータは検索したり、加工して集計したり問い合わせ内容を分析するといったことが可能になる。つまり音声のみの場合よりも電子データされることで、よりビジネス利用の可能性が開けることになる。情報が大量に蓄積されていても処理能力がなければ意味がないが、ＩＣＴには大容量の情報を処理する能力があることが重要となる。

情報技術関連のサービスに関して、まずその特徴としてはユビキタス性が注目される。[12] どこでも誰とでもコミュニケーションが可能であるということは、情報が大量に発生することになり、情報集約的であることが情報技術における特徴となる。情報を大量に処理できるＩＣＴの能力に関して、情報集約的であることをどう管理するかという点と、情報集約的であることをいかに戦略的に発展させられるかという点に注目する必要がある。前者は業務上の効率性に関わるが、後者は、情報技術の利用による新サービス創出など、マーケティング領域の問題になる。

以前、製造業者は自社製品を購入した顧客に、会員登録のはがきを返信してもらっていたが、ウェブ上で会員登録を促すようになると、顧客情報の収集と保管に関するスピードアップが図られることになる。さらには企業のウェブサイト上でのユーザーが書き込んだデータを分析すれば、顧客に関する行動や態度に関する洞察が得られることになる。前者はＩＣＴがなくても顧客情報の収集と登録、管理は行えるが、ＩＣＴによりそれらが促進されることを示す。これと比較して後者の方は、ウェブという情報技術によってもたらされるプラットフォームがないと、顧客情報収集が行えない。つまり後者はＩＣＴがイネーブリングしている例といえる。

❖ビジネス・プロセス開発におけるイネーブラーの役割

これまで、ＩＣＴが実現化する役割として、企業内外の統合化、協働化、高度な情報処理能力について述べてきたが、それらを実現することにより、さらに高次のレベルで実現されることがある。それは革新的なビジネス・プロセスの開発であり、新規なビジネス・プロセスの創出ということである。

ＩＣＴは、さまざまなビジネス・プロセスと作用することで、さらに大きな価値のあるビジネス資源へと変化する。サプライチェーン・マネジメントは、顧客・サプライヤー・製造業者・販売代理店のネットワークにおける資材や情報、財務フローを総合的に管理するビジネス・システムであるが、たとえばＩＣＴにより企業間で統合され、製造業者との情報共有を行うことで、需要プロセスの管理や在庫管理、製造・販売などさまざまなリードタイムの削減に大きな影響を与える。その他にも、製造工程における生産能力と情報システムには綿密なつながりがある。

ICTには、その高度な情報共有能力、加えて業務プロセス間を橋渡しする能力である「スパニング・プロセス」[13]がある。これは、ICTシステムと、たとえば製造や営業といったビジネスの他の職能とを統合・連携することを可能にするものである。スパニング・プロセスは企業の内部・外部のリソースを統合するのに必要な能力を提供し、管理者が適切な技術基準を計画・管理・使用し、業務手順全体で職能上の隔たりを橋渡しすることが可能となる。これら情報の処理能力や統合能力が、革新的なビジネス・プロセスを実現するために必要不可欠になってきている。

ICTにより業務プロセスに革新をもたらすためには、二つの前提が必要である。まず業務手順がオンライン上で入手可能であること、そしてその業務手順が体系的に管理されシステムとして動作可能なことである。[14]これらの前提を満たすためにICTは次に述べるような能力を提供する。まず一点目は高度に統合化した業務手順を、外部の協力会社や顧客とともに共有を可能とすること、二点目は企業の業務手順や作業ルーティンを、顧客やサプライヤーの業務手順や作業ルーティンと統合することを可能とすること、三点目は効率的にビジネス・プロセスを行うために、企業が顧客やサプライヤーの手順やルーティンに依存することを可能にすること、四点目は、上流工程のサプライヤーや下流工程の営業代理店などと接続し、物流のバリュー・チェーンを形成することを可能にすること、である。

具体的には、よく知られた統合業務ソフトであるERPは、こうしたさまざまな業務プロセスを橋渡しするアプリケーション・システムである。ERPは、すべての部署の業務を全社的に統合し、個々の部署の特定ニーズを満たせるように情報システムとして稼働することで、さまざまな業務や職能レベルを通して業務上の相乗効果がもたらされることになる。ＣＲＭシステムは顧客関係管理システムであるが、これは営業支援システムでもあるという点において、営業の業務プロセスを革新することにつながる。ＣＲＭについては、ビッグデータへの注目とともに、顧客データ分析能力について注目が集まりがちである。しかしながらそもそもＣＲＭは、ＩＣＴによる組織連携を可能とすることで、その導入自体が組織的なプロセスとみなされてきた。(15) ＳＦＡ（営業支援システム）やＣＴＩ（コンピュータ・テレフォニー・インテグレーション）によるコールセンター業務の効率化は企業におけるオペレーション・レベルでの改革を行い、さまざまな小売業やメーカー・卸売業が共同で顧客の個別ニーズを把握し、それに合わせた提案を可能にする。このようなＣＲＭシステムは、バリュー・チェーン内におけるビジネス・プロセスを革新させるものなのである。

❖ 革新的なビジネス・システム（サービス・イノベーション）を実現する役割

近年のビジネス、とくにマーケティング領域では、企業の提供物は製品それ自体ではなく、顧客価値であると認識されてきている。顧客価値は、上流・下流・企業内部の業務改善のためのＩＣＴの効果的利用を通じて生み出される。サプライヤーも、顧客のコスト削減や、顧客が新たなサービスや競争力のある商品を創造できるようにすることによって、顧客価値の創造過程、すなわち、顧客ニーズの実現や特定の問題の解決に参加することになる。このような協働した創造過程において重要な要因は、蓄積された技術よりも、技術を統合することにある。(16) この技術統合のプロセスを通じて、購買側の組織は、協働創造の価値を得るために、サービスを購買する顧客であり、同時にサービスを提供す

る共同生産者としてふるまうことになる。(17)

本書では、これまでＩＣＴは企業活動に、直接的ではなく間接的に影響する、イネーブラーとみなすことができると述べてきた。このイネーブラーとしてのＩＣＴについて、これまで価値提供プロセスと内部および外部関係者とを統合させる役割、組織内外と協働する役割、大容量の情報を高度に処理分析する役割として説明してきた。さらにこれらの能力を通じて、ビジネス・プロセスをより効果的に発展させる役割が加わることになる。

サービスにおけるイノベーティブな動きは、顧客重視という性格をもち、新たなサービス提供と、新たなサービスを顧客のために開発し、市場に出すために適用されるプロセスや手法を伴うものである。サービス・イノベーションはビジネス・プロセスの構造に深く関わるが、(18)このことはバリュー・チェーンを革新させる重要性を強調するものである。ＩＣＴによるサービス・プロセスの革新については、サービス提供プロセスの効率改善がまず指摘される。しかしながら、内部的な業務効率の向上にとどまらず、顧客価値の開発につながるような革新性の高い成果を提供することをめざすことがサービス・イノベーションの本質ともいえる。したがってＩＣＴの役割として、サービス・オペレーションの効率化の視点とともに、サービス提供の有効性を創り出す役割にも焦点を当てるべきである。これはＩＣＴの新たな役割であり、それはビジネス・システムを刷新させることで、新たなビジネス構造を生み出す役割である。

新たなビジネス構造の創出により、ビジネス・システムが革新され、新たな顧客価値が創造されることが期待されている。しかしながら、このビジネス・システムの構造変化は、直接的に起こることではない。むしろサービス提供の、業務プロセス「効率化」が最初に推進されるべきである。たとえば、あるＩＣＴシステムを用いることで、顧客への価値提供プロセスを視覚化するのに利用できる場合を考える。ビジネス・プロセスの視覚化を通じてビジネス・プロセスの問題が明確になり、その結果、顧客へのソリューションがみつかるかもしれない。このソリューションを実行するためには、単なるオペレーションの改革だけではなく、従来のビジネス・システムを革新し、バリュー・チェーンを刷新したり、あるいは新たなビジネスモデルの開発を必要とすることになる。このように、ビジネス構造の革新的な変化は、ビジネス・プロセスの効率化によって発展することがある。

ＩＣＴの能力は、前述した統合化、協働化、高度な情報処理という役割の組み合わせにより、ビジネスの構造を変えることで、ビジネス・システムを刷新させる。ビジネス・システムを革新する作業は非常にハードルが高く、時間もリソースも大量に必要となる。たとえば、ビジネス・システムを革新するために、ある会社が別の会社との提携関係を終わらせ、さらに別の会社との関係を新たに始めようと思えば、新たな関係性を構築するために必要なインターフェースを再構築し、必要な組織変革を行わなくてはならない。しかしながらＩＣＴのもつ機能により、ビジネス・プロセスの再設計を管理することによって必要な時間とリソースを大きく削減させることができる。したがって、ＩＣＴベースのシステムを用いて、組織変革やサプライチェーンの再構築を管理することが期待できる。

❖　ICTイネーブリング議論のまとめ

ＩＣＴは、バリュー・チェーンにおけるあらゆる活動に利用されている。本章では、ＩＣＴがビジネスにどのように貢献しうるか、理論的にアプローチすることを試みた。ＩＣＴには物理的な資源と触知できない統合的な資源との両側面が含まれることをまず述べた。さらにＩＣＴは、資源として直接ビジネスに用いられて直接的な効果を生み出すものというよりも、ビジネスの資源を活性化する資源として捉えるべきであることを説明した。ビジネスにおいて他の資源に働きかけて実現化、活性化させるという考え方は、ＩＣＴをイネーブラーとして捉えるという立場であるが、実現化させていることは、組織内外の統合、協働、情報の高度処理に要約することが可能である。また、これらのイネーブリングの役割を組み合わせた基盤を用いることで、革新的なビジネス・プロセスの開発、そして革新的なビジネス・システムの実現が行われることが主張される。

昨今のビジネスでは、製品それ自体ではなく、顧客に対する価値の提供が重要視される傾向にある。顧客価値は、バリュー・チェーンと企業内部の業務改善のためにＩＣＴを効果的に利用することを通じて生み出される。サプライヤー企業は、顧客ニーズの実現や特定の問題の解決に参加し、価値提案する。ここで重要な点は、内部的に技術を蓄積することよりも、顧客に必要な問題解決を提供するためにさまざまな技術を統合することである。そして顧客企業も、同時に価値を創造する共同生産者になることである。

ＩＣＴのもつ統合や連携する能力は、その組織と、内部および外部の他の機能領域や部署とのさまざまなビジネス・プロセスを統合したり、あるいは連携するための橋渡しをする機能を与えることにある。これらの能力には、各ビジネスの要素を技術的に連携・統合させるだけでなく、価値を生み出すために、特定の専門性が要求される。(19)

こうしたＩＣＴの能力は企業内で活用され運用されていくことで，新たな能力を開発していく。ＩＣＴは，組織内部または組織間の他のリソースと連携し，バリューチェーン・システムに価値を創り出していくが，競争の激化に伴い，サプライヤーと連携して，ビジネス・プロセスや戦略を素早く適合させることが重要な組織能力となる。この市場反応力は，組織的学習によって生み出された一連の能力として捉えられ，これにより企業は新たなサービスやサービス提供プロセスを創造し，変化する市場環境に対応することができる。このように，ＩＣＴを効果的に利用していくことで，企業は，ビジネス環境の変化に適合できる新たなビジネス構造を生み出し，ビジネス・システムを革新していくことができる。

注

(1) たとえば，Rai, Tang, Brown and Keil (2006).
(2) たとえば，Banker, Bardhan, Chang and Lin (2006).
(3) たとえば，Ashurst, Freer, Ekdahl and Gibbons (2012).
(4) Constantin and Lusch (1994).
(5) Madhavaram and Hunt (2008).
(6) Day (1994).
(7) Bharadwaj (2000).
(8) たとえば以下の文献。Bharadwaj (2000), Wade and Hulland (2004), Ross, Beath and Goodhue (1996).
(9) Bhatt, Emdad, Roberts and Grover (2010), Chang and Wang (2011), Dong, Xu and Zhu (2009).
(10) たとえば，Chang and Wang (2011).

(11) Christopher (1998).
(12) Huang and Rust (2013).
(13) Banker, Bardhan, Chang and Lin (2006).
(14) Schwarz, Kalika, Kefi and Schwarz (2010).
(15) たとえば，Parvatiyar and Sheth (2001).
(16) Zhu, Kraemer and Xu (2006).
(17) Van der Valk (2008).
(18) Gadrey, Gallouj and Weinstein (1995).
(19) Shepherd and Ahmed (2000).

第5章 製造業のサービス化アプローチ
▽サービタイゼーション

1 製造業のサービス化：サービタイゼーション

❖ 製造業のサービス化への関心

サービスの特徴である、サービスの生産と消費の不可分性が、ＩＣＴにより可分性が高くなっている一方で、むしろ製造業では、製造物とサービスとの統合度が高まり、生産と使用とが不可分になるという動きがみられるようになってきている。このことはサービスに関連する革新的な現象として、つまり一つのサービス・イノベーションとして捉えることができる。

製造業者が、自社製品の設置や保守運営といったサービスを戦略的に位置づける、あるいは自社製品の販売のみならず、他社製品とを組み合わせることにより、複数製品のパッケージ化をサービス財として販売するといったことが起こってきている。前者の例としては、ＧＥ（ゼネラル・エレクトリック）社が航空機エンジンのメーカーでありながら、整備計画や管理自体を提案し、製品の耐用年数を長くするというサービスを行っていることが知られている。後者の例としてはＩＢＭが、一九九〇年代半ばに自社製造のハードウェアを販売するよりも、製品・サービスの組み合わせを提供するサービス・プロバイダーに転換したことはよく知られているところである。

製造業者にとって保守運営といったサービスは、従来、あくまでも付帯的なサービスとしてみなされてきた。しかし近年、サービス開発や、サービスの戦略的位置づけが注目を集めている。この背景には、製品自体のコモディティ化という現象があり、それを回避したいという製造業者の意向がある。エレクトロニクス製品など、とりわけ組立型の製造業にとって、製造工程がモジュラー化することにより、製品の機能・性能に関する差別化が困難になってきている。製造業者にとっては、技術開発や製造における機能面での差別化戦略により高収益を確保することが難しくなってきており、サービス面で付加価値をつけるということが企業戦略上の選択肢に入ってきている。

製品の製造において、原材料調達から部品組立、完成品の組立、販売という一連の生産・流通の付加価値連鎖システムの中で、完成品組立の部分が最も付加価値を提供しにくくなっているという現象が起こっており、付加価値連鎖の中で上流か、あるいは下流すなわち市場に近いビジネスへのシフトが注目を集めてきている。たとえば、自動車業界や鉄道業界などは、製造物の売上高は業界において占める割合が低く、むしろ付帯的な整備や融資などのサービスに需要があるという指摘がされてきている[(1)]。このことは設置型の製造業者にとっては、製品を設置した後の保守運営サービスなどの方がより需要があることを示唆するものである。こうした議論を背景に、調達・生産・流通のバリュー・チェーンの中で、より付加価値を付けられるプロセスへと企業はシフトすべきであるという論調が高まっている。高付加価値ビジネスへの転換という点では、バリュー・チェーンの上流へのシフト、すなわち開発における各社の技術のマッチング・ビジネスや、あるいは下流へのシフト、すなわち保守・運営や、製品に付帯する消耗品販売への提唱が行われてきている。

換言すれば、サービスは、製造業者にとって製品の付加価値を高める手段と目されるようになってきているといえる。製造業者がサービスにより高付加価値型ビジネスを志向することは、製造業のサービス化アプローチとして捉えることができるが、そのアプローチにはさまざまな方向性がある。製造業者がサービスにより製品に付加価値をつける、または製品から生み出される機能をサービスとして販売するといった「サービタイゼーション」と呼ばれる方向性や、あるいは製造業者が自社製品にこだわらず、製品とサービスを組み合わせサービス・プロバイダーとしてビジネスを展開する、「ソリューション」と呼ばれる方向性がある。

❖ サービタイゼーション

製造業者が自社製品にサービスを統合し、製品に付加価値を付けようとする行動は「サービタイゼーション」（servitization）と呼ばれる。この概念は、「顧客に焦点を当てた、製品、サービス、サポート、セルフサービス、ナレッジの組み合わせたものや、マーケット・パッケージという全体包括的なアプローチ」と定義される。[(2)] この定義に加え、サービタイゼーションには詳細な定義がさまざまにされてきているが、製品とサービスとの統合やパッケージ化、製品ではなく顧客に焦点を当てるといった点が共通する見解である。

サービタイゼーションに類似する概念として、サービサイジング（servisizing）、プロダクト・サービス・システム（product service system: 以下PSS）がある。サービサイジングは主としてアメリカで使用されている言葉であり、同じく製造業者のサービス化を指す。PSSは、主としてヨーロッパにおいて注目度が高いが、環境負荷を下げるために、製品とサービスを組み合わせ、システムとして販売提供する文脈で使われることが多い。ゼロックスがコピー機という比較的環境に負荷を与える素材を使用する業界でありながら、ドキュメント・カンパニーとして、必ずしも書類を印刷することなく、書類の社内での管理サービスへと移行したことがその例としてよく知られている。サービサイジングもPSSも環境負荷の削減という目的に従った、製造業者のサービス化という面が強調されるが、サービタイゼーションが製造業のサービス化アプローチの中では比較的包括的な概念をもつことから、本章ではサービタイゼーションに焦点を当てることにする。

製造業者がサービタイゼーションへと動機づけられる背景として、サービスが、保守運営など安定した収入源となりうること、あるいは製品とサービスとの組み合わせにより製品販売だけよりも提供物を差別化して市場に訴求しやすいことが指摘される。

製造業者のサービス化は、単に製品にサービスを組み合わせることを指すのではなく、サービス化の程度に応じてサービタイゼーションの段階があると考えられる。たとえば、サービタイゼーションを、製品志向のサービス、顧客志向のサービス、サービス自体を自社の製品として提供する段階への

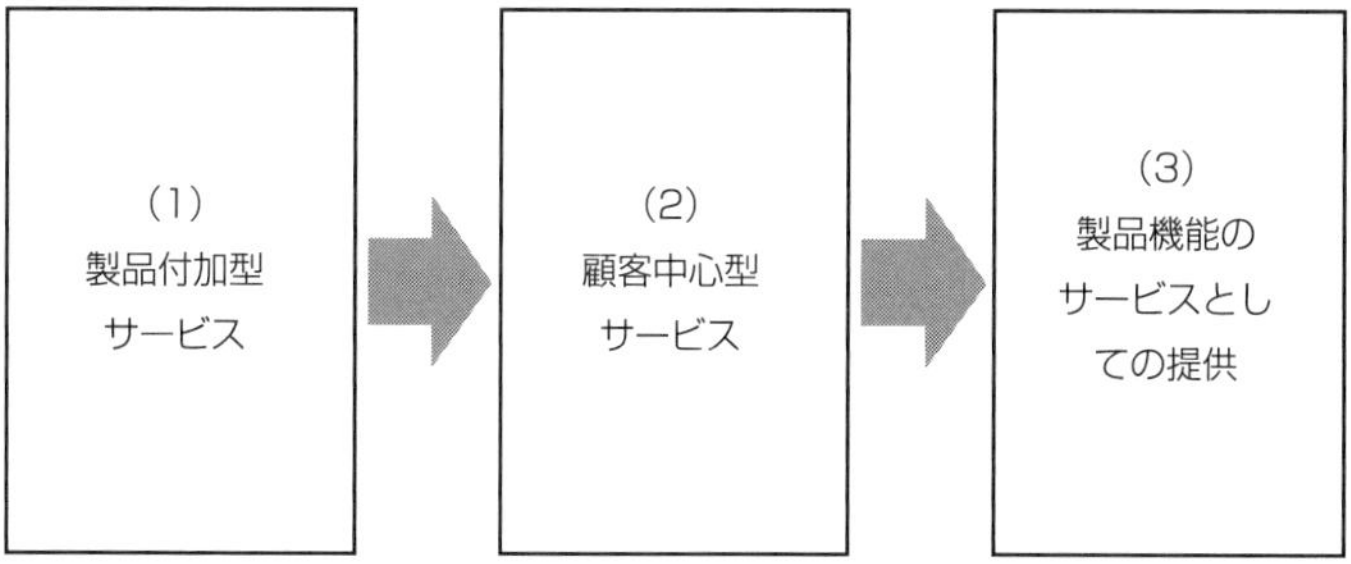

（出所）Oliva and Kallenberg（2003）を参考に筆者が概念図示化。

図 5‒1　サービス要素の比重によるサービタイゼーションの段階

進行として捉えることが可能である(3)（図5‒1）。たとえばコンプレッサーの企業が、自社製品を顧客企業に納入した後、保守運営をすることは、製品志向のサービスとして捉えられるが、顧客の業務プロセスに応じてカスタマイズした製品を提供することは次の段階と考えられ、製品機械を顧客先に販売して所有権を移転させることなく、圧縮空気の使用分だけを販売するならば、サービス自体を製品として顧客に販売している段階となる。製造業者がハードを販売せず、製品機能のみを販売してサービスとして契約するのは、サービタイゼーションの最も極端な形態として捉えることができる。

しかしながら、製造業者がサービス機能のみを製品開発して販売するならば、製造業者として保有しているそれ以外のリソース開発が必要となろう。たとえば顧客の業務プロセスや会計処理に通じ、コンサルティングを含めた顧客の業務の最適化をめざしたサービス提供の企画能力が必要となってくる。製造業者は自社のリソース展開に応じたサービタイゼーションをめざすことになる。

つまりサービタイゼーションとは、製造業者が一律にサービス提供者になるということではなく、サービタイゼーション自体にさまざまなタイプや段階があるとみるべきである。サービタイゼーションにおいて、製品とサービスとの統合におけるサービス要素が大きくなる程度に応じて、サービスの種類を類型化するという考え方は広くみられる。オペレーションの管理という立場からは、サービタイゼーションを、製品に焦点を当てたオペレーション、製品中心主義のサービタイゼーション、サービスに焦点を当てた運営というように類型化することが可能である(4)。

❖ サービタイゼーションの移行プロセスと戦略

サービタイゼーションとは、製造業のサービス化への移行プロセスであるといえる。製造業にとって、ベーシックな製品の製造販売という、顧客へ提供する基本的な段階があり、究極としてハードとしての製品を提供せずサービスのみを提供する段階があるとすると、そこに至るまでのプロセスは、製造企業がもつ志向や、技術・ビジネスの統合度により、サービス化戦略の移行パターンが存在することになる。

たとえば、サービス提供において製品志向なのか、あるいは顧客志向なのかという点で、サービス化を進める方向性が決まる。さらに、製造業者としての自社製品でサービスを提供するのか、あるいはサード・パーティの製品を組み合わせるのかという視点においても、サービス化を進める方向性に選択肢が生まれる。一つの例として製品／顧客志向と、自社／マルチベンダー志向という二つの軸でサービス化への移行プロセスは捉えられる。自社製品への付加サービス段階から、製品志向の企業であれば、他社製品との組み合わせでサービス展開を進めることになり、顧客志向であれば、製品付加

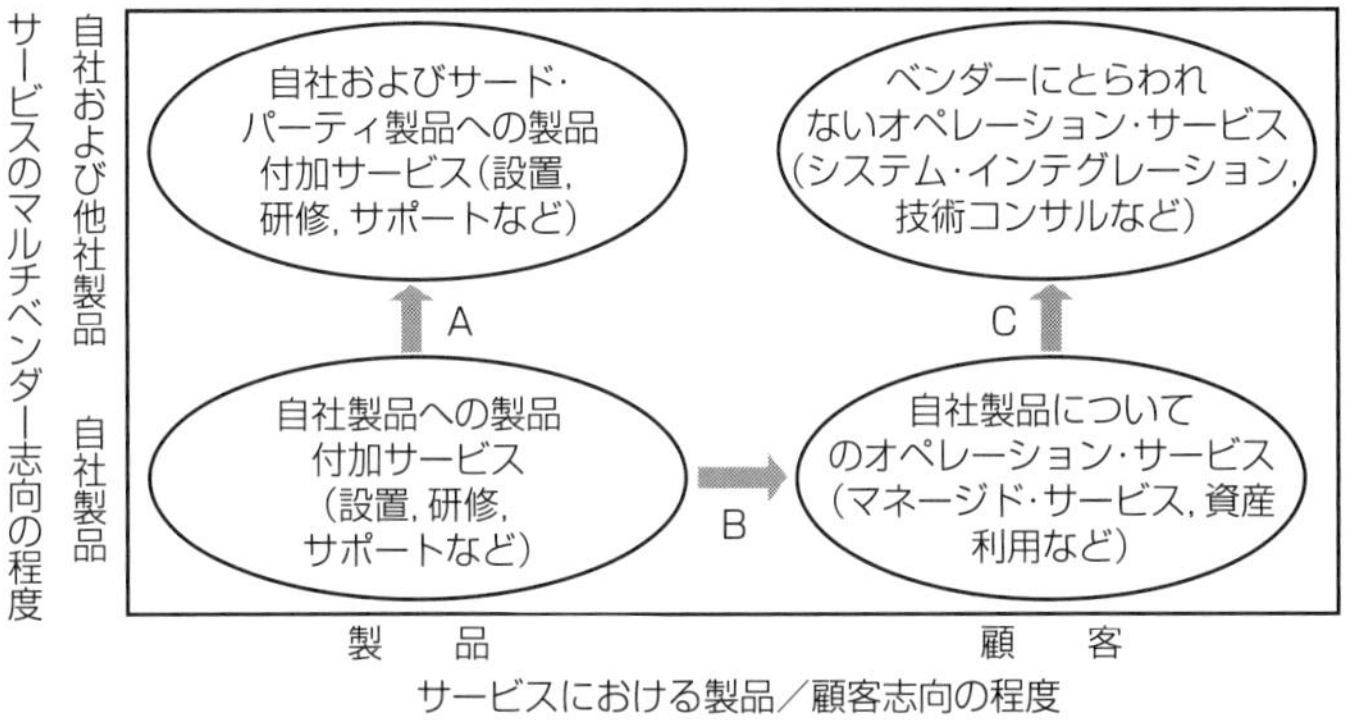

（出所）　Raddats and Easingwood（2010）より筆者作成。

図５-２　製造業におけるサービス成長のオプション

サービスからオペレーション・サービスへと発展する、といったサービス化の進行プロセスがみられることになる(5)（図５―２）。

　サービス化を進めるにあたって、製品志向か、顧客志向かという点は大きなポイントである。この二つの方向性について、顧客へのカスタマイゼーションの程度という観点からも、サービス提供タイプが移行するプロセスが説明されることになる。(6) 製品ベースからサービス・ベースで顧客に価値を提供する際に、標準化されたサービスを追加していくのか、あるいは顧客にカスタマイゼーションする程度を高めて、製品ベースでカスタマイゼーション戦略をとるのかにより、サービス提供戦略が変わる。図５―３は、製造業のサービス化プロセスについて、製品／サービス志向と、顧客への提供物の標準化／カスタマイゼーション程度という軸でさまざまなタイプに分かれることを示すものである。

　顧客への提供物に関して、顧客への価値付与が製品を中心に行われていたのがサービス・ベースになるというプロ

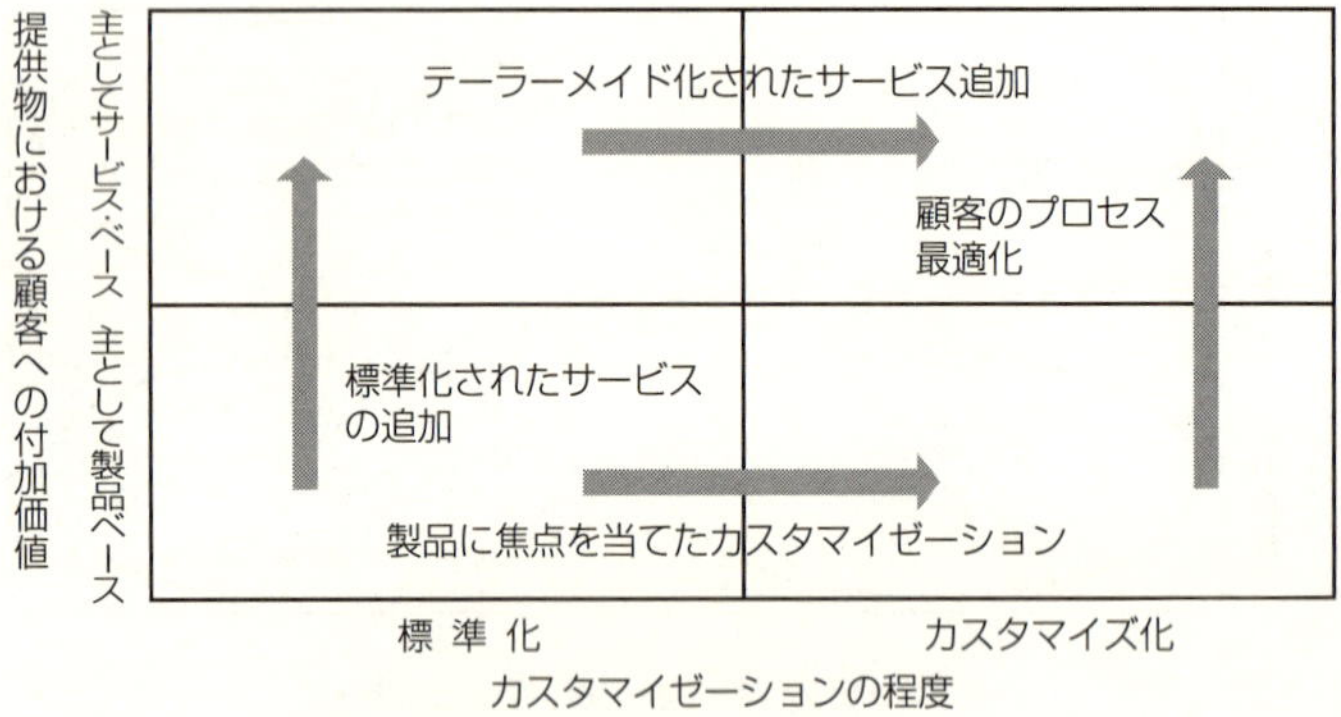

（出所） Mattyssens and Vandenbempt（2010）より筆者作成。

図5-3　サービス提供タイプと変遷

セスと、製品ベースでありながらカスタマイゼーションの程度を高めていくというプロセスとのまず二つの方向がある。その次の段階への移行過程は、標準化されたサービスからテーラーメイド化されたサービスを追加していく移行プロセスと、もともと製品ベースでカスタマイズしていたのが、顧客の業務プロセスを最適化してサービス提供の程度を高める移行プロセスとに発展、移行していくことが示唆される。

一方、技術ベースのソリューションを提供していくという方向性と、ビジネス・プロセスにおけるソリューション（たとえば金融、物流サービスなど）を提供していくという方向性とで、サービス・ベースでの顧客への価値の提供の仕方の移行経路が複数存在するという考え方もある。(7)

❖ サービス戦略と組織体制

製造業にとって、サービタイゼーションがコモディティ化脱却を意図し、収益性の改善や競争戦略における優位性を追求しようとするものであっても、実際にサービス化を進めるには、製造企業のもつ志向性やリソース展開により、方向性が異なること、結果として製造業のサービス化プロセスにはさまざまなタイプがあることを述べてきた。

しかしながら、サービス化を進めるにあたって、それぞれの組織の志向に適した方向性があるとは示唆されるものの、製造業者にとってサービス化を進めることには組織体制的な変化を求められるものである。製造業者は、製造における技術資源や人的資源を有していても、サービスにおける資源を最初から確保することや、育成してきているとは考えにくい。ともすれば、製造業者にとって付帯サービスは必要悪のようなものと考えられがちであり、製品の受注額の規模と比較して、保守運営サービスから受け取る収入の相対的な少なさからサービス提供部分が軽んじられてきたという面も否定できない。製造業者が製品を中心に考えるのはある意味当然のことと考えられるが、サービスを製品に統合する際に、製品中心のサービス提供から、たとえば顧客中心のサービス提供へと転換すること自体にある種の飛躍が必要になってくると考えられる。つまり顧客志向の醸成と組織的な再編成という両面で、顧客中心的なサービス提供へと転換する必要が出てくるのである。

ＩＢＭは、製造業からサービス・プロバイダーへの転換を遂げる際に、顧客中心主義を掲げ、顧客の経営課題に応じて、プロジェクト・ベースの組織編成の仕組みを完成させた。自社製品の販売戦略という組織編成ではなく、たとえばサプライチェーン・マネジメントの変革といった顧客の要望に応じて、顧客担当専門職、製品／サービス専門職、業種／業務専門職と、ビジネス・パートナー（製品・サービスのインテグレーションを実際に請け負う企業群）とのチーム編成がダイナミックに行われるようになった。(8)

サービタイゼーションに伴う組織的な転換が実際には行われにくい理由について、サービス・パラドクスが指摘されてきている。(9) このパラドクスとは、ビジネスの収益化向上を実現するために製造業者がサービス化を志向するにもかかわらず、サービス化ゆえに収益性が悪化するという状況を指す。このようなことが起こる原因として、成功体験が少ない事業つまりサービス化を担当するマネジャーの心理的な障壁、相対的な事業規模の小ささ、金額的にも時間的にも投資が少ないためにサービス化が達成されにくいこと、などが指摘されてきている。

サービタイゼーションに伴う組織編成のポイントとなるのは、製品の事業部にサービス担当の組織を置くか、あるいはサービス専業の組織を立ち上げるかである。事業部にサービス業務をさせることのメリットは、製品をベースに付加的なサービスを展開しやすいという点である。設置型の製品を製造する企業にとっては、製品開発時から保守運用サービスやオペレーション・サービスにおいてサービス展開を計画できるというメリットがある。サービス専業の組織を立てることのメリットは、たとえば、CS部門にテクニカル・サポートを置き、顧客単位でサービス展開を戦略的に考えられるというメリットが存在する。

しかしながら、実際には事業部にサービス組織を置くことは、製品ベースでサービス展開をしていくという方向性に限定されがちになる。一方、サービス組織を事業部とは独立して立てる場合に、CS部門などプロフィット責任がない場合など、サービス開発を戦略化していくことは難しいといえる。なぜなら有料サービスをサービス部門が提案しても、顧客企業は製品に付帯したサービスでない限り、なかなか受け入れにくい事情がある。たとえば、製品の修理や消耗品の提供など、メンテナンスやオペレーション・サービスを必要に応じて顧客企業は発注するが，サポート・パッケージ自体をサービス部門から有料でプロモーションされても，サービスにことさら費用を支出しようというインセンティブは低いといえる。そこで，両者を統合した組織の必要性が主張されることになる。

サービタイゼーションを促進する要因と組織的編成への関心が高まりつつも，サービタイゼーション自体が収益性改善につながるのかも関心を集めている。[10]また，サービタイゼーションの移行プロセスが関心を集めてきた一方で，サービタイゼーション戦略が企業戦略といかに整合性をもつべきかについても注目すべきであろう。

2　統合型ソリューション・アプローチ

❖ BtoB取引におけるサービスの特徴

前節では製造業のサービス化現象をサービタイゼーションという概念で捉え，中心となる議論を述べてきたが，本節においてはサービタイゼーションと関連する，ソリューション概念に焦点を当てることにする。ソリューションとは一般に顧客の問題解決ということを意味する。経営学分野においてソリューションという概念が登場したのは，一九六〇年代にさかのぼるが，ソリューションとは製品とサービスとの統合により高付加価値のビジネスにすることと定義される。[11]

企業による問題解決という点では，製造業がサービス開発を行う上で，ソリューション提案をすることがあるが，ソリューションはサービタイゼーションと同じことを意味するわけではない。ソリュ

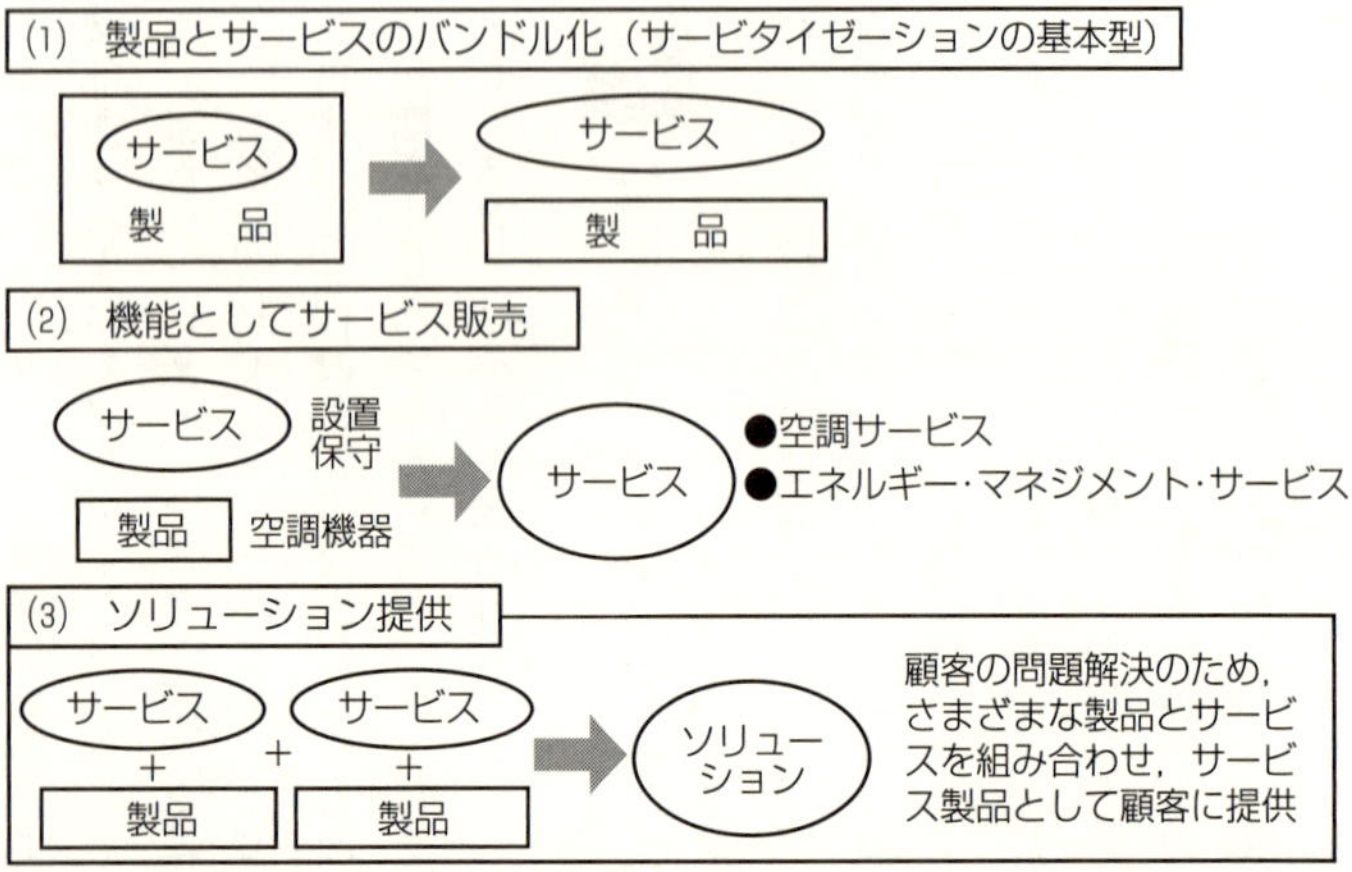

(出所) 筆者作成。

図5-4 ソリューションとサービタイゼーションとの相違

ーションは、製造物をサービスとともに提案販売するという考えではなく、むしろ製品やサービスとの組み合わせによる問題解決という点に焦点がある(図5-4参照)。さらに、製品とサービス、あるいはサービスのみで、コーディネーションすることやパッケージ化に付加価値を付けるという発想に基づく。本節ではまず、BtoB取引におけるサービスの特徴の議論から始めることにする。

サービス分野において、企業を対象とするサービスはインダストリアル・サービスと呼ばれ、とくに専門化と技術によって特徴づけられる[12]。専門化とは顧客企業・組織へのカスタマイゼーションの必要性を指し、また組織的なニーズは複雑であることから、サービス供与には高度な技術が要請されることが指摘されてきた。インダストリアル・サービスには、MRO(maintenance, repair and operation:保守運営)型サービスと、製造サービス、すなわち製造過程の一部を構成するサービスとがある。

インダストリアル・サービスに関しては、さまざまな考えに基づき、分類が可能である。たとえば、サプライヤー側による保守などの製品サポートと、クライアント側の活動（たとえばトレーニングなど）をサポートするサービスとを区別する考え方や、(13) さらに顧客側のサービス利用形態による分類がある。

顧客のサービス利用形態による分類とは、サービスを①コンポーネント型サービス、②半製造型サービス、③用具的サービス、④消費型サービスの四つに分類するという考え方である。(14) 航空業界を例にとると、コンポーネント型サービスは、荷物の輸送等の、分離や組み合わせが可能なサービスにあたり、半製造型のサービスとしては、運航計画を決める天気予報サービス等、購買企業側の活動プロセスに何かをインプットするようなサービスのことを指す。用具的サービスの例としては、サービスの購買企業がその主たる業務活動を実行する仕方を変化させるようなサービスで、たとえば航空会社に対する経営コンサルティングがそれにあたる。消費型サービスは、オフィスの清掃サービスのように、サービス購買企業内で使用されるようなサービスを指す。

また製造業者がサービス戦略を策定するに際し、サービスを、カスタマー・サービス、インストール・ベース（以下、基本設置基盤）サービス、メンテナンス・サービス、R&D志向サービス、オペレーション・サービスに分類するという考え方もある。(15)

筆者はこれらの先行研究をもとに、ある医療機器メーカーが顧客に提供しているサービスについて、製品に付帯するサービス提供と、さらに顧客組織に対して提供しているサービスという観点から調査を行った。本書では、その結果をもとに表５‒１に示すように、「情報提供サービス」「基本設置基盤

表5-1　製造業によるB to Bサービス分類

サービスの名称	サービスの構成要素	サービスの構成要素の測定尺度
情報提供サービス	情報提供の内容	○○社が提供している情報（製品情報・学術情報・ウェブ形態セミナーなど）の内容（品質）は良い。
	情報提供タイミング	○○社は適切なタイミングで情報提供ができている。
	アドバイス	○○社が提供している情報（データ関連・メンテナンス関連・トラブル発生時の処置など）の内容（品質）は良い。
	付属資料	○○社が提供している資料（学術資料など）の内容（品質）は良い。
基本設置基盤サービス	設置	○○社製品（機器）を設置した際，○○社は適切な作業ができている。
	トレーニング	○○社製品（機器）を設置した際，○○社が行う取扱い等の説明はわかりやすい。
	コールセンター	○○社スカスタマーサポート・センターへご相談／お問い合わせの際，適切な対応が実施できている。
訪問修理サービス	調査	○○社技術担当者が訪問修理時に行う原因調査（動作確認・聞き取りなど）は的確に実施できている。
	確認	○○社技術担当者が訪問修理／点検後に行う動作／データ確認は正確に実施できている。
	修理	○○社技術担当者の訪問修理の内容（品質）は良い。
メンテナンス・サービス	保守契約メンテナンス	○○社技術担当者による点検（保守契約点検／有償点検）の内容（品質）は良い。
	契約サービス・レベル	保守契約の内容や条件は，お客様の期待しているものである。
	プロセス最適化	機器の点検やソフトウェア・バージョンアップはお客様の業務の品質を維持／向上（最適化）させることに貢献している。
オペレーション・サービス	スペア・パーツ手配	○○社製品（機器）の修理時もしくは後日部品交換が必要になった場合，迅速な部品交換を実施できている。
	チーム連携	カスタマーサポート・センターによる技術担当者の手配および連携は的確である。
	トレーニングや人材開発の管理	○○社製品の日常保守や消耗品交換の説明を受ける際，○○社社員の対応をみて，十分にトレーニングを受けていると感じる。

（出所）　Gebaner et al.（2010）等を参考に筆者作成。

サービス」「訪問修理サービス」「メンテナンス・サービス」「オペレーション・サービス」というサービスの分類を提示する。また，あわせてサービスの構成要素と測定尺度も分類表に示す。(16)

◈ ソリューション概念と二つのアプローチ：システム販売者とシステム・インテグレータ

ソリューションを「製品とサービスの統合」と捉える場合，現実的にはサービス化への移行過程にさまざまな形態が存在する。たとえば，①不完全なものからより完全なものへの移行，②非バンドルからバンドル化への移行，③システムからソリューションへの移行，④製品志向からプロセス志向への移行，が挙げられる。(17)

その中で，統合型ソリューションという概念が打ち出されている。(18) この概念の中では，ソリューションには二つのタイプがある。一つは自社製品を効果的に販売していくために，製品，販売における垂直統合度を進めるアプローチであり，製品をシステムとして販売する，システム・セリングという方向性である。もう一つのアプローチは，自社製品か否かに関わりなく，製品，サービスを統合し，セットとして提供するアプローチであり，これはシステム・インテグレータとして捉えられる。

自社製品を中心にサービスを統合させるという方向性は，サービタイゼーションの概念と同一のものと考えることができる。また，サービタイゼーション戦略においてもマルチベンダーによる製品・サービス統合をめざす方向性もあるため，ソリューション概念とサービタイゼーション概念はきわめて関連が深い。しかしながら，ソリューション概念のサービタイゼーションとの相違は，顧客への問題解決が強調される点と，さらにそれが戦略性をもつという点である。製造業者がサービス化を進めるという方向性のみならず、ソリューション概念では、製品とサービスを統合する、すなわちコーディネーションそれ自体に価値をもたせるということが強調される。

◈ソリューション戦略における顧客との関係性

ソリューション戦略は、顧客との関係性が前提としてあることで実行できると考えられてきた。つまり顧客との長期継続的な関係に基づき、顧客の抱える経営課題や業務上の課題を理解し、製品とサービスを統合することによって問題に解決を与えることが重要となる。顧客との取引が関係的であること、つまり、信頼に基づく長期にわたる関係的取引が形成されている、パートナーおよびサプライヤーとの関係性がある、ビジネスのネットワークにおいて関係性があるということが、サービス提供企業が顧客企業にソリューションを提供していく上で重要になるのである。

顧客企業からみた場合、業務をアウトソーシングしているようにみえながらも、提供側企業は顧客のビジネス・プロセスの一部となり、提供されるソリューションは、顧客のビジネスへ統合された一部となり、緊密な協調関係やリスク共有が必要とされるようになる。(19)

製品志向の企業は自社製品の顧客を求め、市場開拓を常に行うことになるが、顧客志向の企業は、顧客の戦略や業務のために、自社製品を開拓、開発するように動機づけられる。つまり、顧客との関係性の構築や維持自体が自社の発展性にとって重要性をもつことになる。一方で、供給側企業と顧客企業との関係性は、ともすれば統合型ソリューションの提供に伴って相互依存関係になることも想定される。[20] 提供側企業と顧客企業とのタイムリーで綿密な情報交換や組織的調整は、相互に依存し合う関係へと導くことがあり、提供側企業は、顧客企業の需要自体を自社の製品・サービス開発を向上する機会と捉えることもある。

ＢtoＢ取引における特徴は、顧客との関係性が二者間で完結せず、取引関係がネットワーク化されていることである。[21] このことはソリューション開発において、企業間ネットワーク内での当該企業の位置づけ、ネットワークの広がり、異なる企業がネットワークに関わったときの関係の強さなどを考慮する必要が出てくる。[22] すなわち、ソリューションは、顧客への価値を創り出すためには、内部活動や、直接的に取引関係のある顧客との関係だけではなく、ネットワーク内に存在する他企業との関係性や相互作用により生み出されることが強調される。

❖ 顧客価値と関係性

個々の製品やサービスが構成要素として構築されてソリューションとなるが、ソリューションの価値は、その全体から生み出されるものである。顧客の特定化されたニーズに対してカスタマイズすることや、マーケティングとオペレーションが統合されることに価値がある。顧客へのカスタマイゼーションが顧客に価値をもたらすと考えると、ソリューションの開発において、同じタイプのソリューションを多くの顧客企業に提供できるならば、提供側に経済的なメリットが生まれると想定される。しかしその前提として、顧客に特化すること、すなわちカスタマイゼーションが実現されなければ、そもそも顧客に対して価値が形成されないことになる。そこで、ソリューション・ビジネスにおいて

提案内容の部分をモジュール化し、共通化した部分つまりプラットフォームを構築するという考え方が提唱されている。(23)

ソリューションとは、顧客への問題解決を意味するが、顧客の視点を通じた「価値」というものに焦点が当てられる。顧客が価値を創造する際に提供側の企業が顧客と相互作用的に関わり、価値を共創するには、供給側と顧客側とが関係的でなければならない。単なる依存関係ではなく、戦略的に関係性に基づいたソリューション提案、すなわち顧客価値を実現していくためには、ソリューション・プラットフォームをはじめとして、顧客に実現すべき価値に基づく市場セグメンテーションと提供側企業のリソースの分析がまず重要となってこよう。

3　日本の上場企業のサービス化アプローチの現状と課題

❖ 調査目的と概要

ここで日本の製造業におけるサービス化の実態を把握するために、二〇一二年三月に実施した質問紙調査の結果を示す。上場企業のうち、「機械」「精密機器」「電気機器」「輸送用機器」製造業企業を調査対象とした。(24) 調査対象部門は経営企画、営業および営業企画、研究開発、商品企画、情報システム関連部門とし、部門長レベルに回答依頼を行った。これらの業種を選定した理由は、日本の製造業においてとくに主力産業と位置づけられる業種を含むべきとの判断から、とくに組立産業に絞ったからである。また、業種により、コモディティ化の進行度合いが異なるという予測により、これら四つの業種の比較を行うことにした。送付は部門ごとに行ったが、送付先企業四〇五社のうち、二四三社より回答を得た。回収率は企業レベルで六〇％であった。一企業に対し複数部門に回答依頼を行ったのは、部門による回答バイアスを防ぎたいという理由であり、複数部門から回答を得た企業は平均値を用いて集計を行った。[25]

アンケートでは、各質問に対し、七点尺度で回答を依頼した。質問について、「まったく当てはまらない」場合は「1」とし、「まったく当てはまる」の場合の「7」まで、七段階のリッカート尺度を用いた。また業界ごとの相違がみられるかについて統計的な検証を行った。[26]なお以下の文章におけるカッコ内の数値は、質問に対して肯定的な回答（5の「やや当てはまる」から7の「まったく当てはまる」）を示したパーセンテージである。

◈ 業界を取り巻くビジネス環境認識とサービス化傾向

表5-2に示すように、回答企業は自社の主力製品に関し、技術革新のスピードが速く、また主力製品のライフサイクル・タイムが成熟期にあるという認識が平均して高いということがいえる。「主力製品について同業他社の差別化が十分できている」という質問に対しては、できていないという回答はないものの、平均値はそれほど高くない。「主力製品分野の製品開発を頻繁に行っている」という質問に対して、業界ごとの比較では、輸送用機器業界でとくに肯定的な回答率が高く（八七・六％）、「電気機器」（七八・九％）、「機械」（六八・九％）、「精密機器」（六〇・一％）と続き、業界により統計的に有意な差がみられた。

表5-2　ビジネス環境認識とサービス化傾向

質問項目	最小値	最大値	平均値	標準偏差
主力製品について同業他社との差別化が十分できている。	2	7	4.52	1.179
主力製品について技術革新のスピードが速い。	1	7	4.58	1.338
主力製品分野の製品開発を頻繁に行っている。	2	7	5.21	1.169
主力製品のライフサイクル・タイムが成熟期にある。	2	7	5.07	1.139
顧客企業へのサービス提供について促進している。	1	7	5.44	1.038
新しいサービスの開発について積極的に推進している。	1	7	4.93	1.164

このような業界認識を背景として、「顧客企業へのサービス提供について促進している」と「新しいサービスの開発について積極的に推進している」への回答の分布をみると、「顧客へのサービス提供の促進」については全体的には当てはまっているという肯定的な回答への傾向が高くなっているものの（八四・七％）、業界間に有意差がみられたことから、業界内での対応に差のあることがわかる。「新しいサービスの開発」に関しては、回答の分布をみる限り、業界に関わりなく積極的な傾向（六六・七％）がうかがえる。

❖製造企業が提供するサービスの内容

表5-3に回答企業が提供しているサービス内容について示す。製造業者に対して行った質問は、製品納入に際して、あるいは顧客側の導入後についての、メンテナンス・サービス、修理サービス、パーツ提供等のオペレーション・サービス、トレ

表5-3　製造企業が提供するサービスの内容

質問項目	最小値	最大値	平均値	標準偏差
自社製品を顧客企業に導入後，スペア・パーツを提供している。	1	7	5.38	1.574
自社製品を顧客企業に導入後，自社製品の部品交換やトラブル・シューティングを行っている。	1	7	5.6	1.313
自社製品を顧客企業に導入後，製品の使用について顧客企業に基本的なトレーニングを行っている。	1	7	4.69	1.656
自社製品を顧客企業に導入後，検査や診断を行っている。	1	7	4.56	1.613
顧客企業と自社製品についてのメンテナンス契約を結んでいる。	1	7	4.05	1.707
自社製品を最適に使えるように，顧客に助言をしている。	1	7	5.29	1.168
自社製品に関する顧客の使用プロセスについて，コンサルティングを行っている。	1	7	4	1.407

ーニング・サービスを行っているかということである。また、製品使用の最適化への助言、コンサルティングについても質問した。「顧客企業と自社製品についてのメンテナンス契約を結んでいる」という質問以外では、機械、精密、電機機器、輸送用機器業界において、回答に統計的に有意な差がみられた。換言すれば、業界ごとに求められるサービスは、たとえばオペレーション・サービスや製品導入後のトレーニングなど異なるということであり、提供しているサービス内容は業界ごとに異なっていることが明らかになった。

❖ 製造業界におけるサービス化傾向

製品を顧客が導入する際に、サービスを統合する形でセット販売しているかという質問は、サービタイゼーションの第一段階を示すものであるが、業界により回答傾向に差異がみられた。全体として業界内でも回答分布がばらついている傾向にある。業界により製品導入時あるいは導入後に求められるサービス内容やレベルが異なると推測されるが、業界内でも積極的に製品へのサービス統合化を推進しているかどうかには差があるように解釈できる（図5-5）。

加えて、「製品導入の際、サービスを設計・構築している」ことを問う質問に対しては、業界内の回答のばらつきが大きい傾向がみられる。とくに精密機器においては、製品導入の際にサービスを設計・構築するかは、両極端に分かれるという結果がみられた（図5-6）。

サービタイゼーションの進行した段階である、製品の販売自体よりも、製品をサービスとして提供するということに対しては、「顧客企業に自社製品を設置し、レンタル・リース販売している」への回答（図5-7）、「製品設置せず、製品機能を提供している」（図5-8）への回答も、「全然当てはまらない」「当てはまらない」という回答がかなり多い結果となった。[27] つまり調査対象となったほとんどの製造業者は、現時点では製品をサービス化して販売するということを行っていないということができる。しかしながら、割合としてはかなり少ないが、[28] 製品をサービスとして販売を行っている製造業者も存在することが明らかになった。

一方、「製品開発段階で提供サービスの業務プロセスを考慮している」という質問については、それぞれの業界で異なる回答分布となり、業界内でもばらついているといえる（図5-9）。

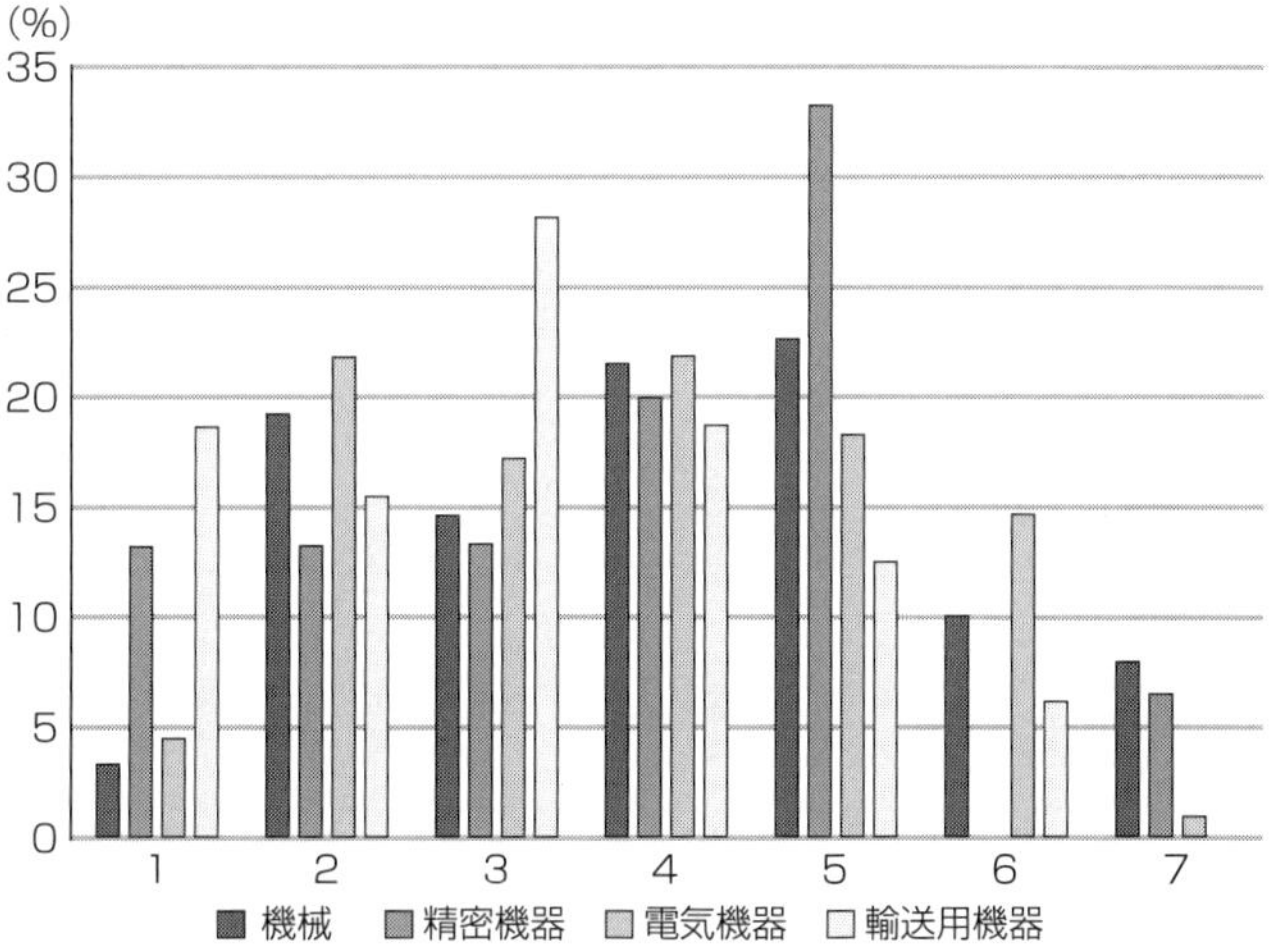

（質問）　自社製品にサービスを統合する形でセット販売している。

図 5-5　製造業界におけるサービス化傾向①

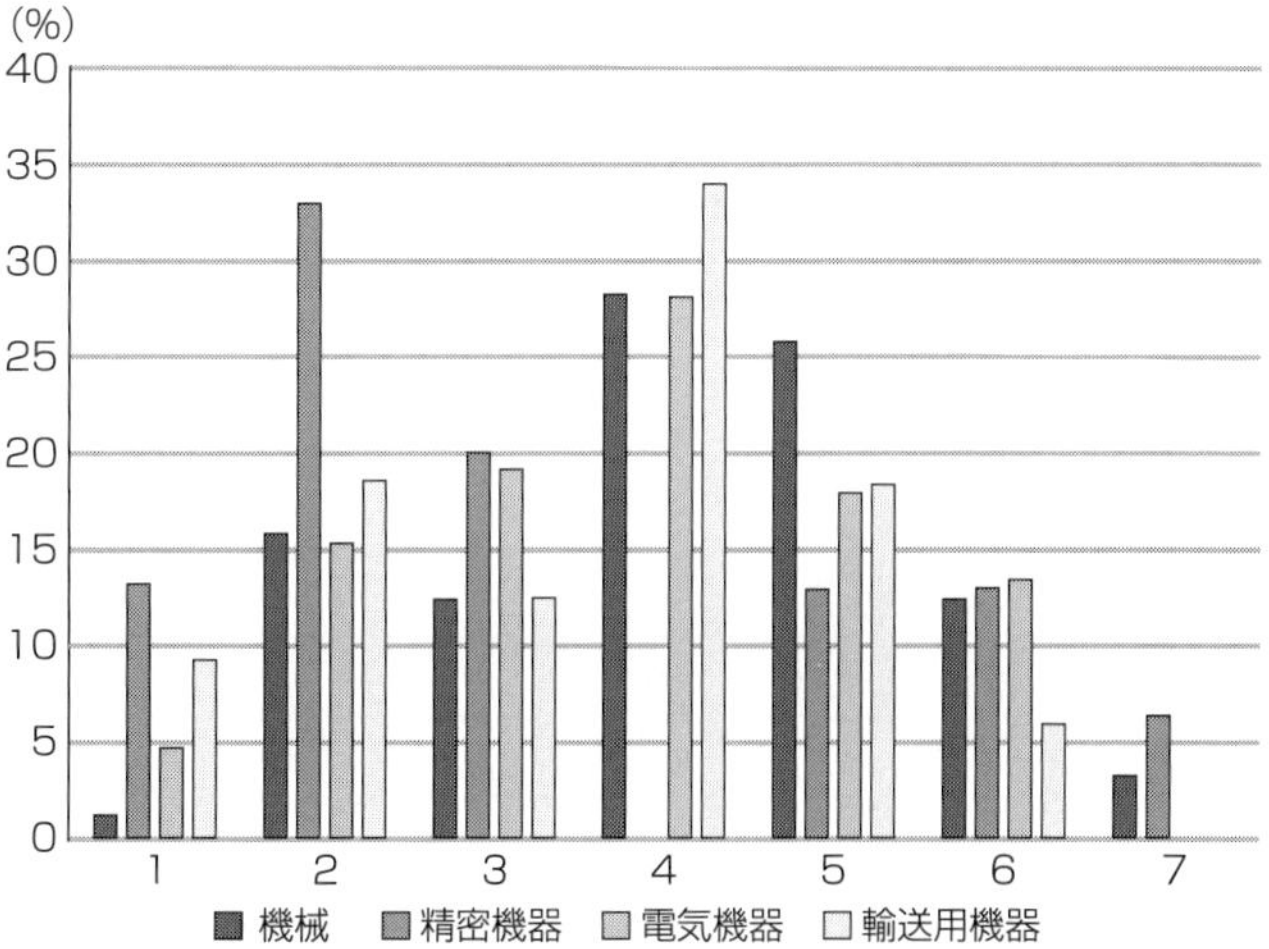

（質問）　自社製品を顧客企業に導入する際，サービスを設計・構築している。

図 5-6　製造業界におけるサービス化傾向②

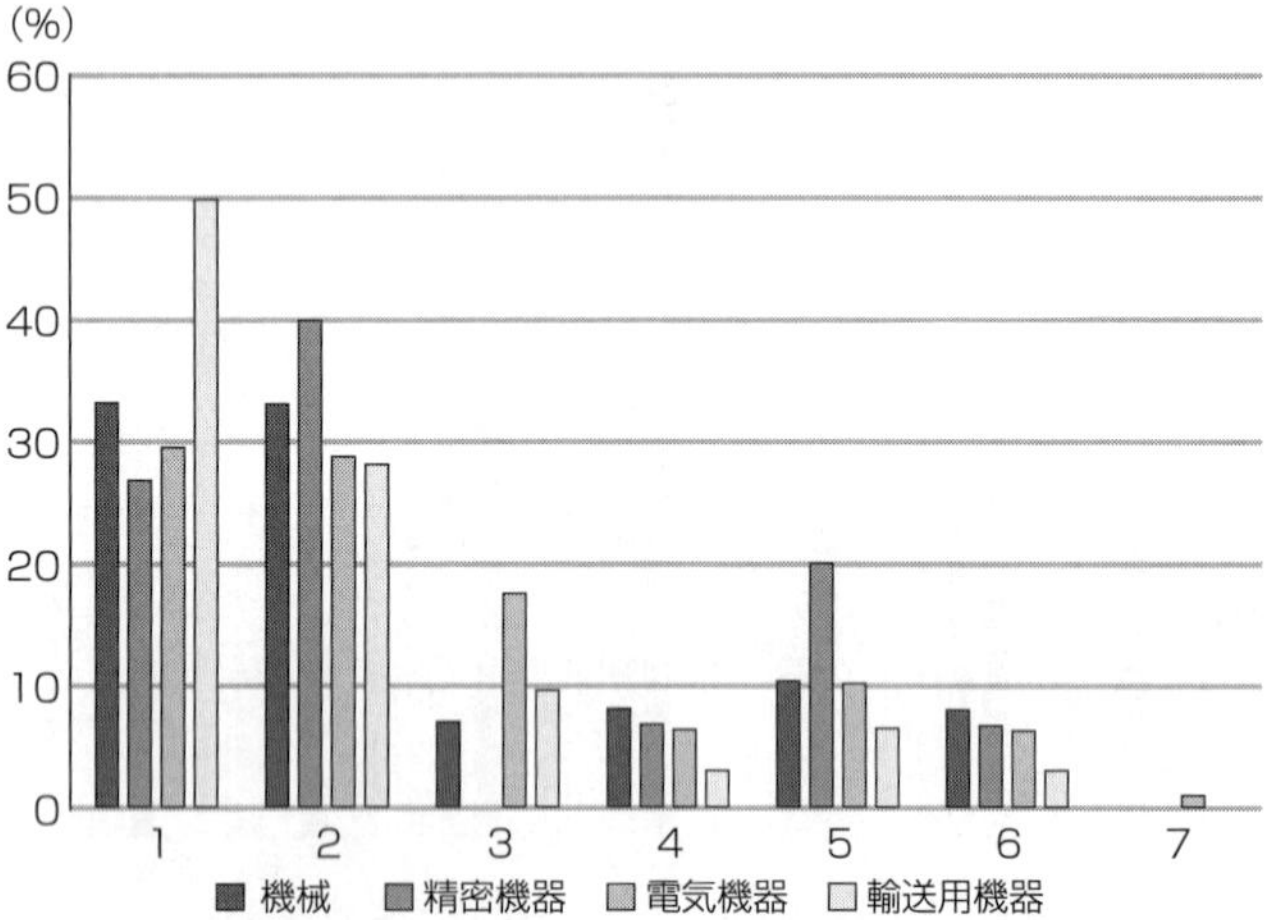

（質問）　顧客企業に自社製品を設置し，レンタル・リースの形で販売している。

図 5-7　製造業界におけるサービス化傾向③

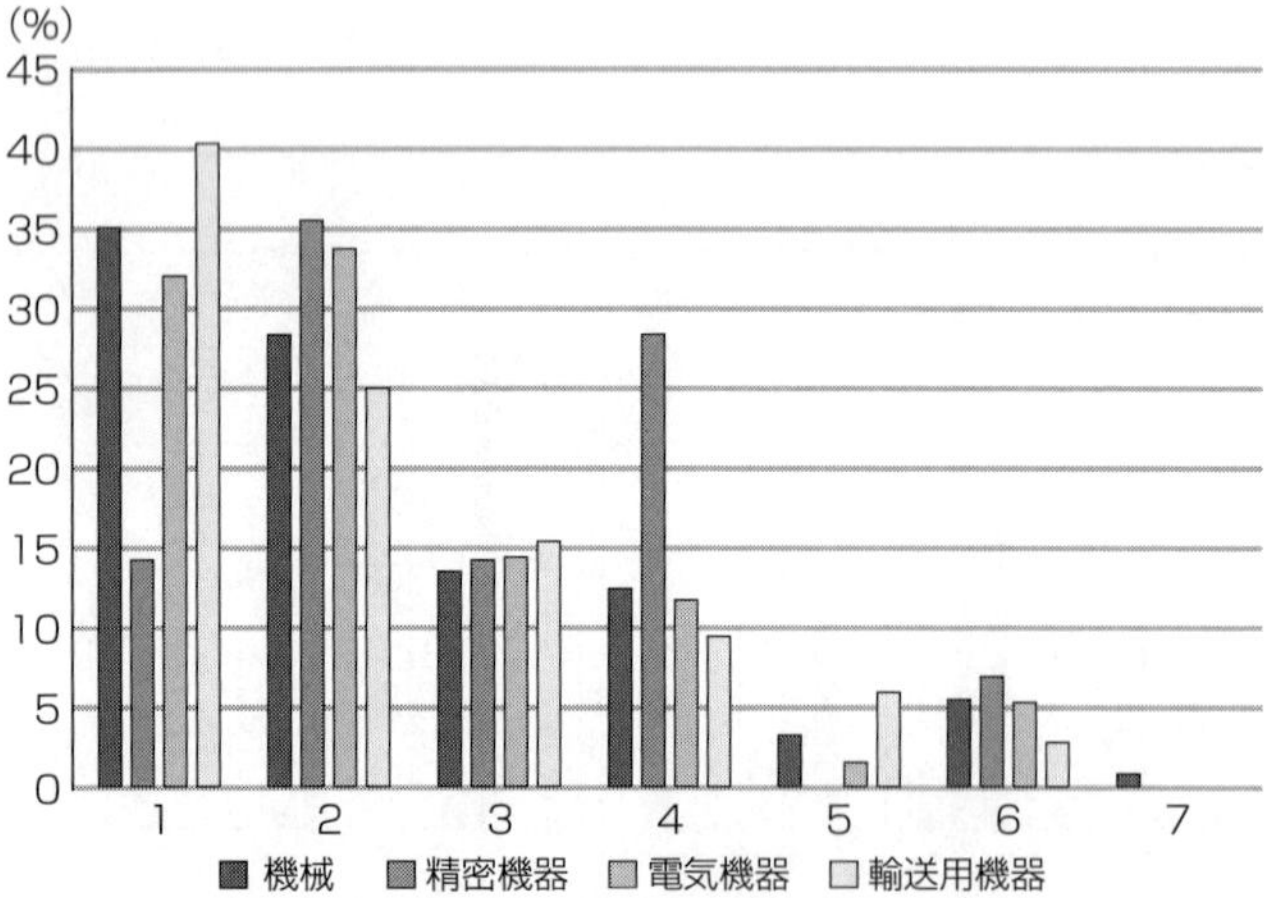

（質問）　顧客企業内に製品を設置することなく，自社製品のもつ機能を提供している。

図 5-8　製造業界におけるサービス化傾向④

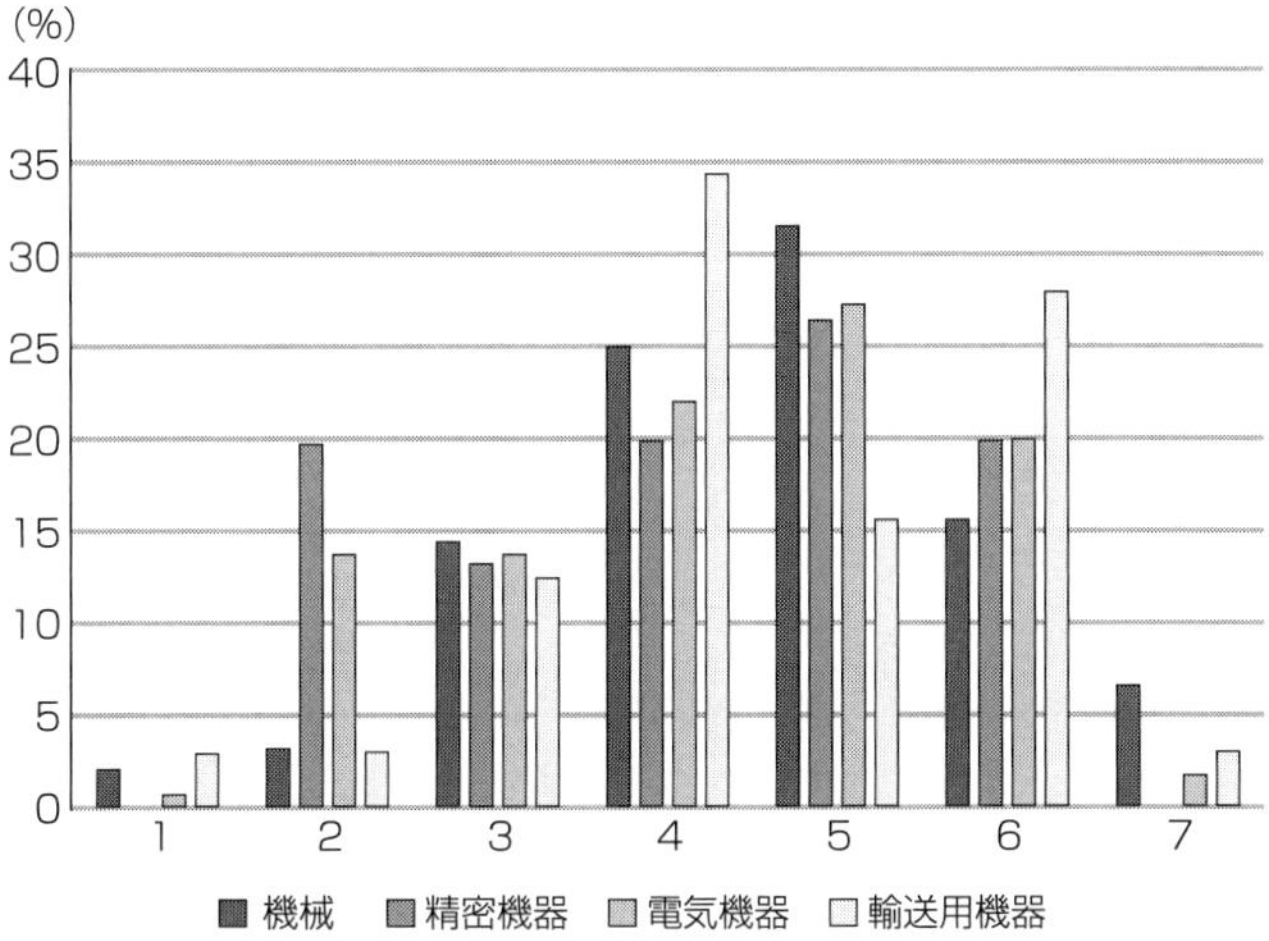

（質問）　主力製品の開発段階で，顧客に提供するサービスの業務プロセスを考慮している。

図5-9　製造業界におけるサービス化傾向⑤

それでは、サービス提供の促進や、積極的なサービス開発が業績に結び付いているかどうかに注目することにする。「過去三年間の主力製品の市場シェアが拡大しているか」という質問に対して、回答企業のうち七九・八％が当てはまる傾向にあると答えているのに対し、「主力製品関連のサービスが売上全体に占める割合が拡大しているか」という質問については、全般的に特筆すべき傾向がみられなかったが、精密機器業界については、当てはまるのと当てはまらないとの両方向に傾向が分かれていた。

サービスが売上および市場シェア拡大に貢献しているかどうかについては、「機械」「電気機器」「輸送用機器」企業においては総じて貢献しているという傾向はうかがえる。一方、精密機器においては、業界もしくは企業により傾向が分かれるようである（図5－10）。

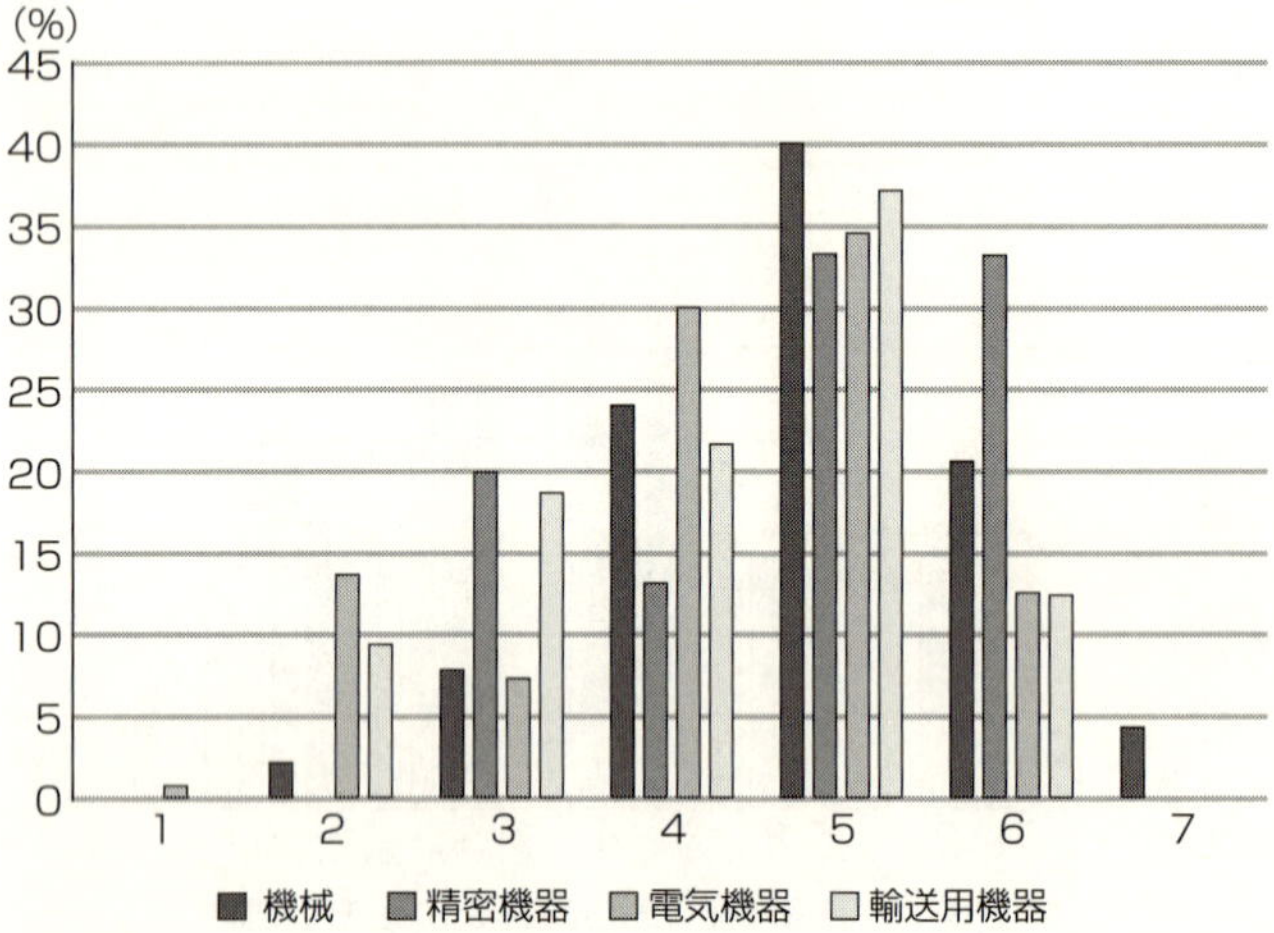

（質問）　サービスが，売上および市場シェア拡大に貢献している。

図5-10　製造業界におけるサービス化傾向⑥

❖顧客に与える価値

回答企業自体が、顧客に対してどのような価値を与えていると認識しているかについて、製品品質や、コスト削減など直接的な価値に関わる点、市場情報提供など間接的な価値に関わる点を質問した。表5-4は、製品に関わるいわゆるQCD（品質、コスト、供給）に関する顧客価値をどう認識しているかについての質問への回答群である。とくに製品品質面で、顧客の要件を満たし、安定した品質供給を行っているという点を相対的に多く認識しているという傾向がある。

回答のうち、顧客に与える直接的な価値に関わるもので、QCD以外に関わる質問に対する回答を抜粋する。回答からは、顧客企業の業務運用コストの低減（三九・五％）というよりも、むしろ生産を含む生産性向上を意識しているという傾向（五四・二％）があった。また、顧客

表 5-4　顧客に与える価値

質問項目	最小値	最大値	平均値	標準偏差
主要な顧客企業にとって自社の製品はお得感がある。	1	7	4.44	0.943
主要な顧客企業に自社の製品を低価格で提供している。	1	7	4.13	1.188
主要な顧客企業に長期にわたり製品提供を約束している。	1	7	5	1.231
主要な顧客の製品への広い範囲の要求をすべてカバーしている。	1	7	4.61	1.161
主要な顧客企業に対し，優れた製品機能を提供している。	1	7	5.57	0.737
主要な顧客企業に対し，製品の信頼性を提供している。	1	7	5.76	0.798
主要な顧客企業に対し，製品の安定した価値を提供している。	1	7	5.65	0.763
主要な顧客企業に対し，製品についての必要要件を実現している。	1	7	5.74	0.719
主要な顧客は，自社の存在により他の取引先に対する依存度を下げている。	1	7	4.67	0.934
主要な顧客企業に対し，発注量の変化に対応している。	1	7	5.45	0.982
主要な顧客企業とは柔軟性のある供給契約をしている。	1	7	4.74	1.219

の問題の明確化と問題解決という点については、回答はおおむね当てはまるという回答の傾向が多くみられる（五八・三％）。また、顧客の製品の上市のタイミングをスピードアップすること（六八・四％）や、製品使用の最適化も顧客に対して提供すべきことと意識して行われている傾向（六一・五％）があった。

次に顧客価値のうち、間接的な価値と判断できるものに対する調査結果を抜粋して示す。顧客への情報提供や、技術動向、業界動向を助言することは、提供している製品が顧客の生産活動や業務への直接的なインプットとはならないが、間接的に顧客が何かを行うのに効果を生み出すという点で顧客価値と考えられるものである。また新製品開発への支援や、イノベーションを起こす支援ということも間接的な価値提供である。

まず回答傾向として、顧客が必要とする情報へのアクセス供与（六二・七％）や、技術的な情報供与（六一・五％）については相対的に当てはまるという回答傾向が強いが、市場の不透明さを削減するという点では（二五・八％）、技術的な不透明さの削減（五四・九％）ほど高い回答傾向を示していない。つまり、回答企業は技術面では自社を含め業界動向を認識し、顧客に提供できているが、市場動向については的確に把握し、顧客に提供するに至っていない傾向がある。

イノベーションには技術的な発明という点と、市場における普及過程との両方を含むが、新製品開発への支援（五三・七％）とイノベーション支援（四七・六％）に関しては、若干、業界内で回答傾向が異なる。輸送用機器業界では、イノベーション支援について当てはまるという回答傾向は低いといえるが（三七・五％）、新製品開発支援については当てはまるという回答率が比較的高くなる（五〇％）。

これは、バリュー・チェーンにおけるサプライヤーと顧客企業との協働関係において、どのような支援が求められているかの差異を表しているものと解釈できる。

❖ 顧客価値提供のためにすべきこと

次に、回答企業が顧客のために何を実施しているかについての調査結果の抜粋を示す。まず、顧客の事業理解のための情報収集（八五・三％）や、顧客の課題に結び付けた具体的提案（八六・三％）、コンサルティング（五二・四％）、顧客へのデモンストレーション（七三・八％）、経営課題についての意思決定者のコミュニケーション（六九・七％）は、当てはまるという回答傾向が高い。一方で、顧客に与える経済的価値の特定化を行い検証すること（四二・二％）や、顧客の業務プロセスの管理（二四・七％）といった点では、行っているという企業は比較的少ない傾向があった。さらに、顧客企業の環境に適合する製品とサービスを組み合わせ、製品の設計改良選定においてカスタマイズするという、サービタイゼーションのうちソリューションと呼ばれるアプローチに関しては比較的当てはまるという企業群が多い（八二・四％）ものの、顧客ニーズや問題を識別するためのパターン化については当てはまるという回答の比率が相対的に低い（二九・一％）。

つまり、特定顧客への課題解決的な提案のためにサービス化を進めていくという傾向はうかがえるが、それをパターン化することにより他の顧客への水平展開を行うなど、戦略面ではまだ課題があると解釈することができる。

注

(1) Wise and Baumgartner (1999).
(2) Vandermerwe and Rada (1988).
(3) Oliva and Kallenberg (2003).
(4) Baines, Lightfoot, Peppard, Johnson, Tiwari, Shehab and Swink (2009).
(5) Raddats and Easingwood (2010).
(6) Matthyssens and Vandenbempt (2010).
(7) Matthyssens and Vandenbempt (2008).
(8) 南（二〇〇五）。
(9) Gebauer, Fleisch and Friedli (2005).
(10) Neely (2008).
(11) Foote, Galbraith, Hope and Miller (2001).
(12) Jackson and Cooper (1988).
(13) Mathieu (2001). また顧客との相互作用や問題解決によってサービス次元を識別する方法については、次の論文を参照。Edvardsson, Gustafsson and Roos (2005).
(14) Wynstra, Axelsson and Van der Valk (2006).
(15) Gebauer, Edvardsson, Gustafsson and Witell (2010).
(16) 医療機器メーカーS社と二〇一一〜一三年にわたってサービス開発に関する共同研究を実施した。
(17) Penttinen and Palmer (2007), Stremersch, Wuyts and Frambach (2001).
(18) Davies, Brady and Hobday (2007).
(19) Windahl and Lakemond (2006).
(20) Minami and Nishioka (2012), Gulati and Sytch (2007).
(21) Anderson, Håkansson and Johanson (1994), Matthyssens, Vandenbempt and Berghman (2006).

(22)　Windahl and Lakemond (2010).

(23)　Matthyssens and Vandenbempt (2008), Windahl and Lakemond (2010).

(24)　「機械」には、原動機製造、工作機械製造、産業機械製造、その他機械製造を含む。「精密機器」には、理化学機械・計測器製造、光学機器製造、時計製造、医療機器製造が含まれる。「電気機器」には、総合電機・重電機製造、通信機器・コンピュータ製造、家電製品・ＡＶ機器製造、家電・電子機器部品製造、電気・電子計測機製造、その他電気・電子機器製造を含む。「輸送用機器」には、造船、自動車製造、自動車部品製造、航空機・同部品製造、その他輸送機器製造が含まれる。

(25)　調査対象企業、部門、階層の抽出は、ダイヤモンド社「会社情報サービス」を利用した。

(26)　各質問に対して業界ごとのχ^2検定を行い、五％水準以上を有意水準として採用した。

(27)　「顧客企業にリース・レンタルとして販売」と、「製品機能のみを提供」という二つの質問については、統計的に「床効果」がみられた。床効果とは回答が最小値に偏っている現象を指す。

(28)　「リース・レンタルとしての販売」と、「製品機能のみを提供」というそれぞれの質問に対して各々一七社、一四社が「当てはまる」に回答している。

第2部

事例編

サービス・イノベーションの実現

第6章　サービス・オペレーションの革新とネットワーキング

▽タビオの事例

はじめに

市場動向の激しい昨今のビジネス環境では、市場の動きと企業行動を連動させる事業システムの構築は、企業にとって大きな課題となっている。とりわけファッション・ビジネスやゲーム製品など、市場の変化の激しさや、市場それ自体が流行の終わりとともに消滅するような業界では市場対応は非常に重要な問題である。

今回、事例として取り上げる靴下製品の企画、製造、卸売、小売を手掛ける「タビオ」は、中規模の企業規模にもかかわらず、資本関係ではなくICTをもとにした独自の事業システムを構築し、サプライヤーや店舗を仮想的に統合させ、柔軟で俊敏性のあるサプライチェーン・マネジメント（以下SCM）を構築することで、市場に即応する力を向上することに成功した。この事例より、市場反応性の高いサプライチェーンの構築とＩＣＴの役割、とくに柔軟でかつ俊敏な企業ネットワークを構築できた要因について検討していく。

1　市場対応戦略とファッション産業

❖ サプライチェーン・マネジメントにおける市場対応戦略

近年の市場動向の移り変わりの速さは、製品の多様性を促進しつつ、製品寿命の短命化傾向を進めており、さらには顧客個々の要望や状況に応じた製品のカスタマイゼーションを迅速に対応するよう企業は求められてきている。すなわち、ＳＣＭを設計する上で、市場変化への対応力はますます重要性を増している。とくにファッション・アパレルやゲームのように変化が速く製品寿命も短い業界ではこの対応性が重要であることは顕著である。このような業界では、市場の不確実性が高く、需要予測の精度を上げていくことに限界があるため、市場変化に対して迅速かつ柔軟に業務プロセスを変更する能力が必要となる。

ファッション業界では、このようなビジネスの特徴に合わせて二つのタイプの経営手法をとっている。まず一つが「予測」戦略である。これはシーズン開始前に市場の需要予測を行い、販売に必要な製品の製造と出荷を一〇〇％行う方法である。そしてこのように仕入れたもの、製造したものをできるだけ多く売り切る戦略である。産地国への大量発注により製品にかかるコスト削減をめざし、注文処理や輸送コストを吸収する方法であるが[(1)]、発注から製品の納入、販売までの期間を考慮すると、できるだけ早期のタイミングで予測精度の高い発注を行う必要がある。

一方、「予測」戦略と反対の概念が「延期化」戦略である。シーズン期間中に、製造業者は製品仕様とロットに関する決定について、顧客からの最終的な注文が得られるぎりぎりのタイミングまで延期するというやり方である。小売から受注して製品を納める販売リードタイムを短くし、シーズン前ではなく、あらかじめ店頭での売れ筋を見定めてから、追加的に発注し、在庫を抱えるタイミングを可能な限り引き延ばす戦略である。つまり、売れ残りや売り損じを出さないために、売れ筋の情報を得て微調整をする戦略である。

延期化戦略には三つの要素がある。時間（注文を受けるまで遅らせる）、場所（注文を受けるまで商品やサービスの動きを遅らせる）、そして形態（需要がわかるまで、商品やサービスの最終形態や仕様の決定を遅らせる）である。[2] 延期化戦略の中に「デカップリング・ポイント」と呼ばれる重要なタイミングがある。[3] 「デカップリング・ポイント」はＳＣＭにおける分割点、つまり予測に基づいて製造や流通についての計画を実行する部分と、実需情報に合わせて製造や流通を実行する部分とに区切る点を指す。つまり、見込みから受注型へと事業の仕組みを変える時間的なポイントを指す。さらに変動の多い顧客からの注文と生産の間の緩衝材としての戦略的在庫を保有する点でもある。

在庫切れと過剰在庫との両方のリスクを低減することができるため、延期化戦略では、分割点の設定を消費地点にできるだけ近づけていくことになる。製品仕様とロットに関する意思決定を遅らせれば、できるだけ見込みで実行する部分が少なくなるからである。このように、延期化戦略そして分割点の概念は、正確な需要が明確になるまで活動を遅らせるというオペレーション上の戦略にほかならない。

さて、サプライチェーンにおける主要な問題は、実際の販売段階から遠い段階、たとえば製造段階や、あるいは調達段階では、実際に需要されている製品や量が把握しづらいということである。サプライチェーンには、資材の調達から最終市場までに複数の段階があり、小売から卸売段階への発注、卸売段階からメーカーへの発注段階が段階的に行われると、消費者市場から遠い段階では、発注量を多く見込んだり、実際の市場変動以上の調達や製造を行ってしまうという傾向がある。したがって、需要主導というよりむしろ予測主導型の管理を行い、売り切る努力をした方がいいということになりがちである。また、実際に最終市場の需要情報を得たとしても、調達段階で需要量の変化に応じることができないという業界もある。そこで市場変動や不確実性の高い業界においては、最終消費者市場の需要変動を把握すること、それに対応することの重要性が強調されてきた。

❖ 市場対応戦略：柔軟性と俊敏性

需要予測が難しく、かつ変動が激しい業界としてファッション・アパレル業界がある。アパレル業界においては、クイック・レスポンス（quick response, 以下QR）システムが市場変動に対応する戦略的な事業システムとして注目されてきた。アパレル業界は通常、季節変動性をもつことによって特徴づけられるが、従来、標準的な製造プロセスは、春夏・秋冬といった各シーズンの一年前に生地の調達を行い、企画・デザインから小売店の受注までに半年、受注から製造・出荷までにさらに半年かかるタイム・サイクルであるとされてきた。ところが、ファスト・ファッションと呼ばれる企業は、製造部門と小売部門との垂直統合により、受注から納品までの販売リードタイムを短縮化すること、さらにシーズン中の追加生産を行うことによって、製造から販売までのサイクル・タイムを大幅に短縮することを実現している。

こうしたファスト・ファッション企業は、独自ブランドを展開し、製造部門と小売部門とを垂直統合した事業システム、SPA（speciality store retailer of private label apparel）を採用している。SPAの強みは、小売店をもつことにより、販売時点の情報を通じて市場情報を直接的に入手できるということにある。さらに、そこから得られる需要情報を企画・製造にフィードバックできるというメリットをもつ。換言すれば、ファスト・ファッション・ビジネスとは、需要情報を製造期間中に販売地点から製造地点にフィードバックし、追加生産する仕組みである。ファスト・ファッション企業については、SPAであることに加え、QR型ビジネス・モデルであるかどうか、つまり期間内に短時間で追加製造能力があるか否かが、市場での成功に影響を与えることになる。

市場での不確実性に対して、SCMにおいて対応していこうとする戦略には、需要変動への対応の仕方として、二種類の形態がある。この市場対応性には、柔軟性（flexibility）と俊敏性（agility）という異なる二つの概念が含まれている(4)。柔軟性とは、予測可能な市場の変化に対応するために、生産体制を柔軟にするということである。その結果としてのサプライチェーン・プロセスの変更が起こることになる。また、生産体制の柔軟性を実現するためには、組織内または組織間のネットワークに対して特定の仕組みが必要となってくる。

一方で俊敏性は、柔軟性と区別される。サプライチェーンにおいて、柔軟性とは企業があらかじめ予測の範囲で需要変動があることを想定し、生産面で調整するということである。一方で俊敏性とは、不確実な環境下で、市場の変化に対処する能力に焦点を当てた考え方である。つまり最終消費者の需要を把握してから、追加生産や供給で対応していくことである。この需要変動に対する即反応性を俊敏性と呼ぶ。俊敏性のあるサプライチェーンとはアジャイル型と呼ばれ、リードタイムが短く、需要により駆動されるものである(5)。

アジャイル型サプライチェーンは市場変動に敏感でなければならない。つまり実際の需要を把握し、対応できる能力が必要ということでる。そのため、アジャイル型サプライチェーンは、最終市場における実際の需要に関する情報を、サプライチェーン内のすべてのメンバーに提供する能力が必要不可欠となる。製品寿命が短い製品を大量に仕入れ販売するファッション業界において、この俊敏性はシステムを構築する上で重要な概念である。このような俊敏性を実現できるために、ＩＣＴシステムが、市場の実際の需要に対応する際にすべての活動を結び付けることを可能にしていると考えられる。

❖日本の靴下産業の概観

日本の靴下産業において、靴下を製造するのは中小企業が中心であり、従業員が二〇名以下の企業が七〇％である。その産業構造は、おおむね以下のような割合で利益を分け合っている。一七～一八％が靴下の原料である糸を取り扱う商社（糸商という）、五％が糸の色染め企業、一二～一三％が靴下の編立・製造企業、三五～四〇％が卸売、そして二〇～三〇％が小売となる。卸売企業は販売の手助けのために人手を小売店に派遣し、また販売促進費を与える。そのため卸の得られる利益は、実際にはさらに低くなる。こうした数字を考えると、製造から小売の間に属する企業の層が非常に大きな割合を示していることがわかる。そのため、製造業者は卸売段階の業者をなくして、できるだけ直接、消費者市場に関わりたいと考えることになる。それに加え、この業界には古くからの商慣習が残っている。売れ残り品の取引先への返品、注文のキャンセルが可能であり、長期間の為替取引、売上に応じたキックバック（割り戻し制度）などがある。

在庫管理は靴下業界にとって最も重要である。業界の慣習により、多くの場合、売れ残り品があると、各業者は取引相手に返品する。一〇％の不良在庫の存在は、すべての利益を帳消しにしてしまうといわれている。そのため、靴下ビジネスは、需要変動の少ないもの、たとえばスクールソックス等の必需品を販売している限りは、需要予測は困難ではない。

しかしながら靴下自体がファッション・アイテムとみなされてくると話が変わってくる。非常に変動の激しいアパレル・ファッションの流行に左右されるため、需要予測をもとに経営を行うのにリスクを伴うようになる。その中でも、靴下ビジネスではとくに「色」が重要である。色はファッションにとって大事な価値を与えるものであるが、しかしながらある特定の色が売れたからといって、同じデザインにもかかわらず他の色はまったく売れないことはよくある。さらに難しいのは、そのファッション的な要素と必需品としての要素のバランスである。ファッション製品への需要は変動が激しいが、新しい商品が頻繁に現れるのであれば、消費者は欠品を納得するであろう。しかしながら、必需品の場合、欠品は許されるものではない。靴下業界はこの両面をコントロールしなければならないことになる。すなわちファッション志向の製品として頻繁に新しい製品を開発すること、それと同時に必需品としての在庫を一定以上確保しておくということが求められるのである。

2 事例：タビオ

❖ タビオ株式会社

タビオ株式会社は、一九六八年に大阪で越智直正氏が「ダンソックス」の商号で総合靴下卸売業を創業したのがその起源である。日本を中心にヨーロッパにおいても女性および男性靴下の商品開発、卸・小売に従事している。現在、日本では一六五の直営店と一二六店舗のフランチャイズ・ショップを「靴下屋」や「タビオ」などの名称で展開している。海外展開としては、イギリスには四店、フランスに二店、出店している。二〇一二年度の売上は一五三億円に達する（図6-1）。タビオ社の靴下関連商品は、ファッション性が高いことで特徴づけられ、商品の幅はレディース、メンズ、子ども用、さらにソックス、タイツ等と幅広い。そして頻繁に新製品を投入することで消費者を引き付けており、その製品開発能力がタビオの競争優位の源泉となっている。

❖ タビオのマーチャンダイジング戦略

タビオは、春・夏・秋・冬のシーズンごとに一三週のファッションとしてのサイクルをつくっている。シーズン中にタビオは徐々にその商品ラインナップを変えて、新しい商品へと入れ替えて店舗内の品揃え構成を変化させていく。そしてすべて商品は一三週後には除けられる。これにより消費者は

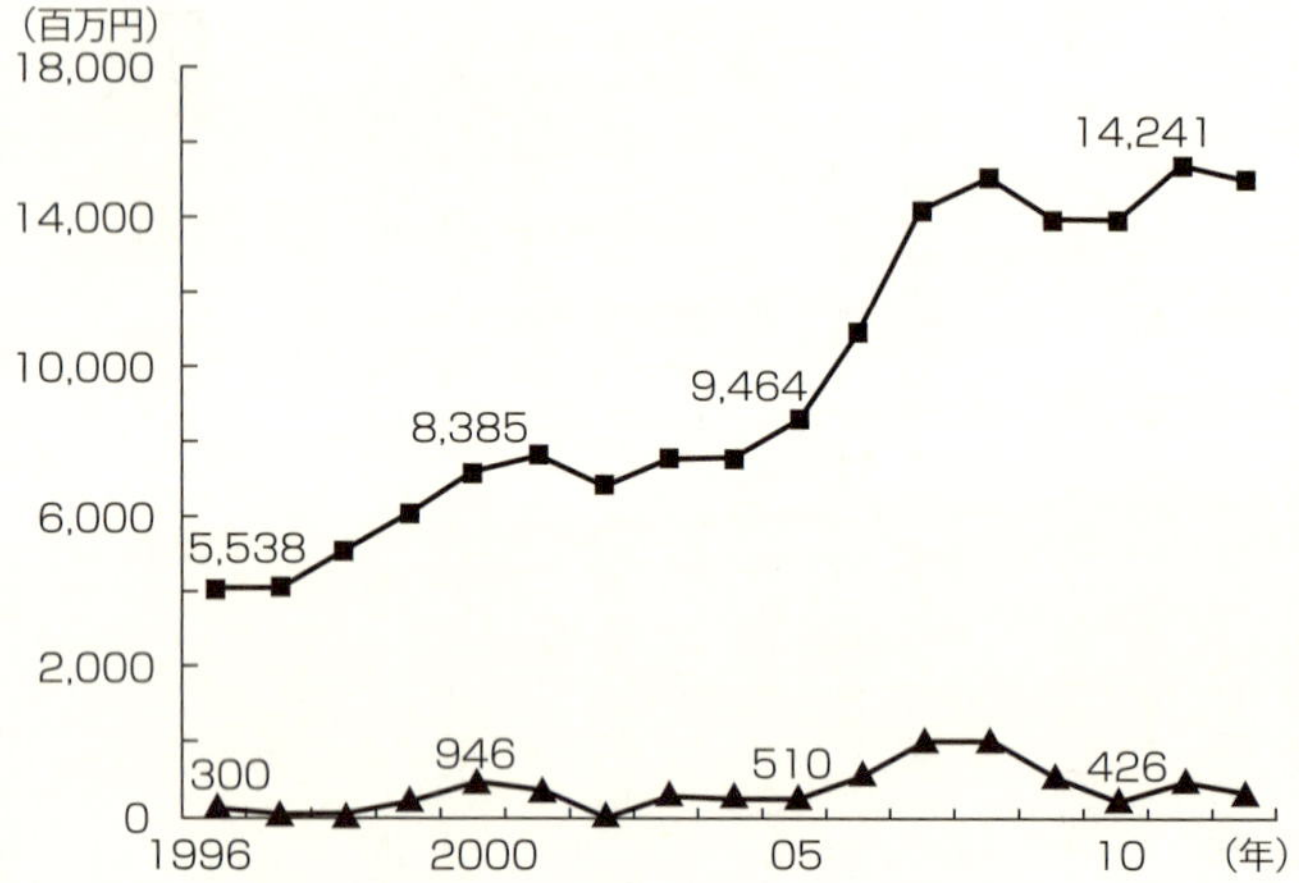

(出所)　タビオ社有価証券報告書をもとに筆者作成。

図 6-1　1996~2012 年度の売上と経常利益

いつ店舗を訪れても新しい商品を発見できることになる。タビオは最大四万五〇〇〇ＳＫＵ（発注単位）を取り扱うが、各シーズン初めにはその季節の商品として九〇〇〇ＳＫＵの品揃えを準備する。そのシーズンの新製品は、前シーズンの商品を残しながら、市場の需要動向に応じて週ごとに徐々に投入される。シーズンの間、タビオはセールスデータや店舗での観察をもとにして、新しいデザインの商品を開発し、品揃えを形成している。

❖ タビオの挑戦

創業者であり現在は会長の越智直正氏は、その修業時代の経験から、靴下ビジネスにおける在庫管理と需要予測が、大変難しいが非常に重要であると認識していた。彼は店舗の売上を把握する必要性を感じていたが、独立後、彼が始めた方法は、非常に素朴なものであった。越智氏と従業員は手分けして各取引先の店舗を週二回の頻度で訪問し、在庫をチェックするのである。しかしながら、事業が拡大するにつれ取引先店舗も拡大し、手が回らなくなり、この方法は続けることができなくなった。

次に行ったことは、彼が名づけた「ユニット・コントロール・システム」と呼ばれるものである。これは従業員が各店舗に電話をし、在庫を確認する方法である。集めたデータは本社で集計する。そこでは、各店舗の売上を計算するために、報告された在庫を配達した量から差し引く。これにより販売量を明確に把握することが可能となったが、店舗で働く取引先の従業員には大きな負担となった。一取引先にしかすぎない越智氏の企業に対して、取引先の経営者や管理者、そして協力してくれる従業員の理解を広めるのは難しかった。

次に、タビオは「カード・システム」という在庫管理方法を考え出した。この方法は次のようなものである。靴下の一足ごとにカードを入れておく。その靴下が売れた場合、そのカードをレジの段階で外す。外したカードはまとめてタビオの本社に送る。そして本社ではスタッフが売上を計算する。当初、このカード利用による在庫管理方法は機能していたが、日本全国で取引先店舗の数が増えてくると、本社のスタッフの稼働量があまりにも大きくなり、営業マンもあまりに忙しくなりすぎ、対応が難しくなった。そこで越智氏はマンパワーに依存した方法をあきらめ、他の手法を考える必要に迫られた。

一九八〇年頃にタビオはコンピュータを用いた新しいシステムを導入した。最初のシステムは東芝製であった。このシステムは人の稼働量を減らし、在庫管理を把握するより効率的なシステムであり、店舗の拡大にも対応できる拡張性を備えていた。卸売業者や小売店をはじめタビオ本体での在庫計算にも使用されたが、その後、各サプライヤーの製造工程管理を目的としたシステム導入につながった。しかしながら、このシステムは、製造工程をカバーしているものの、そこに小売店は含まれなかった。メーカー間で情報共有し、川上側で在庫調整が可能なシステムを開発しても、肝心の最終市場からの情報が入らないと、需要に合わせた在庫調整はできないのは明らかであった。そこでタビオはその事業戦略を抜本的に変革する必要に迫られることになった。

一九八〇年代、需要に対して適切な在庫管理を目的として、本社主導による需要予測型ＳＣＭを試みた。その取り組みは川上であるサプライヤーとのみ連携を取る方式であったため、川下側の動向、すなわち市場動向と連動ができず、当初の目的が達成できなく、その戦略は完全に行き詰まっていた。そこでタビオはＳＣＭ戦略を予測主導型から市場主導型へ戦略を転換することに踏み出した。そしてその事業システムにおける俊敏性を追求するようになっていったのである。彼らによるその移行プロセスは、①柔軟かつ即応性のあるサプライチェーン・ネットワークの開発、②情報共有によるオープンなサプライ・ネットワーク構築の強化、③事後調整を伴うアジャイル型サプライチェーンの確立、という三段階からなる。以下にその三段階に分けて、詳細をみていくこととする。

❖第一段階（一九八二～九二年）：柔軟性に基礎を置く即応型サプライチェーンの開発

越智直正氏は市場の需要動向に速やかに反応する仕組みをつくりたいと考えていた。そのためには小売店を経営することが重要であることにすぐ気がついた。小売店を経営することは市場の需要に素早く応えるためには必要不可欠と考えたからである。こうして、一九八二年に神戸に直営店を初出店し、八四年には最初の「靴下屋」を開業した。これらの店は直ちに人気となり、とくに若い女性を惹きつけた。一九八八年には「靴下屋」は約三〇店舗を数え、並行して卸売業も続けていた。

当時タビオが直面した経営問題は、急激な店舗数の増加から生じた経営上のさまざまな問題であった。問題の一つは、取引先との間に統一した契約がないことであった。タビオは顧客である店舗といくつかの異なる条件で契約を行っていた。個々の店ごとに異なる条件の仕入額で取引を行い、その支払条件と方法、さらに店舗レイアウトも異なっていた。しかもある提携店は契約に関してそもそも契約書がない場合もあった。直ちに契約を統一化することが明確に必要であった。そして、店舗形態とそれを管理する組織が、卸売、直営店、提携店、営業権のみの契約と多様であったため、市場動向を正確にかつ迅速に読み取ることが困難であった。

そこでタビオは、事業の中心を「靴下屋」運営へとシフトするとともに、「靴下屋」の運営をフランチャイズ制とする改革を行う。これまでの提携店方式からフランチャイズ方針への転換を決め、一九八八年から既存の提携店をフランチャイズ店へ変えていった。フランチャイズ方針の基本となる条件は、以下の通りである。

(1) アフィリエイト料金は一五〇万円、加えて同額の保険料
(2) 店舗名は必ず「靴下屋」とする
(3) 支払いは銀行取引のみ
(4) タビオは店舗からのリターンを受け取らない
(5) 販売価格の六〇％でタビオの商品を提供する

(6)　各店舗の負担でのPOS端末を導入する

タビオは商品政策に関する、製品企画、店舗レイアウト、品揃え、プロモーション活動を含むすべてに責任をもつことになった。同時に、タビオは靴下産業において、よりファッション・ビジネスの面を強調することとした。その顧客のほとんどは高校生や大学生、働く若い女性であり、ファッション志向の高い人たちである。そのため、品揃えは毎週変わり、すべての店は標準化された形態でデザインされるようにした。棚やその他の什器類はタビオ本社で準備される。店舗自体も五年間でリニューアルすることとなり、品揃えや店舗ディスプレイもすべて本社で決められるようにした。

一九九二年には、サプライヤー・ネットワークのための「協同組合靴下屋共栄会」（CSM）を設立した。当初CSMは、奈良県にある五つの仕入れ先工場とで設立された。これらの企業はタビオの事業に専念するとともに、自らの費用で情報システムを導入することが義務づけられた。そして一九九三年に中央研究所・流通センターという共同の物流センターを奈良県に設立した。CSMを組織し、ネットワーク・システムへの投資を行う際、タビオおよびそのサプライヤーは、繊維産業の中小企業のために一九九〇年に設立された政府の基金から財政的支援を受けている。輸入品に勝る競争力を培うため、業界の再編を目的に立ち上げられたこの基金から資金を獲得できたのである。CSMに所属するメーカーは物流センターから車で一五分から二〇分以内の場所にあり、センターへのアクセスが容易である。こうしてタビオは、資本関係なしでサプライヤーとの強力なネットワークを構築することに成功した。

この第一段階の活動をまとめると、フランチャイズ・システムの開発とサプライヤー・ネットワークを統合することにより、サプライチェーンにおける市場への即応性が向上したといえる。これにより シーズン初めの需要予測に基づき、シーズン中の生産を柔軟に調整できるようになった。こうして店舗とサプライヤーでつくるネットワークを通じ、市場主導型のサプライチェーンが発展していく基礎はつくられていった。

❖ 第二段階（一九九二～二〇〇五年）：情報システム構築と販売データの透明性重視

第二段階では、即応性のサプライチェーンの確立と、市場のリアルタイムな需要への対応の強化が行われた。ＩＣＴの積極的な活用により、製品の店舗導入後の需要に対する事後調整の能力を強化することになる。

(1) タビオにおける情報システムの進化

一九八二年タビオが導入した情報システムは、卸売業者や小売店をはじめタビオ本体での在庫計算にも使用された。その後、各サプライヤーの製造工程管理を目的としたシステムが導入された。ただ、在庫管理は製造工程段階にとどまり、小売段階を含むものではなかった。当時、情報システム部門の部門長だった丸川氏は、店舗からの情報がなければ、メーカー間で情報共有システムを開発しても意味がないと考えていた。そのような中で、ＰＯＳ（販売時点管理）システムの導入は製品と顧客の両方の情報を取得する最善の方法となり、サプライヤーと消費者市場とを結び付けることを可能にした。

フランチャイズ・システムを導入した翌年、一九八九年にタビオはすべてのフランチャイズ店舗に

POSシステムを導入する。店舗と同時に、サプライヤー側にも情報システムを設置する必要があった。コンピュータの価格が一般的な中小企業の予算を超えるほどだった時代に、同じく中小企業であったタビオは、新しくコンピュータ・システムを導入するというリスクをあえてとる。メーカーがコンピュータを導入するのに消極的だったのも当然といえるが、CSMの結成に合意した六社は、工場にコンピュータ・システムを設置することも受け入れた。

この第二段階では、POSシステムをもとにした情報システムの導入により、店舗と製造、原材料の調達が情報交換において同期化することになった。ここでのシステムの基本的な考えは、サプライヤーと本社、店舗との連携により、商品を補充する方法を改革するというものであった。具体的には①システムにより、各店舗で発注する作業をなくす。それまでは製品は本社によって割り当てられ、その後は需要に応じて補充されていた。②一〇ペア単位が最低発注量として標準だったが、補充は一ペアからの注文を可能にする。③一度目の注文後は、タビオからサプライヤーへ直接注文をせずに済む。サプライヤーが在庫を見て、適宜、補充する。

これを可能にするためには、正確な単品単位での製品売上の把握と正確でかつタイムリーな情報提供の組み合わせが必要となる。そのため、タビオは独自のネットワーク・システムを開発し、それによりすべての店舗の売上情報を、染色工場、編立工場（ニッター）、物流センター、店舗で共有することにし、業務の全プロセスをリンクさせた。さらに、タビオは一部情報をPOSデータに追加し、染色工程と糸の調達に利用した。その情報には、靴下用の糸の種類および重量などがあった。そのため、染色会社は原材料に関する実際の需要について常に最新情報を容易に得ることができ、将来の需要に事前に備えることができる。この企業間でオープンなシステムのおかげで、特定の製品量、製品ごとに必要な原材料の予測が可能となり、店舗への配送も一～二日以内に行えるようになった。たとえ流通センターに在庫がない場合でも、色染めそして製造工程を通して一週間以内には店舗への供給を可能にした。

(2)　デジタル・ピッキング・システム

タビオのサプライヤー（ニッター）は、物流センターへのアクセスが容易な、車で一五分か二〇分圏内に位置する。サプライヤーは、ＰＯＳデータや時には直接物流センターの棚を見て、在庫チェックと製品の補充を行う。タビオからシーズン初めに初回の注文を行えば、その後の補充はサプライヤーが担当する。タビオは再注文の決定を行わず、サプライヤーが在庫を補充する。このシステムをデジタル・ピッキング・システムとして、コンピュータ化した。物流センターは、国内市場向けに三部門に分かれる。デジタル・ピッキング・エリア、ハンディ・ピッキング・エリア、三足組靴下エリア、そして輸出向けのフロアである。国内市場向けには、一万八〇〇〇から一万九〇〇〇ＳＫＵ（最少在庫単位）の製品を扱う。一足売りのプロパー靴下で三〇〇〇ＳＫＵ、低価格帯に分類される三足組靴下で二五〇〇ＳＫＵがデジタル・ピッキング・エリアにストックされている。

物流センターでは、デジタルによるピッキング方法を使用し、シンプルでありながら非常に強力なシステムが開発されている。まずすべての商品が格納された各棚に、赤いランプと番号を表示するディスプレイが付いている。ピッキング担当者が店舗のバーコードをスキャンすると、棚の赤ランプが点灯し、ピッキングする商品の数がディスプレイに表示される。担当者は赤ランプと数を見て商品を選ぶことができる。ディスプレイに表示される個数は、POSシステムを通じ店舗から送信された在庫切れの数量を表す。たとえばディスプレイに三と出れば、棚から三つピッキングすることになる。棚の周りを歩くことで、必要な商品が容易にピッキングできる。非常に単純な方法でありながら、効率は大幅に向上することになった。ピッキングが終われば、商品は店舗ごとに箱詰めされ、それら商品の箱はカートで運搬される。靴下に付けられたバーコード・データはタビオ本社でコントロールしている。

ピッキングのあとは、運送会社が荷をまとめて各地域に配送する。出荷はすべて日本の運送会社である佐川急便が取り扱う。物流センターの発送は主に日中行われ、ニッターからの納入は早朝や夕方に行われる。

(3)　ネットワーク構造と情報共有の再構築

ＣＳＭメンバーはタビオ向けの生産にのみ専念しているが、一九九二年当時には、タビオの総需要のうち五〇％未満を占めていた。その後、タビオはファッション製品の割合を増やすにつれ、新しい取引先の開発が必要となった。さらに第二段階を経て製品の多様性もさらに増加し、タビオのサプライヤーは一九九二年当時には三〇社であったのが、五〇社を超えるまでとなった。とくにカラータイツなど、ファッション・アイテムを扱うのに得意な製造業者の割合が増えてきた。結果としてネットワークへの加入・脱退を容易にする、より柔軟な形がＳＣＭシステムには必要となってきた。

そこで非CSMサプライヤーを、A、B、C三つのレベルに分類することになった。Cレベルは、タビオからの注文に応じて、製品を製造するサプライヤーである。「A」レベルのサプライヤーは、CSMのメンバーと同じように情報システムへのアクセスが許可され、自らのスケジュールに基づいて製造を行う。その他、その時々に特別な取引をしたり、あるいは非中核製品向けの臨時的なサプライヤーはBレベルに分類される。非CSMサプライヤーには、タビオのネットワークに属するメンバーが使用できるデータについて機密を守ることを同意させている。

染色会社が靴下を製造するニッターと取引するときは、糸商と呼ばれる糸だけを専門に扱う商社を通じて行う。染色工程は、糸商からの注文を受けて作業が開始される。染めの済んだ素材は、直接、染色工場からニッターへ運ばれる。染色工場は、規模の経済を得るために大量の注文を必要とするが、それをまとめるのが糸商である。

タビオのサプライヤーは、所有権を通じて垂直統合されているのではなく、相互依存関係によって協調し合う関係にある。企業間ネットワークに資本による支配は存在せず、基盤はあくまで自由意志である。ゆえにネットワーク内での取引は、パートナーシップに基づいて行われる。ただし、サプライチェーンのメンバー全員の間には緊密な情報共有が存在する。この情報共有システムが、資本関係なしに緊密なネットワークを構築する接着剤のような役割を果たしている。

(4) 情報システム構築の効果

独自の物流システム開発により、物流センターの在庫レベルをサプライヤー自身が調べることが可能となり、センター内の在庫補充はサプライヤーの責任となった。そして配送センターには、メーカーの在庫も保管されるようになった。フランチャイズの店舗にも、店舗が費用を負担し、必ずPOS端末を設置させた。こうして集められたPOS端末からの売上データはタビオの情報センターで統合され分析が行われ、一日一回更新されたデータは、サプライチェーンのメンバーなら誰でも見ることができるようになった。結果としてサプライヤーは、販売情報を利用して、スケジュールを立て、生産を行うことができるようになったのである。

第二段階の初期時点で、製品ごとに必要な特定の生産量と原材料の計画が立てられるようになり、配送も販売が決定してから二日以内には店舗へ商品が届くようになった。システムが開発され、配送時間が短くなった結果、サプライチェーンにおける在庫レベルは五%まで削減され、染色からニッターまでの期間は二週間から二日以内に短縮し、サプライチェーン管理の改善が進んだ。こういった改善を経て、タビオもサプライチェーンのメンバーもリスクを軽減できるようになった。

このシステムを導入して以降、タビオは大きな飛躍を果たす。そして、二〇〇〇年一〇月には大阪証券取引所市場第二部に株式上場した。さらにタビオは、海外展開にも挑戦し、二〇〇一年七月にイギリスで子会社 Dansox UK co. ltd を設立、〇二年三月にはロンドンでタビオ一号店を開店する。二〇〇九年にはパリにも進出した。

◈ 第三段階：市場主導をめざして、SCMのさらなる改革

第二段階では開発したネットワーク・システムを活用し、すべての店舗の売上情報を糸商、染料工

場、ニッター、物流センター、店舗で共有し、業務のすべての段階をリンクさせることができるようになった。第二段階までのSCMの開発においては、その「柔軟性」に関しては追求できてきたものの、真の意味での「俊敏性」の実現とはいえず、それが第三段階での課題となった。とくにそれまでは製品の品質と物流効率化が優先されており、市場の実際の需要に基づく製品の品揃えや開発はむしろ後回しにされていた。第三段階では、品揃え、店舗でのディスプレイや商品開発といった、これまでタビオ本社で行われていたマーチャンダイジング活動を、店舗レベルまで下ろすことが必要であった。

二〇〇五年以降タビオは、それまでの延期化により市場即応性を高めるシステムから、アジャイル型のSCMシステム構築へと舵を切り直す。こうしてSCMシステム開発の第三段階が開始された。より俊敏性を上げるためには、それまでの集中管理によるアプローチから需要主導のアプローチに変更する必要があった。二〇〇一年から〇五年の間の財務実績が減速し始めたのをきっかけに、その実現のための一歩が踏み出される。創業者の息子である越智勝寛氏がこの変革を率先し、二〇〇五年から第三段階を開始し、とくに社長職を〇八年に継いで以降いっそうの前進が図られた。

越智勝寛氏は、従来の製品主導の経営方針では急速に変化するファッション・ビジネスに対応できなくなる、そのために、需要についての不確実性を増し続ける靴下市場に対しては、敏感に需要に反応できる事業システムを構築することが重要であると考えた。そのために、既存の本社主導の経営システムを、市場における現実の需要に対してより正確に反応できるように変える必要が出てきた。第二段階で作り上げた構造のほとんどはそのまま残したが、第三段階ではより俊敏性を上げるため、追加の変更が行われる。とくに重要であったのが以下二点の変更である。まず第一に、マーチャンダイジングについての裁量を本社から店舗へ移すこと、そして第二に、Webテクノロジーを全面的に採用したPOSシステムを導入すること、であった。

二〇〇五年から、タビオは次第に製品の品揃えとマーチャンダイジングについての決定権を、本社から店舗に移していく。二〇一〇年からは、新店舗のオープン時にだけ、本社が地元の競合店やファッション・アパレル小売業者のリサーチから割り出した市場情報に基づき品揃えを行い、追加注文は店舗ごとに決定し、実行することとした。

二〇〇九年にはWebPOSを導入した。WebPOSシステムには、市場主導によるSCM構築に対して、重要な特徴が三つある。

(1) リアルタイムの応答性：WebPOSシステムは、リアルタイムでのデータの同期化が可能である。そのため、本社、店舗、その他のネットワーク上の事業者は実際の売上データを直接そして即時に見ることができ、より柔軟な意思決定につながる。さらに店舗は、ネットワークを介して販売傾向を知ることができ、店舗独自の決定が可能となる。

(2) 情報システムの統合：異なるシステム構成を使用していたため、既存のシステムでは完全な連携は行われていなかった。それがWebベースのシステムでは、標準化されたシステムを使用するため、異なるシステム間でも連携が可能となった。

(3) データの一元化：既存のシステムでは、データを個別に保存していた。販売データ、顧客データ、発注データは、他から調査のために見ることができても、管理はそれぞれ個別の事業者が行っていた。それをWebベースのシステムでは一元化，複数のアクセスを可能にした。

第二段階でのシステムは，一日一回POSデータを関係者に配信するように設計されていた。WebPOSシステムではPOSデータを直接送信することができ，すべての関係者が即時に販売データを見ることができる。この機能により，第三段階ではネットワーク内の製造に関わる業者がより正確に市場の実際の需要を観察し，それに反応することができるようになった。流通ネットワークにおいても，店舗レベルでの売上を分析することによって，製品導入初期の市場需要を知ることができる。

アジャイル型SCMの完成形の構築という目標を実現するためには，オープン情報システムが不可欠というのがタビオの考え方である。そうすればサプライヤーはより効率よく製造と調達の準備が行え，物流センターでは在庫回転率を改善させることができる。同時に，タビオの越智勝寛社長が望んだのは，店舗が売上の動向を知ることで市場動向をも理解し，ひいては変化の激しい市場にうまく対応できるようになることであった。

❖ タビオの事例におけるサービス・イノベーション：サプライチェーンに対する即応性の追求

毎日の売上データに基づき新製品を入れて品揃えを変えていく。これはタビオがサプライチェーン管理に，即応性を追求したアプローチを採用していることを如実に示している。第一，第二段階での製品の量と種類の調整は，市場主導というよりむしろ柔軟性を高める手法といえる。なぜならマーチャンダイジングに関する意思決定はあくまで本社が行っていたからである。シーズン期間内の製造調整は以前から事前に計画されているものの，共同ネットワーク・システムが開発されることで，変化が激しく予測不可能な市場動向に適応できるようになった。第三段階においては、実際の市場動向と市場に基づいた意思決定を店舗自身が行うようになり、またネットワーク・システム内において、その時々のＰＯＳデータを利用者がリアルタイムに利用できるようになった。ここに至って、ネットワーク間の情報共有が重要な役割を果たすようになる。

タビオのサプライチェーンは資本投資による垂直統合ではないため、ネットワークに柔軟性をもたせることによって、取引先の変更が容易で、しかも市場動向に対する即応性を高めることが可能となった。第三段階では、サプライチェーンの再構成によって柔軟性だけでなく、俊敏性を追求することになった。ＳＣＭにおける「柔軟性」は、システムが有する固有の特性の範囲内で操作されることであり、事前に確立されたパラメータ内で変更可能であることになる。このケースでは、サプライヤーによる在庫補充システムがそれに当たる。一方、「俊敏性」は、タビオが予測しているオペレーションの範囲外についても迅速に対応することが求められる。

「俊敏性」を実現するために、タビオは延期化戦略をとった。靴下の色は、とくにファッション靴下では非常に重要な要素である。染色する色の決定は、製品に関する意思決定の中でも最初に行われる。色という製品の顕著な特徴は、いったん染色してしまえば二度と変更されることはないことにある。このため、靴下事業における市場主導型アプローチでは、色が重要な要因となる。染色会社は、実際の販売現場から吸い上げられた市場情報を転送してもらうことで、現在どの色が市場にアピールするのかがわかる。さらにタビオでは、通常のＰＯＳデータに靴下用の糸の種類や重さといった情報も追加している。こうして染色会社は、容易に原材料についての実際の需要についての情報を常に最

表6-1　タビオ社の事例：まとめ

	第1段階 1982～92年	第2段階 1992～2005年	第3段階 2005年～現在
情報交換をサポートする技術	販売量計算と，在庫管理用のコンピュータの導入。 各店舗でのPOSシステム導入。	サプライヤー側での情報システム導入。 POSシステムとサプライヤー・ネットワークの統合。	WebPOSシステム導入。 情報システムの統合とデータの一元化。
経営構造	小売業の統合とサプライヤー・ネットワークの一元化。	店舗およびサプライヤーに対する本社による管理。	市場主導型のサプライチェーン構造。
本社の役割	マーチャンダイジング，商品開発，店舗のレイアウト，品揃えを担当。	新店舗での品揃えのための最初の発注。	本社から店舗へマーチャンダイジングに関する意思決定権の委譲。
サプライヤー・リレーションシップ・マネジメント （協力的な業務プロセス）	CSMの形成。 共同配送センター。	CSMと非CSMサプライヤー。	CSMと非CSMサプライヤー。 リアルタイムでの応答性。
協力的な情報共有（情報交換）		売上データの蓄積・算出は本社で行う。データの更新は1日1回，SCMのすべての関係者に開示。 POSデータからの詳細な原材料情報。	リアルタイムのPOS情報を開示。
受注処理と補充（在庫管理）		サプライヤーが配送センターでの在庫補充に責任をもつ。店舗はディスプレイしている以外の商品在庫を抱えない。	より正確な予測。
製造フロー管理			柔軟性と短期間の製造サイクル。

新に保つことができ、将来の需要にも備えることができる。タビオのサプライチェーンにおける染色工程は現在、たったの一日しか必要とせず、さらに一日あれば編みの工程が終わり、靴下やタイツが完成する。

製品の形状または量、もしくはその両方についての決定をできるだけ引き延ばすことは、製造工程および組織間の連携における柔軟性を増すために重要であると通常考えられてきた。しかし、タビオは経験により形状についての決定を延期するよりむしろ、決定する時期自体を延期する重要性を強調する。編むのにわずか一日しかかからないとなると、マスカスタマイズなどで形についての決定を延期したところで、生産に要する期間が短いため、それほど効率的とは思えない。形状の決定を延期する代わりに、製品の色の決定の時期を遅らせる方が市場情報に駆動される戦略を推進できる。このことは、市場の変化への的確な対応と製造工程での柔軟性があれば、決定の時期の延期は可能であることを示している。[6] タビオの実例は、追加生産能力があれば、決定する時期を延期することによりアジャイル型SCMアプローチが確立できることを示している。

❖ ICTの役割と市場駆動型SCMの実現

「時間延期化」戦略を十二分に活用するためには、サプライチェーンの統合が必要となる。延期を可能にする方法として挙げられるのは、製品やプロセス設計、市場ニーズの変化への的確な対応、および製造プロセスの柔軟性を上げることである。[7] さらに延期化戦略を実現するために必要不可欠なのが、サプライチェーンの中の企業間での情報共有である。すなわちICTを基礎にした連携と情報共有が、サプライチェーン全体のパフォーマンスを向上させることになる。タビオの場合、第二段階において、サプライチェーン・ネットワークの中で情報共有のためのインフラがすでに整えられていた。サプライチェーンにおける俊敏性の重要性は、情報共有が延期化戦略に不可欠となることを意味する。今回のケースでは、ＰＯＳデータの共有による「市場需要の透明性」が、サプライチェーン・マネジメントにおける俊敏性の鍵であることを指摘している。この場合、とくに情報の可視性がネットワークのメンバー間で、より「積極的」に迅速な行動をとらせることが期待される。このようにサプライチェーン・メンバーの積極的な行動は延期化戦略の実行を可能とする大きな要因である。

さらに、製品品目の種類が増えるにつれ、タビオが当初のサプライチェーン・メンバーからなるネットワークを拡大し、より複合的な企業間の関係性管理を実施していったことが特筆される。オープン構造のネットワーク・システムへ移行する際、サプライヤーは、売上データの共有から最新の市場情報を取得できるメリットがあり、タビオ側にもより効率的な協働活動を可能にする能力が獲得されることとなる。このように新たな協働による商品開発を進めつつ、リアルタイムの市場データを得ることにより、サプライチェーン・マネジメントはますます俊敏性を高め、その結果、情報の透明性も増していった。

タビオのＳＣＭがもつ俊敏性には二つの特徴がある。①投入した製品群に関するＰＯＳデータを受信するまで次に投入する製品の染色工程を延期すること、②製造サイクルにかかる時間の短縮、という二点である。開店当初の品揃えは本社が決定するが、それ以降は店舗が市場の需要に照らして品揃えを調整する。ただし、タビオの需要への合わせ方は、単純に高い回転率の製品を補充しているだけ

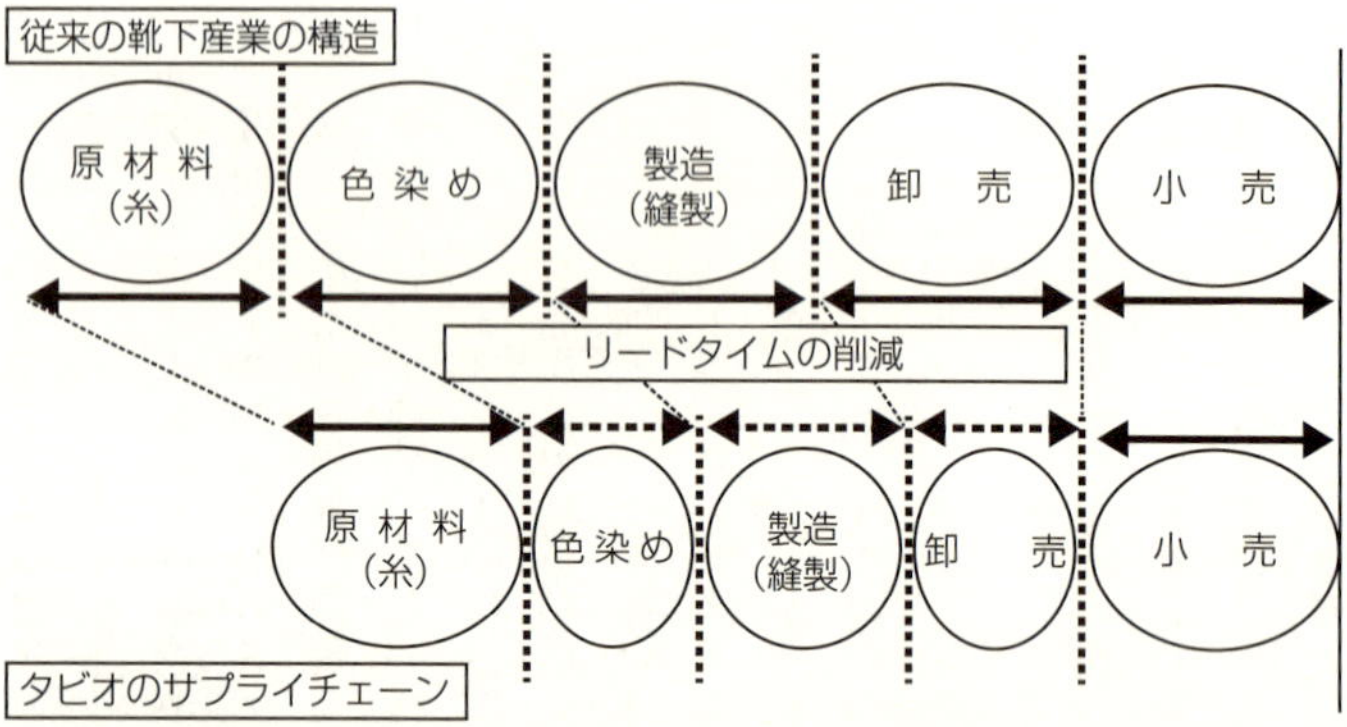

（出所） 筆者作成。

図6-2 タビオによる「延期化」戦略

ではない。シーズン中に追加生産する製品の仕様決定を遅らせることで調整しているのである。図6-2に、タビオのアジャイル型サプライチェーンの特徴を示す。染色から配送まで、各プロセスにかかる時間を短くできるのは、高い透明性をもつ共有データを利用し、各サプライヤーが自らの業務における製品仕様の決定をできるだけ延期することを可能にできるからである。販売情報は最終的に、染色工程へとフィードバックされる。

可能な限り製造に取り掛かるタイミングを延期し、糸の状態のまま「在庫」としてもっておくことで、市場需要の不確実性が高い中でもリスクを減らすことが可能となる。「糸」はいかなる製品にも転用できる「流動性資本」とタビオでは考えている。タビオは商社や染色工場と、直接的な所有権によるつながりがなくとも密接な関係を築いており、これがサプライチェーン全体での需要の透明性を可能にした。このシステムがあってこそ原材料や染色はより効率的に調整され、俊敏性も高まったのである。

＊　本章は，Minami, Chieko, Kenichi Nishioka and John Dawson (2012) "Information Transparency in SME Network Relationships: Evidence from a Japanese Hosiery Firm," *International Journal of Logistics: Reseach and Application*, 15 (6), pp. 405–423. を大幅に加筆修正したものである。

注

(1) Lambert, Stock and Ellram (1998).
(2) Lowson (2001).
(3) Mason-Jones, Naylor and Towill (2000).
(4) Bernardes and Hanna (2009).
(5) Christopher and Towill (2001).
(6) Swaminathan and Tayur (1998).
(7) Swaminathan and Tayur (1998).

＊　ケースに利用した主な二次データ

伊藤宗彦（二〇一二）「タビオ社のサービス・イノベーション」（神戸大学経済経営研究所ディスカッションペーパー），No. DP2012-J08

大倉由利子（二〇〇六）「タビオ株式会社」（ＳＭＲＪケースシリーズ），独立行政法人中小企業基盤整備機構

越智直正（二〇〇七）「特別レポートⅠ　東レ経営研究所共催繊維産業シンポジウム『北陸産地の復権を目指して』における講演内容」『繊維トレンド』五・六月号，東レ経営研究所

神戸大学（二〇〇九）「タビオ社のサービス・イノベーション」サービスイノベーション人材育成プログラム教材ビデオ，神戸大学

坂本和子（二〇〇二）「靴下屋『ダン』」ＩＦＩビジネス・スクール資料

日経ＢＰオンライン，二〇〇九年七月一日「逆風化の経営戦略」（http://business.nikkeibp.co.jp/article/

manage/20090629/198909/、二〇一四年一月三日アクセス）
丸川博雄（一九九九）「ダン・ネットワークシステムとマーケティング戦略」ITコーディネーター協会ケースシリーズ
『日経流通新聞』一九九四年一月一一日「戦略的物流を築く」
『日経産業新聞』一九九七年四月四日「経営を語る」
『日経流通新聞』一九九七年一〇月九、一〇日「ダン社長越智直正」
『日本経済新聞』一九九九年四月六日「異能経営」
『日経流通新聞』二〇〇一年五月一四日「製販越えて生き残り」
『日経流通新聞』二〇〇一年八月九日「店長の時代」
『日経産業新聞』二〇〇一年一〇月二三日「ダンの強いSCMの秘密」
『日経流通新聞』二〇〇六年六月二六日「販売の現場から」
タビオ社有価証券報告書（二〇〇五〜一一年度）
タビオ社公式サイト

◎インタビュー・リスト〔以下の表記　企業名（サプライチェーンにおける位置づけ）役職（業務）名：取材日〕
タビオ（全般）社長（COO）：二〇一〇年六月
タビオ（流通・物流）執行役員（取締役）：二〇一〇年五月
タビオ（物流）役員（物流）：二〇一〇年五月
タビオ（店舗と製品開発）係長（新製品評価）：二〇一〇年五月
タビオ（全般）前役員（情報システム）：二〇一〇年二月
NEC（情報システム）課長（営業）：二〇一〇年五月
NEC（情報システム）係長（営業）：二〇一〇年五月
NEC（情報システム）係長（技術）：二〇一〇年五月

第7章 サービス・オペレーション設計と顧客価値

▽クライ社「エコ・ポイント」の事例

はじめに

本章では、イタリアの食品小売ボランタリー・チェーンのクライ社（Crai Secom S. P. A）が展開しているエコ・ポイント・システム（Eco Point System）を事例として取り上げる。これは環境問題に対する小売業の取り組みを顧客に提供することで、顧客側との間で価値の共創が起こり、新たな価値が生み出された事例である。ICTを援用することで、生産地から小売段階までのサプライチェーンが構築され、また店舗オペレーションが効率化される。しかしながらここで生み出されるものは単なる効率化やコスト削減ではなく、顧客にとっての新たな価値である。この事例を通して、消費者と店側による価値が創造されるプロセス、さらにサプライチェーンとチェーン・オペレーションの構築や運営をみていくことで、ICTが小売業の価値創造に対してどのように貢献できるのかを検討していく。

1　小売業の価値創造

❖ 価値を生み出すということ

小売業、とくにスーパーマーケットなどの食品小売業では、野菜・肉・魚の生鮮三品の質と価格が消費者に対する訴求点であるといわれてきた。チェーン・オペレーションを行う大手小売企業は、チェーン企業であることを生かした調達活動や、店舗運営ノウハウにより、いかに商圏内の顧客の好みと受け入れられる価格帯のものを品揃えできるかということで競争している。結果的に多くの場合、消費者への価格訴求のために特売などのディスカウント・プロモーションを行っている。

顧客にとって「良い物が安く買える」ということは価値である。しかしながら、顧客が得る価値はそれだけであろうか。物を安く買う以外の楽しみや価値を与えることは、小売業にとって新たな挑戦であるといえる。多くのスーパーマーケットにとって、調達活動や、店舗運営におけるさまざまな業務において低コスト化を実現し、消費者に対して商品を低価格で提供することは最重要課題である。しかしながら現実的には、価格競争に陥り、結果的に日本の小売業を経営的に疲弊させ、そのことから新たな投資をする余力を失い、新たな経営戦略もないまま、あるいは戦略を実現できないまま、日々の店舗運営をマンパワーで押し切ることになりがちである。そこで、低コスト・低価格訴求であっても、他店と差別化できる、価格以上の、あるいは価格以外の価値を顧客に提供しようとすることが、競争の激しい日本の小売業にとってきわめて強い関心事となっている。

❖ 小売業の環境問題への対応

一方で、小売業は環境問題への対応という点でも多くの課題を抱えている。チェーン展開を行っている小売企業は、店舗を多数運営する際にエネルギー使用量という点で環境負荷を多大にかけることになる。そこで店舗における省エネルギー化への取り組みを余儀なくされることになる。また、生鮮品の売れ残りの廃棄率を下げることが、効率の良いビジネスのためにも、社会的な不経済を減らすという意味でも取り組むべき課題となっている。しかしながら、営業時間内にすべてを売り切ろうという計画で仕入れ、販売を行うと、閉店時間が近づくにつれ、陳列台に少量のみ残っている商品は買い物客からは魅力的な商品とみられず、結果的には集客面、販売面で難しさが残ることになる。

さらに行政で定められた廃棄処理方法に応じて、店舗から排出されるゴミを処理しなければならない。廃棄の問題や再資源化の問題は数十年前からの課題となっており、行政の廃棄物処理と再資源化政策に沿ってゴミを分別収集し、消費者も小売業もそれに応じた行動をしている。分別収集のために、スーパーマーケットではそのための分別ボックスを設置しており、ペットボトル、空き缶、一般ゴミの区別だけでなく、プラスチック・トレーや牛乳パックを回収する専門容器も存在する。

消費者にとっても環境問題への関心は高い。省エネルギーに関して熱心に取り組む人々が増えてきている。電化製品のスイッチをこまめに消し、待機消費電力にも気を遣う消費者が増え、化石燃料に頼らない持続可能なエネルギーとして家庭で導入できる太陽光発電にも大きな需要がある。

家庭でのゴミ処理に目を移すと、市町村の分別方式が複雑になるにつれ、いっそうの面倒さが増すことになる。買い物をするたびに、郵便物が届くたびにゴミが出る。さらに捨てる物の種類を判断して、それに応じてゴミの容器を準備すると台所がゴミ箱だらけになりかねない。またネット・ショッピングの普及に伴い、段ボール等の梱包材を家庭で処理することが増えてくる。必要な物、欲しい物を家まで届けてくれる利便性と引き換えに、消費者自身が受け取った後、梱包材を分別して、家庭ゴミの回収場所まで持って行かなければならない。またそのゴミの収集日までは家庭で保管しなければならない。このように、物を移動させるための容器、包装資材は、その利用が済むとゴミになってしまう。そしてこのような容器は、ネット・ショッピングや宅配など流通や配送システムの発達によりむしろ増えているといえるだろう。

生産者と小売業にとって、あらかじめ規格化された容器に品物を充填し、梱包した方が物流コストの低減になり、小売業にとっても店舗での品出しや保管がはるかに容易になる。しかしながら、消費者にとって、物を買うことは廃棄すべき包材すなわちゴミが発生することになる。商品容器は商品の品質を保持し、安全に消費者に届けるためのものであるが、小世帯化が進行する日本では、小量のパックが好まれ、パッケージ化された商品からさまざまな性質のゴミが大量に家庭から排出されることになる。

消費者の環境問題に対する意識の高さを考慮し、この問題を小売業として解決することは顧客価値の追求になる。ゴミ問題の究極的な解決策はゴミを出さないことであり、小売業としては商品を販売するときに使用するさまざまな梱包・包装材を削減することが一つの手法となろう。消費者は自ら買い物袋や容器等を持ち込み、個々の顧客に合わせて従業員が必要な分量だけ取り分け、客が持参した容器と袋に商品を入れる、つまり昔ながらの対面販売を行うのである。しかしながら、この方法は流通や販売における人件費などのコストを考えると簡単には採用できない。低コスト・オペレーションの追求が困難になるからである。つまり環境対応面での顧客価値を追求すると、小売オペレーションの効率性がトレードオフになりかねないという問題が起こってくる。店舗運営の効率化と顧客価値の向上との両立は、小売業にとって大きな挑戦であり、課題である。

2　事例：クライ社

❖ クライのエコ・ポイントの取り組み

北イタリア、ヴェネト州に位置するコネリアーノ市は、プロセッコ（発泡ワイン）の産地として知られる。この地に二〇〇九年三月、新感覚の食品スーパー「イーツ」(eat's)が開店した。中世の趣を残す旧市街地とそれを取り巻くように葡萄《ぶどう》畑が広がる、のどかな環境に中に、グリーンタワーと呼ばれる二棟建ての緑のビルが現れる。タワーの一棟がイーツの店舗で、一階部分が食品スーパー、吹き抜けとなった二階部分がオープン・キッチン・スタイルの洗練されたカフェとなっている。

店舗は四つのゾーンに仕切られており、入り口から近い部分に対面式販売の生鮮食品ゾーンがあり、中ほどにワインセラーと高級食材のゾーン、奥に加工食品と一部の日用品雑貨のゾーンがある。高級食材売場と加工食品売場との近くに、「エコ・ポイント」と呼ばれる、量り売りコーナーが設置されている。パスタ、豆類、穀類、ドライフルーツ、コメ類等の食品カテゴリーに加え、ドッグフードや洗剤まで量り売りで展開されている。量り売りのディスペンサーは、キャンディなど菓子類のケースに似た形状で、買い物客自らが、その場に置いてある袋をディスペンサーの取り出し口に当て、食品を必要分だけ落とし入れることになっている。またコーナーに設置している業務用秤《はかり》に食品を入れた袋を載せ、バーコードがついたシールがその秤から出てきたら自ら商品の袋に貼り付ける。秤は商品の重さを量るだけではなく、商品情報や価格・賞味期限までも表示し、シールとして印刷することができる機能のものである。袋自体も一見したところ普通のビニール袋に見えるが、コンポスト対応の素材でできている。洗剤や牛乳などの液体物の販売には専用の容器が準備されている。ショッピング・カートもリサイクル仕様になっている。

緑色のショッピング・カートを押しながら次々と買い物客が店内に入っていくが、「エコ・ポイント」コーナーには人が切れることなく訪れ、手慣れた動作で、量り売りのディスペンサーから食品を取り出し、袋にシールを貼って封をし、立ち去っていく。「エコ・ポイント」のことを耳にしてわざわざ遠方より訪れる客もいる。買い物客にとっては、必要な分量のみ購入でき、節約ができるという点と、パッケージがないためゴミを節約できるというメリットがある。

イーツはボランタリー・チェーン組織のクライの加盟店の一つで、出店計画段階から、エコ・ポイント・システムを設置することが決まっていた。クライは二〇〇四年に環境保全団体の Planet Life Economy Foundation と提携して、環境対応プロジェクトとしてエコ・ポイント・システムを導入した。二五台設置段階で、約七〇万個のパッケージに代替し、削減効果がみられたため、導入拡大を推進することとなった。顧客の支持も得られており、店舗によっては、総売上の四～五%がエコポイント関連商品から得られるところもある。システム設置にはスペースが必要なため、店舗面積が二〇〇

～三〇〇平方メートルの店舗には導入が難しいが、スペースが十分とれる五〇〇平方メートル以上の店舗にはこのシステムの導入が可能なため、クライの出店支援をしているアマ・クライ・エスト（地域統括組織）は、積極的にエコ・ポイント導入を店舗の経営者に推薦し、支援してきている。

エコ・ポイント・システムは「環境問題についての現実的なソリューションである」と、クライ本社・マーケティング担当副社長のジュゼッペ・パロリーニ氏は語る。イタリアではゴミの問題が社会問題となっており小売業においても地域住民においても関心が高い。狭い住居に居住する人たちにとってゴミの分別や保管自体が問題となる。エコ・ポイント・システムは、量り売りのため、商品のパッケージがなく、包装に伴うゴミを減らせるばかりか、商品の価格自体が三〇％から七〇％程度安くなる。エコ・ポイントによる仕入れ削減分は、消費者に低価格で提供することで還元されている。クライにとって、既存商品をエコ・ポイントのコーナーで提供することにより、消費者の目にとまりやすくするというプロモーション効果があるという。

❖ エコ・ポイント・システムの利点

ここでエコ・ポイント・システムのさまざまな利点をみてみよう。

(1)　環境面の利点

エコ・ポイント・システムを導入することによる直接的な効果は、パッケージの削減であり、導入後一年間で、店舗は売上全体の二％にあたる約四万個の容器の削減に成功した（表7-1）。具体的な材料別にみてみると、紙は三三〇キログラム超、ガラスは約一八三キログラム、プラスチックは約二三七キログラムの削減効果があった（表7-2）。エコ・ポイントを導入した二五店舗を通してみると、約七〇万の容器を削減したことになっている（表7-1）。とくにスパイス類などガラス容器を使っているものについては、容器の削減効果は大きいといえる。

(2)　経済面の利点

エコ・ポイント・システムは環境面だけでなく、経済的な利点もある。多くの製品にとって、包装コストは全体の商品コストの大きな部分を占める。たとえば、ハーブやスパイスの場合、本体よりもガラス瓶の方が高い場合がある。もし包装を省略できれば、これらのコストは削減できることになる。そしてその削減分を商品の値段に反映することで、店は利益を確保しつつも、消費者へ還元することが可能となる。

一方、エコ・ポイント・システムを導入するには、店舗での施工や什器の設置、商品政策面での先行投資が必要となる。商品を充填するディスペンサーに、重さを量って金額を表示し、値札シールを出す秤の装置が必要だが、専用の袋、そしてそれを設置するためのスペースが必要となってくる。このようなコスト要因以外にも、エコ・ポイント・システムを消費者に周知し、定着させるためのプロモーション費用が必要となってくる。

表7-3にはエコ・ポイント化された商品カテゴリーと、それに対応する小売自主企画製品であるPB（プライベート・ブランド）商品とNB（ナショナル・ブランド）商品の価格を商品ごとに示してい

表7-1　エコ・ポイントによるパッケージ削減効果

	パスタ	コメ	コーヒー	シリアル	野菜	スパイス	ドライフルーツ	キャンディ	総計
従来型パッケージ（kg）	0.5	1	0.25	0.375	0.5	0.025	0.25	0.1	
パッケージ削減総計	5,213.50	1,423.50	103.4	7,415.80	3,570.50	3,826.40	17,328.70	32,390.80	71,272.70
パッケージ削減 週別平均	56.7	15.5	1.1	80.6	38.8	41.6	188.4	352.1	774.7
1日平均	9.1	2.5	0.2	13	6.3	6.7	30.3	56.7	124.8
パッケージ削減エコ·ポイント(oulx店)年間	2,947	805	58	4,192	2,018	2,163	9,794	18,308	40,285
							パッケージ削減総計年間:25エコ·ポイント(2008年12月)		699,340

（出所）　クライ社より提供。

表7-2　素材別削減効果

		エコ・ポイント（Oulx店）（年間）		
	パッケージ資材	紙類 (Kg)	プラスチック (Kg)	ガラス (Kg)
パスタ	Bag PP		17.7	
コメ	Bag PE + Cardboard Box	40.8	11.1	
コーヒー	Poliacc.PE + AL		0.1	
シリアル	Bag PP + Cardboard Box	290.1	96.7	
野菜	Bag PP		7.9	
スパイス	Glass Vase			183
ドライフルーツ	Bag PE		69.6	
キャンディ	Bag PE		34.3	
		330.9	237.4	183
	25エコ・ポイント（2008年12月）	5,744.40	4,121.50	3,177.10
	35エコ・ポイント＝100万パッケージ	8,214.10	5,893.40	4,543.00

（出所）　クライ社より提供。

表7-3　エコ・ポイントと包装品の価格差（食品）キロ単価

（単位：ユーロ）

商　　品	エコ・ポイント	クライPB価格	N　　B
RISO ARBORIO（コメ）	1.69	1.89(+11.8%)	2.99(+76.9%)
PASTA SEMOLA（パスタ）	0.96	1.10(+14.6%)	1.58(+64.6%)
CORN FLAKES CLASSICI（コーンフレーク）	3.00	4.24(+41.3%)	7.46(+148.7%)
MANDORLE SGUSCIATE（アーモンド）	16.40	19.50(+18.9%)	26.00(+58.5%)
ARACHIDI GUSCIO（ピーナッツ）	4.98	6.76(+35.7%)	7.78(+56.2%)
PISTACCHI TOSTATI（ピスタチオ）	10.80	11.92(+10.4%)	15.90(+47.2%)

（出所）　クライ社より提供。

表7-4　エコ・ポイントと包装品の価格差（食品）キロ単価

（1）　ペットフード　　（単位：ユーロ）

商　　品	エコ・ポイント	クライPB価格	N　　B
KIRAMIXER FOOD PER CANI	1.40	1.63（+16.4%）	2.29（+63.6%）
CIUFFIADULT COMPLETE CANE	0.90	1.36（+51.1%）	1.92（+113.3%）
CIUFFI CROCCHETTE CANE	0.90	1.36（+51.1%）	1.92（+113.3%）
KOCCOLE CROCCANTINI GATTO	1.40	2.25（+60.7%）	3.22（+130.0%）

（2）　洗　　剤　　（単位：ユーロ）

商　　品	エコ・ポイント	クライPB価格	N　　B
DETERSIVO LAVATRICE LIQUIDO	1.25	1.66（+32.8%）	2.59（+107.2%）
DETERSIVO LANA E DELICATI	1.10	1.89（+71.8%）	2.25（+104.6%）
DETERSIVO PER PIATTI	0.95	1.03（+8.4%）	1.68（+76.8%）
AMMORBIDENTE	0.85	0.85（+0.0%）	1.08（+27.1%）

（出所）　クライ社より提供。

る（かっこ内の数字〔%〕はエコ・ポイントでの価格との差を表している）。たとえばパスタのカテゴリーであれば、バリラという世界的に知られたイタリアのNB商品があり、またクライのPB商品がある。さらにエコ・ポイントでも販売されている。クライのPB製品と比較した場合、エコ・ポイント・システムで販売している商品は一〇～二〇%程度価格が安くなる。製品カテゴリーによっては価格低下が六〇～七〇%に至るものもある。さらにNB製品と比べると、その値下げ幅はもっと大きくなる。これは価格に敏感な消費者にとって、エコ・ポイント・システムは大変魅力的なものになりうることを示している。

店舗側にとっては、エコ・ポイントで取り扱っている品目の売上が一・五～二・五%程度伸びているという結果がある。また店舗側のメリットとしては、同じカテゴリーの製品であっても、NB商品、PB商品、エコ・ポイントと異なる商品として販売する機会に恵まれることになる。つまりエコ・ポイント化することにより商品を陳列台に置いていたときよりも目立たせるという商品政策上のメリットがある。

(3)　消費者に対する別の利点

実はこのような包装を削減すること以外にも、このシステムにはメリットがある。たとえば年配の顧客にとって、量り売りが好まれることである。アパートに住んでいる人たちにとって、ゴミを捨てるために階段の登り降りを繰り返すのは大変な苦労である。ゴミを削減できることはこの苦労を減らしてくれることになる。しかもそれだけが彼らにとっての価値ではない。年配客にとってエコ・ポイントが魅力的であるのは、自分たちにとって必要な量だけを購入できることにある。パスタ製品を例にとると、イタリアでは四人家族を基本単位として五〇〇グラム入りのパッケージ商品が定番製品として売られてきた。しかしながら、イタリアでは小世帯化が進行しており、四人家族というのが標準世帯ではなくなりつつある。多くの一人暮らしの人間にとって、パッケージされた量は多すぎるが、価格が安ければ少し量の多いパッケージ商品を買ってしまうため、結果的に消費しなかった物は無駄にしてしまう。そこで少量でも必要なときに必要な分量だけ購入でき、しかもそれが割高にならずに少量分の料金だけで購入できるというのは消費者にとって価値があることになる。

また食品を無駄に捨ててしまうというのは、個人の倫理観として非常に抵抗感があるであろう。また、同時に自分の意思で自分にとって必要な量を決めることができないというのも同じである。エコ・ポイント・システムは、このような消費者の倫理的な面を満足させる価値がある。

パッケージ削減によるゴミの減量、少量購買による低価格での購買、倫理面での意味、それらにも増して、エコ・ポイントには消費者に訴求できている価値がある。それは買い物における楽しみである。パスタやドライフルーツ、乾燥トマトなどのディスペンサーが彩りよく並び、ディスペンサーから商品を取り出し、秤の機械を自ら操作して、袋詰めにシールを張るまでの作業は容易で、かつ面倒さを感じさせない。棚からパッケージをカートに入れる通常の動作とはまた違った商品購入プロセスの経験を味わうことになる。子どももディスペンサーの操作を行いたがり、通常の商品供給プロセスよりも楽しさを演出している面が注目される。

表 7-5　顧客に対するエコ・ポイントの効果

	平均顧客	エコ・ポイント利用客
1回の買い物における購買額	17.13ユーロ	27.66ユーロ
購買単価	2.14ユーロ	1.97ユーロ
来店ごとの購買点数	9.31個	14.05個
1カ月に購買に訪れる頻度	2.88回	4.34回
買い物におけるエコ・ポイント購買の割合	2.13%	8.85%

（出所）280名を対象としたクライ社の調査結果。

(4) 顧客の満足度と顧客ロイヤルティ

エコ・ポイントについては、総じて顧客の満足度は高い。クライはパルマ大学の協力を得てエコ・ポイントに関するアンケート調査を実施している。この調査は過去六カ月間、頻繁に買い物をした消費者から選んだ二八〇人の顧客に対して行われている。回答者のうち、五二％が再購買意向を示し、四四・三％が確信がもてないと回答し、三・四％が不満を表明している。

このアンケート調査の対象となった消費者の購買平均と、とくにエコ・ポイント利用の消費者との比較が行われている。表７-５に示すように、エコ・ポイントを利用する顧客のほとんどは、最も頻繁に買い物を行う層であることがわかる。彼らは店舗に対して高いレベルのロイヤルティをもっており、一カ月間に四・三回店を訪れ、少なくともそのうち三回はエコ・ポイントを利用する。彼らは顧客全体の三〇％を占めるが、しかしながら大量に購入するヘビー・ユーザーであり、一回の買い物に二七ユーロ強を支出する。これは平均的な顧客と比較して非常に高い。

彼らにとって、エコ・ポイント利用は全体の買い物の九％を占めている。一方、平均的な買い物客のエコ・ポイント利用は二％である。頻繁に購入された品目を購買頻度の高い順に挙げると、パスタがエコ・ポイントでの売上の二四％を占め、洗濯や洗い物の洗剤が二二％、ペットフードが一四％、ス

表7-6　顧客が感じるエコ・ポイント・システムのメリット

（単位：%）

価　格	63.1
環境対応	34.2
カスタマイゼーション	33.2
エンタテイメント性	25.1

（出所）280名を対象としたクライ社の調査結果。

イーツが一三%、コメが一一%、朝食用のシリアル一一%、ドライフルーツ四%、そして乾燥野菜が一%である。

エコ・ポイントを頻繁に利用するユーザーは店舗に対して高い関与を示している。またそうしたユーザーたちは、エコ・ポイントを利用する理由として、価格、環境への関心、カスタマイズ機能（必要な量を購入できる）、そして買い物の楽しみを挙げている（表7-6）。

❖ 価値を作り出す仕組み：クライとボランタリー・チェーン

クライは一九七三年に中小の食品小売業が共同設立したボランタリー・チェーンである。ボランタリー・チェーン組織形態では、中小企業が共同仕入組織をつくることで、規模の経済により、仕入れ、商品政策における効果がもたらされる。クライは、ピエモンテ、ヴェネト、ロンバルディ州など北イタリアを中心に出店し、現在二五〇〇の販売店網をもつ。二〇〇七年の売上高は三二億ユーロで、景況が世界的に厳しい中でも年々売上高を伸ばしている。本部はミラノ市郊外にあり、加盟小売店の戦略策定を行い、商品政策や物流に関する支援、ブランド戦略立案を行っている。これらの支援に伴う経費は加盟小売店によって支払われる形態をとっている。クライは本部が商品政策や出店に関して大きな権限をもつチェーンストア形態とは異なり、地域にいる所有者がその店を直接経営しており、オ

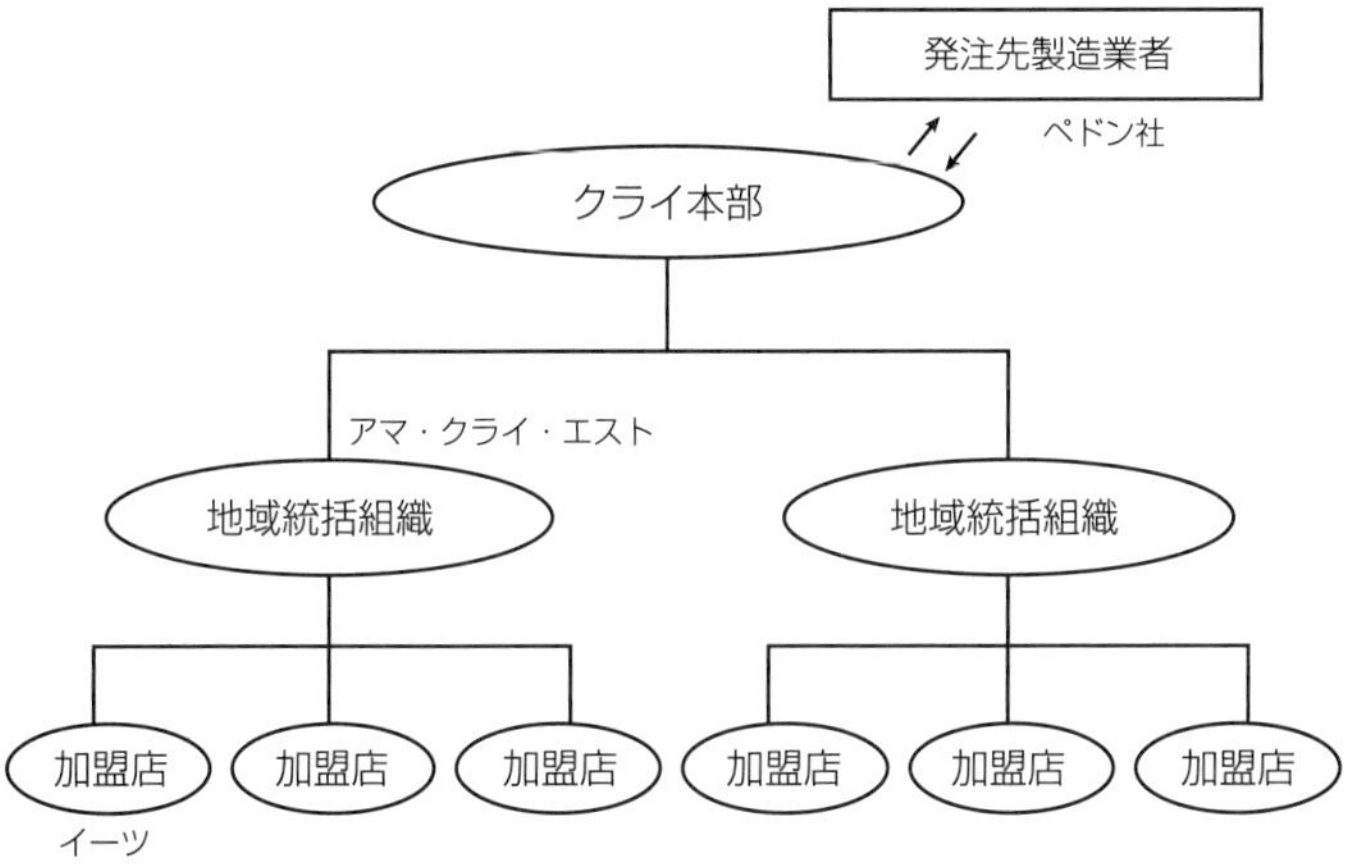

図7–1　クライのボランタリー・チェーン構造

ーナーの考えや想いを店舗運営を通して実現することができる（図7–1）。そのため、地域の細かいニーズを把握して、地域に根ざした活動が可能となる。

クライには一一の地域統括会社があり、これらの会社を通して、加盟店の出店準備を支援し、指導等を行っている。イーツの場合は、アマ・クライ・エスト（Ama Crai Est）という地域統括会社が出店計画を共同で練り、エコ・ポイント・システム導入を支援した。この地域統括会社は、三〇〇店舗近くの店舗を受け持っており、オーナーの店舗に対する考えや想いを実現するために、店舗用地の確保や建物の設計、店舗の開店準備を手伝い、店舗設備に関するさまざまな設備や棚を手配し、製造業者を紹介している。商品政策についてもコンサルタントをしており、たとえば、季節の合間には旬の生鮮品の季節感を保つために在庫調整する。

イーツの店舗オーナーのメネガッツォ氏は、「昔のイタリアの青空市場のような店を、スーパー業態でつくるのが夢だった」と語る。地産地消をめざした生鮮食品の品揃え、生鮮品や総菜の対面式販売や、地元の素材を使った総菜の販売で訴求する店舗は、「昔風」であり、「量り売り」自体、店舗コンセプトにマッチする。しかしながら、単なる伝統回帰ではなく、グローバルな調達と地産地消のミックス、量り売りのための業務用の秤導入と、サプライチェーンおよび店舗オペレーションにおいて、現代の最先端の仕組みを築いている。

小売業による環境問題への対応という事柄であれば、ウォルマートのようなハイパーマーケットが主体のチェーン・オペレーションの場合、店舗の設計において資材面や光熱の面で省エネルギー化し、標準化された店舗とその運営方式を全世界的に展開することで環境問題を改善できるであろう。しかしながら、各地域に根ざした店舗の独自性を基本とするボランタリー・チェーンを経営するクライでは異なる方法をとるしかない。それがエコ・ポイントのような仕組みなのである。

クライの最高経営責任者、マルコ・ボードリ氏は、小売業の地域貢献について強調する。ボードリ氏によれば、クライは、地域の中小小売業者が集まり、地域の発展のために尽力してきた。ゴミの問題は地域にとって重要な問題であるため、ゴミを減らすということ自体が大きな地域貢献となる。そして地球環境保全という問題は、実は地域という身近な問題の解決をめざすということから発展していくのである。

❖ エコ・ポイントを支えるサプライチェーンの仕組み

量り売りによる環境問題へのインパクトは、一見、包装の削減による効果に限定されてみえるかもしれない。確かにエコ・ポイント製品が他の商品と同じように扱われてトラックで運ばれる限りは、物流上のCO_2削減は直接的には起こらない。しかしながら、エコ・ポイント・システムは、他のこと関連させることでより影響力を大きくすることができる仕組みである。たとえば地産地消である。先に示した食品スーパー「イーツ」では地産地消を店の基本的な商品政策とし、地域の生産者から生鮮品を極力仕入れるようにしている。地域社会の環境や社会面での持続可能性、さらには食品の安全性やビジネスにおける倫理の問題といった消費者の社会的関心事に対するソリューションとして、エコ・ポイント・システムは非常に適合性が高い。「地産地消」と「環境問題」は、消費者の関心に親和性が高く、サプライチェーンという点でも、個装を行わずスーパーに運び込むため、収穫した地域から収穫物を洗浄し、簡単な選別をするだけで済み、特別な施設が必要ない。

このような食品安全性に対する対応は、多くの消費者に対して安心感を与える。母親にとって、自分が買った食品や洗剤に有害な添加物がないことがわかれば、子どもに安心して使えることになる。

地域から調達できない物の中には域内や国内だけでなく、国外から調達する必要が出てくる。このような場合、国際的な専門商社や農産物業者と取引することになる。たとえばエコ・ポイントに、豆類の製品を提供している食品メーカーのペドン（Pedon）社は、オーガニック製品を主力製品としているが、イタリアのみならず、北米、アジア、中欧、中南米、アフリカと、五大陸、一〇カ国以上から原材料調達を行っている。ペドン社はもともと卸売業としてビジネスを始めたが、現在では加工食品の製造を行っており、豆や小麦、ドライフルーツ、乾燥マッシュルーム、瓶詰めのアスパラガスなどを扱っている。ペドンは国際的なサプライチェーンのネットワークを拡張しており、原材料調達において生産地で自ら生産するという、後方垂直統合を行うことで商品のトレーサビリティを確保し、サプライチェーン全体をコントロールしている。

ペドンは製品の容器への充填と包装作業をイタリアの工場で行っている。イタリア、モルベーラにある工場では、品質管理部門にて、素材を常時検査し、品質の悪い物を除外し、チェック済みの製品のみ、パッケージングする。工場の製造ライン八つのうち、六ラインでは、小売用のパッケージ製品を製造しており、業務用利用に包装をしない二つのラインが存在する。そのうちの一つがエコ・ポイント製品のために使われ、残りの一つはホテルやレストラン、ケータリング用といった業務用製品のラインである。エコ・ポイント用のラインは毎日使われるわけではないが、その場合、業務用のラインとしても使われることで、ラインの効率的な利用度を高めている。各店舗へは、包装あり、なしの製品が両方混在して扱われ、同じトラックに載せて運ばれる。量り売りの製品は二五キロの麻袋に入れられるが、この袋は追跡可能なバーコード付きのパレット上に積み重ねられ、店舗へ運ばれる。工場内にあるラインすべてのオペレーションはＩＣＴシステムと従業員に監視されている。量り売り商品を詰め込んだ麻袋は店のバックヤードで貯蔵される。クライの加盟店舗側では麻袋で納入された商品を店のバックヤードにいったん在庫し、エコ・ポイントのディスペンサー裏にある店内在庫スペースに必要分をストックし、ディスペンサーの商品の動きに応じて適宜補充する。

環境や健康・安全、それに社会的なさまざまな事柄に関心のある顧客に対して、エコ・ポイント・システムなどを通して小売業として価値を提供するためには、店舗単体での取り組みには無理がある。クライはペドンのような環境意識の高い企業と取引することで、環境やビジネスの倫理的な側面に貢献することができる。こうしたことはサプライチェーンを完全にコントロールしていることにより可能となる。このコントロールにより、製品の品質と管理だけでなく、ビジネスに関する倫理的な事柄を解決することができるのである。たとえばペドンは、生産地の一つであるエチオピアでは児童労働を禁止するためにそこで働いている子どものいる女性労働者に対して育児所をつくり、学校も建てている。アルゼンチンでは、一二〇〇ヘクタールのオーガニック生産物をペドンのオーガニック製品に中心に使っている。工場で使用されるすべての食品は遺伝子組み換えの原材料を使用しないように管理されている。

❖ エコ・ポイント事例のまとめ

量り売りという仕組みだけみると、パッケージ商品が生まれる前、対面販売で商品が販売されていた時代にさかのぼったようなものにみえるかもしれない。確かにそれ自体は、伝統的な商店への回帰のような印象を与えるが、製品提供の仕組み自体は近代化されている。そしてそれ以上に、量り売りという店舗オペレーションの仕組み自体が店舗ブランドと直接関わってくるところが強調される。エコ・ポイント・システムは、直接的には包装とそれに関するコスト削減効果のための仕組みであるが、実際にはそれ以外にも多くのメリットが存在する。

このシステムの優れた点は、大企業だけでなく、中小の店舗でも導入が可能なことである。エコ・ポイント・システムそのものは大手小売チェーンが省エネルギー店舗設計をすることなどと比較すると、それほど大きな投資も必要とせず、導入にあたってサプライチェーンを再設計しないで済む。そしてそれよりも、店舗運営に対する店主の考え方や政策面が重要となる。とはいうものの、中小の店舗においてはやはり投資が必要となる。この投資を回収するためには、規模の経済を追求する必要がある。そのために、導入店舗を増やし、エコ・ポイントでの取扱い品目も増やし続ける必要がある。

エコ・ポイント・システムを通した価値、つまり持続可能な社会、環境等への社会的関心に対するソリューションを提供するためには、サプライチェーンと店舗全体の再設計が必要となってくる。バーコード・タグを用いることで、ある商品が消費者の手元に届くまでにどのような経路を通ったか、どのような原料を使い、どのような工場で生産されたのか、そしてどのようなロジスティクスを使ったのか、追跡することができる。結果的にこの追跡により、サプライチェーンと、供給されている製品の品質を保証することになる。このサプライチェーン上の保証があることで、顧客に対して価値を提供することが可能となる。つまり量り売りされているというだけでは、現在の消費者は品質面や安全面で満足するとはいえない。量り売りを実現するサプライチェーン・マネジメントがあってこそ、消費者は量り売りの仕組みに価値を見出すといえる。

小売業にとってのサービス・イノベーションとは何か。小売業の活動は、仕入れるべき商品の調達活動、発注、納品、在庫管理に関わる店舗オペレーション、品揃えと開発に関わる商品政策、物流・供給体制に関わるサプライチェーン、さらに従業員による接客・販売、顧客サービスと、さまざまな活動プロセスから成り立つ。また、小売業の特徴として、顧客と接すること、さらに多くの従業員を必要とする労働集約的な性質をもつことが挙げられる。

小売業の業務プロセスにおいて、従業員の業務の省力化がＩＣＴにより代替されつつある。受発注や在庫管理、物流管理など、ＩＣＴ利用による業務革新はめざましいものがあるが、一方で接客や顧客サービスあるいは従業員自身の知識やノウハウの活かし方という点で、どのサービス・プロセスを人に行わせ、どの部分をＩＣＴ利用により省力化するかについては、効率と効果自体について十分検討する必要がある。

一方で、小売業においては、業務プロセスの効率化を実現させつつ新たな価値提案が求められているが、現実的にはその提案は価格面にのみ強調されがちである。クライのエコ・ポイント・システムの事例は、ＬＣＡ（ライフ・コスト・アセスメント）および廃棄マネジメントに関わる環境対応の活動において、最新技術の利用部分と、あえて顧客に作業を行わせるという、顧客参加型の仕組みを効果的につくった。小売店にはカンや瓶、トレーなどの回収ボックスが設置されているが、これらを回収し、再利用や再資源化していくには時間もコストもかかる。顧客側が環境対応に対して、自ら労力や経済的なコストを支払っているという意識が強すぎれば、行動面に移すことは難しい。しかしながら、エコ・ポイントの事例は、顧客に自ら参加したくなるような「しかけ」、つまり経済性の訴求と買い物の楽しさが用意されている。

さらにチェーン・オペレーションにおける効率性追求を行いながらも、本部と店舗のあり方において、店舗運営が標準化されすぎず、意向が反映される仕組みが展開されているという点において、小売業のサービス・イノベーションにおいて示唆に富む。近年の進化したサプライチェーンの中で、標準化されない中小小売企業が、地域貢献のために環境保全活動を行うことが、収益と社会的責任の両面で成果を結実した事例であるといえよう。

本事例においては、ＩＣＴがエコ・ポイントをイネーブリングしている程度をみるならば、量り売りはＩＣＴがなければ実現化されないわけではない。しかしながら、量り売り自体を環境対応のサプライチェーン・マネジメントとして機能させていくには、ＩＣＴはサービス・イノベーションを促進していく上で重要性をもつ。つまりクライのエコ・ポイントの事例は企業間の協働により、顧客に環境対応や経済性、楽しみという価値を創り出し、その仕組みをＩＣＴがサポートした事例といえる。

＊　本章は、Minami, Chieko, Davide Pellegrini and Munehiko Itoh (2010) "When the Best Packaging Is No Packaging", *International Commerce Review*, 9 (1-2), pp. 58-65. を大幅に加筆修正したものである。本章の作成にあたって、パルマ大学のダビデ・ペルグリーニ教授には、取材の手配・資料の入手から専門的知識の提供まで行っていただいた。記して感謝したい。

◎インタビュー・リスト〔肩書きは取材当時〕〔以下の表記　氏名、企業名 役職（業務）名：取材日〕
マルコ・ボルドリ、ＣＲＡＩ本社　最高経営責任者（経営層）：二〇〇九年一〇月九日
ジュセッペ・パロリーニ、ＣＲＡＩ本社　副社長（マーケティング）：二〇〇九年一〇月九日
ディエーゴ・ザンケッタ、AMA CRAI EST マネジャー（地域統括）：二〇〇九年一〇月八日
セルジョ・メネガッツォ、eat's オーナー（ＣＲＡＩ加盟店）：二〇〇九年一〇月八日
パオロ・ペドン、Pedon 社　マネジャー（マーケティング）：二〇〇九年一〇月七日
シルビア・マンテーゼ、Pedon 社　担当（マーケティング）、二〇〇九年一〇月七日
＊その他、加盟店 eat's にて買い物客七人に取材。

第8章 技術革新によるサービス・オペレーション再設計

▽ベイシアと高千穂交易の事例

はじめに

本章ではICT利用により小売業の業務革新を実現した事例を取り上げ、新技術導入による顧客満足度とサービスの生産性向上のトレードオフの解消という観点からサービス・イノベーションについて検討する。

1 小売業におけるオペレーションの効率化

多店舗展開する小売企業にとって、出店立地や、店舗面積に応じた品揃え品目数や店頭在庫回転、取扱い品目の主要価格帯、従業員の配置等をどのように決定するかはビジネス・システムそのものであり、個々の店舗運営をどのように行うかは重要な課題である。スーパーマーケットを例にとれば、品目ごとに大量に調達することで仕入コスト削減をめざす。加えて店舗運営において、セルフ販売や集中レジでのパート雇用により、運営コストを下げることで消費者に低価格での販売を可能にしている。多店舗展開することにより取扱い商品の規模の経済を享受できる一方で、各店舗における店舗管理能力、つまりいかに多店舗の運営の標準化し、効率化していくかのオペレーション上の設計が重要性をもつことになる。

生産性とは一般にインプットに対するアウトプットの比率を意味し、小売業では、仕入原価や販売管理費、一般管理費等のインプットというコスト部分に対し、売上や収益というアウトプットが大きければ生産性が高いということになる。また、少ないインプットで多くのアウトプットが得られれば効率性が良いということになる。ここで単に生産性向上のために、このアウトプットとインプットのうち、コスト削減の方向性のみに注力する形で、効率化を追求していくと、ともすればサービス・レベルの低下に陥りがちである。

たとえば販売管理費から人件費をできるだけ削減しようとすると、明らかなサービス低下を招くことになる。具体的には店内から店員が少なくなり、品出しや陳列を行う従業員しかいなくなるということが起こる。買い物客は商品や売り場について聞きたいことがあっても売り場に対応できる従業員の姿が見えないということになる。また、サービス・カウンターやレジなどでは、対応すべき従業員が足りないため行列ができることになる。そして、従業員教育も行わなければ、業務が詰め込まれるために、接客レベルも下がるであろう。従業員は目の前のことしか行わなくなり、陳列やプロモーションの工夫をしたり、日々の顧客の苦情やリクエストに耳を傾けたりといったことは行われなくなるであろう。

一方で、個々の店舗で売上を拡大していくためには、頻繁な価格プロモーションによる購買喚起やチラシ等の集客プロモーションが行われ、従業員がこれらの作業に時間を割くことになる。生産性向上のためには、店舗業務自体を見直し、顧客にとって意味のない無駄なインプットを取り除く努力、つまり効率性を追求していかなければならないことになる。

そもそも、どうして小売業においてオペレーションの効率化が難しいのであろうか。サービス産業が労働集約的であることはよく指摘される点である。たとえばスーパーでは、商品の入荷や検品、加工、陳列、受発注、接客、精算（レジ）などの業務とともに、精肉・鮮魚・青果・総菜・日販・衣料品・サービスカウンターといった部門・業務ごとに、従業員が働いている。また、正規社員、契約社員、パートタイム、アルバイトと契約形態が異なり、勤務時間もバラバラであるが、非正規雇用の従業員比率が高いという特徴がある。そして個々の業務に対する経験や習熟度も異なる。これらの従業員がサービス・プロセスに関わり、顧客の買い物経験というアウトプットを形成していくことになる。業務効率の向上を考えれば、業務自体を見直し、あるべき姿のサービスのオペレーション設計をしていくことが必要となるのである。

2　事例：ベイシアと高千穂交易

◈ベイシアの沿革

ベイシアは一九五九年に群馬県で「ショッピングセンターいせや」として創業した。一九九七年に改名し、現在スーパーセンター業態を主力としている。関東圏を中心に一一九店舗（二〇一四年三月現在）を展開している。二〇一三年二月期で、売上高は二八一五億円、従業員数一二七三人、非正規雇用（パート・アルバイト等）の従業員数が九一四三人である。

ベイシア・グループとしては、「ベイシア」以外に、ホームセンター業界のリーディング・カンパニーである「カインズ」、関東を中心に集中的に出店しているコンビニエンス・ストア・チェーン「セーブオン」、家電・コンピューター・AV機器の販売する大型専門店「ベイシア電器」、ワーキングウェアやユニフォーム・作業関連用品の大型専門店「ワークマン」や、カー用品、フードサービス・チェーンから旅行代理店、仏壇・仏具店、アミューズメント・パークまで幅広く展開している。ベイシア・グループは物販チェーンを含め、全部で二八企業からなるグループは現在八〇〇〇億円を超える売上高となっており、グループ企業内で共同商品開発や共同出店も行っている。

「ベイシア」は現在三つの店舗フォーマットを展開しており、その基本フォーマットである「スーパーセンター」は、六〇〇〇～八〇〇〇平方メートルの売場面積で、食料品のみならず、衣料品、日用品雑貨、書籍、玩具など生活に関わるさまざまなものをワンストップで扱っている。店舗の特徴として、すべての取扱い品目を集中レジで一括して会計ができるようにしてあること、ワンフロアで前面駐車場の構成としてことが挙げられ、顧客が短時間で買い物ができるように店舗設計されている。四六店舗を展開している（二〇一四年三月末現在）。

他に「スーパーマーケット」業態がある。これは、食料品を中心に、購買頻度の高い実用衣料、生活消耗品に絞り込んだ、小商圏を対象にしたフォーマットである。

従来、ベイシアは郊外には大型店を展開していたが、今後の成長を考えていくと、出店余地を確保するため大型店が出店しにくい人口密地域域へも参入できるよう、新しい業態の開発を進めている。「ベイシアマート」は、五〇〇メートル～一キロメートル圏を対象とした小型店舗であり、売り場面積は五〇〇～八〇〇平方メートルで主要な生鮮食品と加工食品を中心に品揃えしたフォーマットである。これはいまだ最適フォーマットを実験・検証している途中である。

❖ベイシア佐倉店の顧客満足度向上への取り組み

東京から約四〇キロの千葉県佐倉市。人口は約一八万人で、現在では東京のベッドタウンともなっている。ベイシア佐倉店は二〇〇五年一二月にオープンした。スーパーセンター業態として、日用品・衣料品・家電製品に加えて、生鮮食料品を扱い、取扱い品目は五万点となっている。同商圏内には競合するスーパーマーケットが複数あり、競争が激しい。

二〇一〇年秋、ベイシア佐倉店の店長は、店舗運営上の課題として、レジ待ちの問題をすぐ解決すべき重要課題として認識していた。まずは、スーパーセンター業態であるために、一人当たりの買い物点数が多く、買い物カゴを三つカートに装着している顧客も少なくない。また食料品と衣料品も同じ売り場の異なるゾーンで販売し、集中レジとしているために、衣料品を精算するときには簡単ではあるがきちんと畳み、他の食料品と分けて別の袋に入れる必要が生じる。つまり食品専門のスーパーと比べてレジ業務に時間がかかり、結果的に待ち時間が長くなってしまうという問題が起こっていた。

一般的にスーパーでの苦情としては、通路が人で混雑している、棚を補充するために品物や段ボールが通路に散らかっている、広告の品が欠品している、などがある。その中でもレジ待ちへの不満は、国内外のアンケートでトップにランクされることが多い。しかしながらレジ待ちへの苦情には対応が難しい。多くの店舗では、経験上、混雑時間帯を把握しているが、天候やイベントなどにより状況が変わるため、正確な混雑時間帯を把握することは困難である。そのため、レジの混み具合を予測してそれに対応したレジ係を十分配置していても、ある場合には必要以上にレジカウンターを開いている、その逆で想定よりも多くの客がレジに殺到してもレジカウンターを開くことができず、顧客を長く待たせる、ということが起こってしまう。

店舗側としては、レジ業務を効率化することでこの問題を解消させるために、ハードウェアの技術革新を取り入れてきた。自動釣り銭器付きレジはその例の一つである。このシステムにより釣り銭を間違わないようにする効果もあり、また最も熟練を要するお金の受け渡し業務を機械化することで時間短縮と従業員のストレスを低減できる効果がある。とくに顧客と直接接点をもつレジ係のストレスを低減できることは、結果として業務の生産性が上がることにつながる。またもう一つの大きな利点は、レジ係として求められる習熟度がそれほど高くなくてもよくなり、レジ係に採用する人材の幅が増え、さらに必要な訓練時間も少なくなる。

セルフレジも、ハードウェア革新に基づく精算業務効率化への取り組みの一つである。心理学に基づく調査では、自分で操作する方が、トータルで精算業務の完了までにかかる時間は同じであったとしても、ただ待つだけの時間が短いため不満が少ないということが明らかになってきている（第３章参照）。

また、オペレーション上の対応でレジ待ちを解決する方法がある。多くのレジカウンターがある大型スーパーでは、混雑するレジとそれほど混雑しないレジが混在する場合がある。特定のレジではレジ待ち行列ができているにもかかわらず、他のレジでは人がほとんど待っていないことが起こるかは、人の動線とも関係している。売り場の通路からアクセスしやすい端のレジに人が集まりやすいという傾向がよく観察される。また、買い物客にとってすべてのレジの状況を判断して、すぐ列が進みそうなレジに並ぶことは結構難しい。ここである程度レジの混み具合が平準化されれば、レジ待ちへの不満は緩和されることが予測される。そこでベイシア佐倉店では、パート社員の中から担当者を選び出してレジの前配置し（レジ前係）、顧客を空いているレジに誘導している。これによって、空いているレジと混んでいるレジがある程度平準化されるようになった。

しかしながらこの方法が有効なのも、レジが十分な台数だけ開けられ、稼働しているときであって、そもそも開放しているレジが足りない場合の対処も同時に必要となってくる。ベイシア佐倉店では、他のスーパーと同様に、レジが混んできた場合、レジ前係がレジの応援を他の部署の従業員に連絡し、その従業員が閉鎖しているレジを開けて、精算業務を支援してきた。

　このような手法でレジ業務の改善は一定の成果を上げることができたものの、抜本的な問題解決にはほど遠い。というのも、レジの混雑は短時間で発生し、解消されていく性質がある。そのため、レジが混んでから応援を依頼しても、対応する従業員が駆け付けたそのときにはレジの混雑は収束してしまう場合が多い。またレジ前係が応援を呼んでも、その従業員は現実的には発注や陳列などの本来業務を行っている最中である。現在行っている業務をいったん終わらせてから応援に向かっても、その間早くて数分、遅ければ一〇分程度かかってしまう。この数分間にレジ待ちの行列がさらにひどくなり、長時間待たせることもあれば、逆に応援に行ったときには混雑は終わっている場合がある。

　また応援を要請される従業員は、本来、必要な業務を行っているのである。レジの混雑のためにその業務を中断することは、結果的に店舗のオペレーション全体に問題が生じてくる。たとえば、棚の補充や発注作業といった業務が計画的に遂行できなくなり、商品の欠品や棚の乱れ、商品の品質管理上の手落ちといった小売業としての基本的な事柄がおろそかになってしまう。

　ベイシア佐倉店では、レジ業務に関しては、今までの経験から混雑する日と時間を推定し、パート社員を割り振り、レジ係の担当スケジュール表を作成していた。しかし混雑のピークが予想と違う時間帯で発生したり、来店人数の予測が外れることがあり、結局レジ待ちの顧客が増えてしまうことが起こっていることを把握していた。

　管理者からみると、サービス・レベルが一定しないことも大きな問題であった。レジ前係のスキルに依存して、レジ待ち状況が変わってしまうことも問題と捉えられていた。勘と経験に基づいてレジの混雑前に応援を呼ぶことは対症療法的な問題の解決にはつながるが、これは属人的なスキルに基づく方法である。個人的な勘によって当たり外れがあるようであれば、本来行わなければならない業務を中断してまで応援にくる従業員を説得できない。同様に、応援する従業員も本来業務を中断してレジ応援に行っても、行列のピークが終わってしまっているような状況が重なると、積極的にレジ業務への応援はしなくなる。しかしながら、レジ待ちが起こる原因と対応の間にロジックのある関連をみつけることができれば、精算時の混雑へ対応する精度が増し、対応する従業員によるスキルの水準の差がなくなる。さらに他業務に従事する正社員の応援の協力が得られやすくなることで実行の精度が高まる、という効果が期待されるのであった。

ベイシア佐倉店では、顧客満足度向上の取り組みを開始し、その中でレジ待ちの問題に本格的に取り組むことになった。そこに、高千穂交易株式会社からｉＱＬＡＮＥというレジ待ち解消のシステム導入の提案があった。

❖ レジ待ち解消実証実験の準備：精算業務のサービス・レベルの統一化

レジで「お客様をお待たせしない」という目標を掲げた場合、どのように対応すればいいのか具体的に検討することが必要になる。レジ待ちをまったくなくすことが目標なのか、レジ待ち時間を少しでも短くすることが目標なのか、あるいは待っている人数を減らすことなのか、具体的に検討しなければならない。この場合、何分以上待たせないのか、あるいは何人までならば待たせてもいいのか、その基準を明らかにすることが必要となる。

理想的にはレジの待ち時間をなくすことであろう。しかしながら目標を客を待たせないこととすると、現場ではまったく待たせない状況をつくろうとする。この場合、起こりうる対応方法はすべてのレジカウンターをすべての時間帯を通じて稼働させておくことであろう。あるいは最も混雑するピーク時間帯の状況をもとに体制を組むことである。確かにこれならばレジ業務の混雑は多くの場合防げるかもしれない。しかしながら、これだと従業員の多くをレジ業務に割かなければならなくなる。スーパーではレジ業務は通常パート従業員により担当されているため、パートを営業時間中に数多く雇用することは、本来、非正規雇用で業務担当させる意味、つまり人件費削減の意味がなくなる。また、正社員のレジ応援を多くすることで対応しようとすると、レジ以外のその正社員自身の本来業務がおろそかになることで、結果的に新たな顧客の不満が発生しかねない。ローコストで店舗運営しようとする小売店において、この方法を採用することは現実的でない。

サービス・オペレーションの品質を決定するのは、そのサービス・コンセプトである。「買い物をストレスなく快適に行う」ということであれば、レジ業務について「不愉快」と感じない程度が許容範囲であることになる。第3章で示したように、レジ待ち時間が不愉快になる要因はいろいろとある。買い物客自身が、長い列に並んでしまったが気がつくと隣に空いているレジがあったとき、買い物点数の多い客が列の前にいたとき、など自分自身の判断が不適切であったり、偶然起こった状況で、レジ待ちを不満足に感じることになる。しかしながら、混雑時に従業員が適切な列に誘導してくれた場合、たとえ待つことになったとしても不満足は少なくなるだろう。このようにレジ業務の満足・不満足は、単にレジの行列の長さや時間だけでは決まらない。レジでの精算業務に関連するサービス・オペレーションが顧客の感覚に影響を与えることを考慮すると、レジ待ちに関してどのように顧客を待たせるかは店舗側で設計されるべきものとなる。

レジ待ちの不満を解消するために、レジカウンターのハードウェア改善、レジ前係の配置、レジ周りの環境整備を行うにしても、やはりレジ待ち行列の長さと待ち時間を短くすることが小売のオペレーション上必要になってくる。問題はオペレーション設計上の目標と基準である。レジ待ち行列の長さは最も重要な要素ではある。顧客はレジに何人並んでいるかを最初に見て、どのレーンに並ぶかを判断するであろう。現実に世界第三位の小売業であるイギリスのテスコは、二人以上レジで待たせないように取り組むことを社内・社外に向けて発表している。しかしながら個々の顧客の買い物点数によって実際の待ち時間は異なってくる。これを基準としてオペレーションを設計することが適切かどうかは熟慮すべきである。確かにレジに並んでいる人数が重要な指標となりうるが、たとえ並んでいる人が多数いても、次々と迅速に精算が処理されれば、大きな問題にならない。それならば、顧客が潜在的に精算業務で待つのに許容できる時間を基準として、レジのオペレーションを考えるとどうなるか。

ベイシアでは、さまざまな調査の結果から、顧客がレジ待ちして許容できる時間を五分間までと設定した。しかしこの五分間で現実的に何人の客を待たせていることになるのだろうか。ここでレジ業務の測定を行うことになった。高千穂公易の調査によると、一人にかける精算業務に費やす時間は一分四四秒という計算になった。その内訳は、以下のようになっている。

⑴　挨拶「いらっしゃいませ」から頭を下げる動作（二秒）

⑵　登録（買上点数×スキャン〔登録時間二・五秒〕時間）二〇×二・五秒（五〇秒）

(3)　金銭授受（二六秒）
(4)　挨拶（二秒）

上記に余裕率三〇％を乗せた時間として計算している。この計算をもとに考えると、一人がレジサービスを受け始めたときに、待っている一人目の顧客がサービスを受けられるのは一分四四秒後、二人目は三分二八秒後、三人目は五分一二秒後となる。つまりレジ待ちの人数は二人までが許容範囲であるという計算になる。ベイシアの場合スーパーセンター業態のため、通常の食品中心のスーパーに比べて買い物点数は多く、一人平均で二〇点にものぼる。ちなみにテスコの場合、イギリスでは一回当たりの買い物点数が日本よりももっと多いため、一人という基準が大体五分以内になるという計算になる。レジ待ち業務の改善計画は、まずレジにおいてどの程度の水準のサービスを提供するかという設定から開始される。ベイシア佐倉店でのケースでは、レジで精算をしている顧客一人と、待っている顧客数二組を適正なサービス・レベルとして、「1＋2（ワン・プラス・ツー）」が目標水準と設定された。

❖ｉＱＬＡＮＥの仕組み

ｉＱＬＡＮＥは、イギリスのアイリシス（Irisys）社で開発されたシステムである。天井に設置された熱源センサー装置により、人数を正確にカウントできるのがその基本的な技術である。この技術はイギリスで開発された軍事技術をもとにしており、それを民生に転用し、小売業のレジ待ち対策に活用するシステムとしたものである。その基本的な仕組みは以下の通りとなっている。

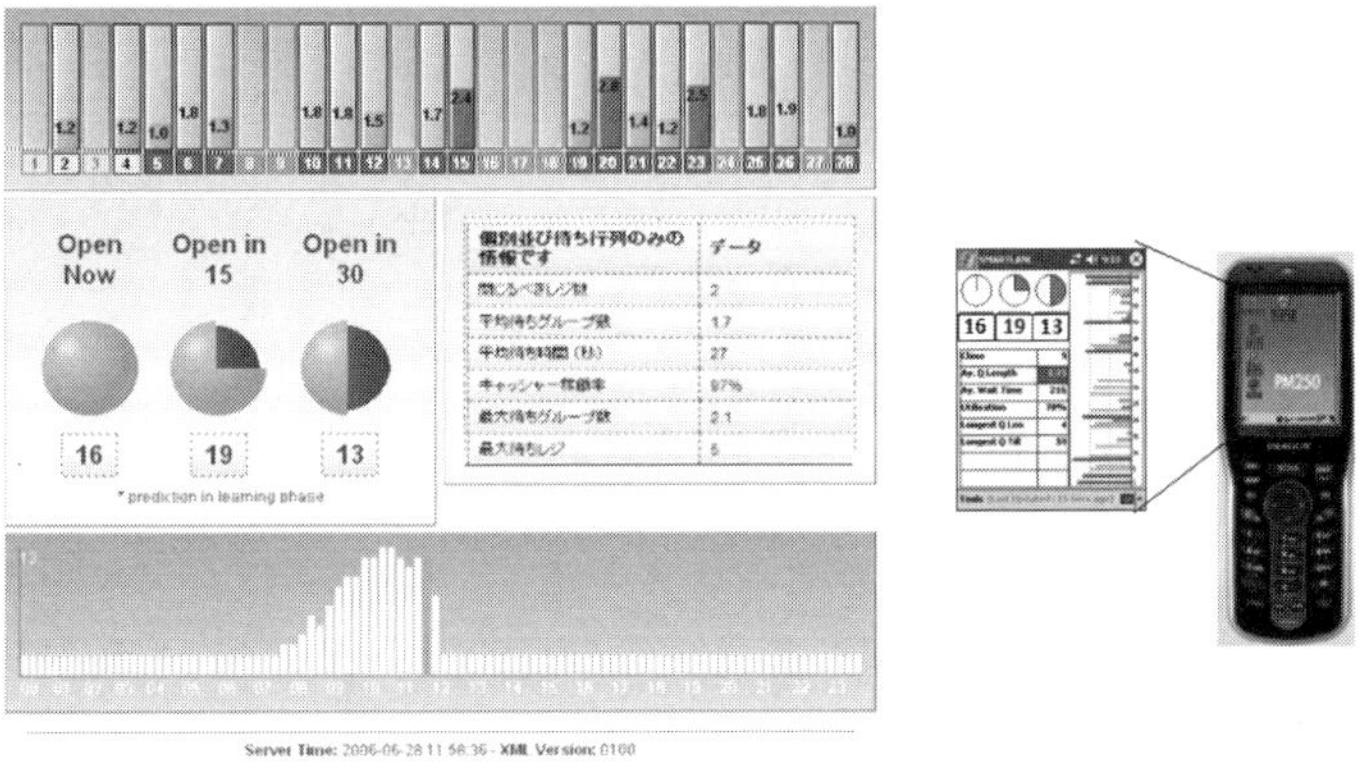

（出所）　高千穂交易株式会社より資料提供。

図 8-1　iQLANE システムにおける端末画面

(1)　入店カウント・センサーで入店した客数を把握する。

(2)　レジ待ち行列カウント・センサーで、レジで待たされている顧客の組数を把握する。

(3)　これらのデータを用いて、過去のデータやＰＯＳデータの情報と関連させることでレジの混雑を一五分ごとに予測する。

(4)　過去一〇週間のレジ待ち人数の実績をもとにレジ稼働計画と従業員のシフト表を作成する。

ＰＯＳは販売時点情報管理システムであり、商品をバーコード・スキャンするタイミング、つまり精算業務の開始から終了までの時刻を捉えることができる。事務所のモニターには、レジ稼働台数と、各レジ単位での待ち状況、平均レジ待ち客（グループ）数、平均待ち時間や、入店客数データ等が表示される。たとえば図８-１の例では、現在、稼働中のレジ一六台、一五分以内に開放が必要なレジ一九台、三〇分以内に開放が必要なレジ一三台を予測している。これらのデータは、リアルタイムに専門のPDA端末にも送られる。レジ前係では、この情報をもとにレジの開放・閉鎖、そして応援依頼を行うことができる。

❖ 高千穂交易とiQLANE

iQLANEを日本の小売業向けに調整し、導入してきたのが高千穂交易株式会社である。一九五二年の創業以来、エレクトロニクス製品を核とした技術専門商社として、世界中の最先端商品を日本の市場にいち早く紹介してきた。小売業向けのシステムとしては、商品監視システムにおいて国内シェア・ナンバーワンの企業である。商品監視システムとは、店舗の出入り口に設置したゲート・センサーと、商品に取り付けた特殊なタグで構成され、会計を済ませずに商品を持ち出すと、アラーム音が発報し、商品の不正持ち出し（万引き）を防ぐシステムである。

当初、カメラやセンサーを用いて、小売業の店舗運営に役立てないかという視点からレジ待ちに着目していた。しかしながら、レジの待ち人数が多くなってから警報を上げても現実的には役に立たないことに気づく。レジが混む前にアラームが出ることが現実的なソリューションである。そのような中で、アイリシスの開発したiQLANEに着目したのである。iQLANEは、イギリスのテスコやウィリアム・モリソンズのような小売企業がそのシステムをすでに導入している実績がある。高千穂交易は、このシステムの日本導入をテコに、小売業へのソリューション・ビジネスに本格的な進出を図ることをめざしていた。

こうして高千穂交易はiQLANEシステムを取り扱うことにしたが、このシステムをそのまま日本で導入しても現実的には使えない。それはイギリスと日本ではスーパーの精算の仕方や買い物の習慣が異なるからである。イギリスや他にも多くの国では，売り場を回って客がバスケットやカートに入れた商品は，レジでの精算時に客自らがカートやバスケットから取り出して，ベルトコンベア上に置く。そしてレジ係は流れてきた商品をバーコード・スキャンすることで精算し，その後は台に置いていく。そしてその台で顧客自らがその商品を袋に入れる。この一連の作業は，顧客にはかなり負荷のかかる作業であり，とくに背後にレジ待ちの列ができているときは，作業を円滑に行おうとするために顧客にはプレッシャーがかかるものである。一方，日本の多くのスーパーは，顧客はバスケットをレジに置き，そこからレジ係が商品を取り出しスキャンして精算，別のカゴに商品を移していく。接客時間が違うが，物をバスケットから出したり，別のバスケットに入れる時間がかかる。またカートやバスケットの大きさ自体が異なっている。

次に人数の数え方である。何人かで一緒に来店していても，この場合一人一人の人数で数えては問題がある。親子で来店する場合に子どもは精算に関係がないため，グループ単位で数えるべきである。グループ単位で数えるアルゴリズムはｉＱＬＡＮＥの重要な技術であり公開されていないが，そのアルゴリズムのもとになっているのが，こうしたカートの大きさやバスケットの数，そしてレジを通過するプロセスの時間などである。そのために日本で導入するためにはこうしたデータを書き換える必要が生じた。つまり，このシステムを導入するためには，まずは日英の買い物行動の違いを明らかにしてデータを入力する。その他にも各地域間の差，店舗のフォーマットの差なども吸収させなければならない。それらを含めた最適化するモデリングとアルゴリズムが競争力の差となる。このカスタマイズは相当に手間のかかる作業であり、しかも得られたモデルからメリットを享受するためには、ある程度の規模の小売チェーンである必要がある。

実証実験開始にあたり、高千穂交易は関連するデータを収集し、アイリシスはそのデータに基づきデータだけでなくモデル改良を行った。高千穂交易は、日本の顧客に適したシステムに改良し、アイリシスと共同で行うハードウェアとソフトウェアのカスタマイズ作業だけではなく、iQLANEから得られたデータの見方、それを店舗オペレーションにどのように反映させるべきかについて顧客にコンサルティングも行うことになった。

❖ iQLANE導入後の実証実験開始：「見える化」の結果

精算業務でのサービス水準の設定が行われ、二〇一〇年秋にはPOSレジの調整も終了し、一二月にiQLANEが設置された。まず行われたのはハードの信頼性チェックであり、問題がないことを確認すると、来店客グループ数とレジ待ち状況とを測定し、現状把握を行った。

ベイシア佐倉店には、有人レジが二三台、セルフレジが六台ある。iQLANEを導入してレジ待ち状況を測定した結果、次のことがわかった。一つは、稼働しているにもかかわらず利用されてないレジが存在していることである。図8-2はある平日一日のレジ混雑状況の様子を示している。レジに並んでいる客がいないにもかかわらず、必要以上にレジを多く開放している状況が明らかとなった。

次に混雑時を示すのが、図8-3である。必要なレジすべて開放しているわけでないことが確認された。何組も顧客を待たせているレジがあるにもかかわらず、稼働していないレジが在存している。

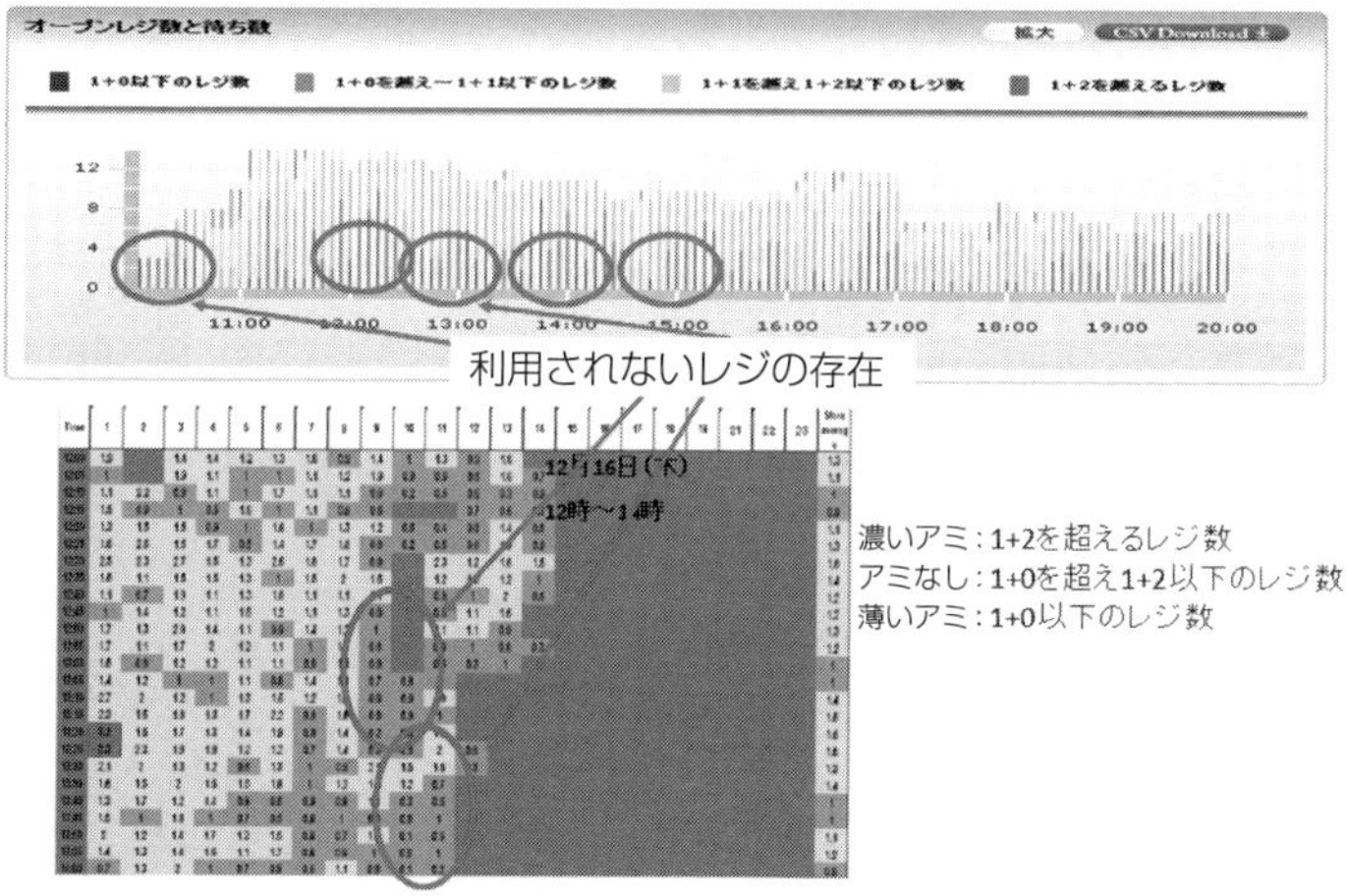

（出所）　高千穂交易株式会社より資料提供。

図 8–2　レジ待ち実態調査①：利用されていないレジの存在

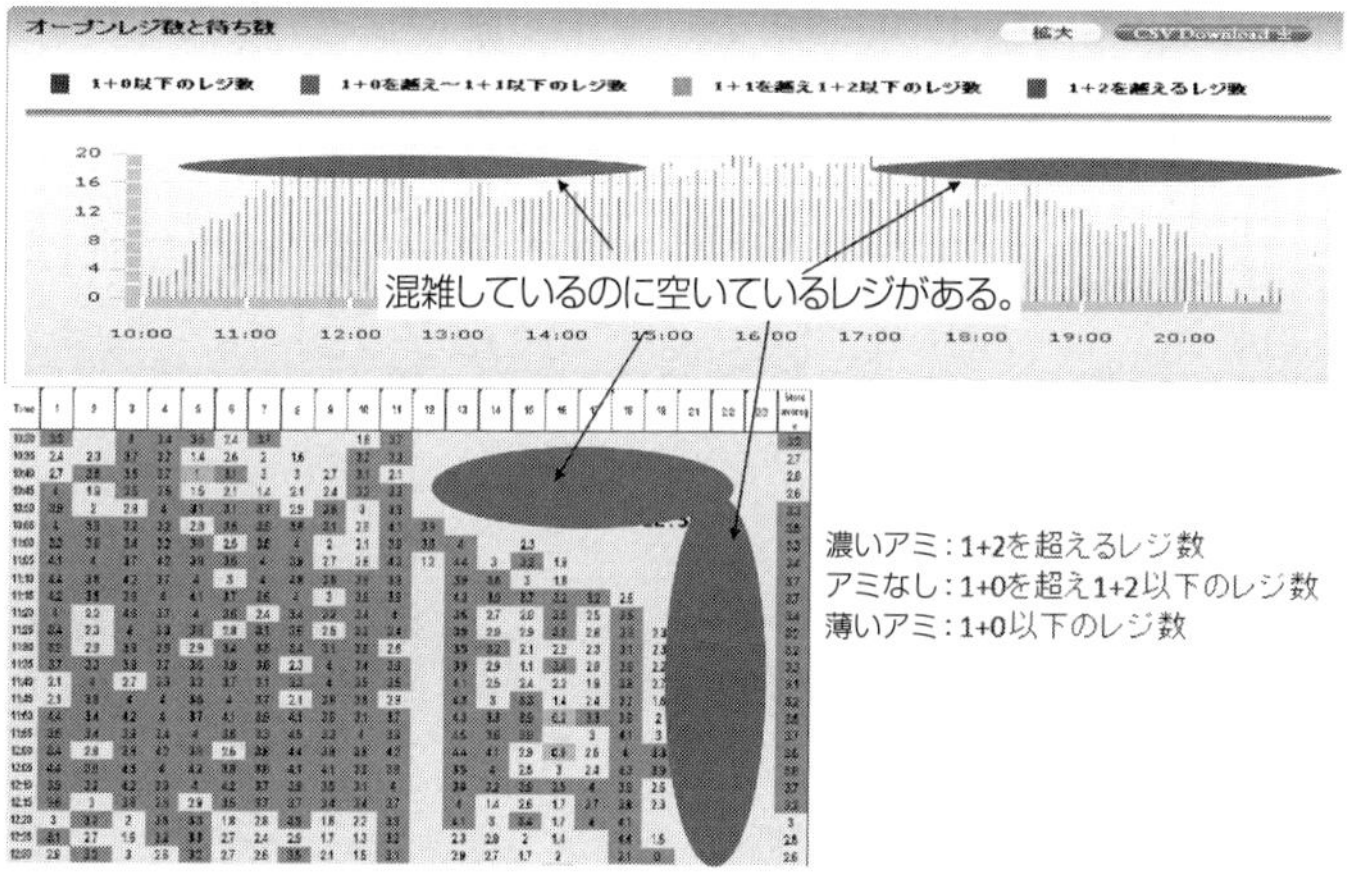

（出所）　高千穂交易株式会社より資料提供。

図 8–3　レジ待ち実態調査②：混雑時に全レジ開けられていない

またレジ前係の指示にもかかわらず、それに応じて応援係がレジを稼働させるのにギャップが存在することである。指示のタイミングと応援がレジ業務に就く時間に差があるのである。

測定された結果から、一二月の平均待ち時間は、一四五秒（約二分半）、最大待ち時間は、三四四秒（約六分）であることがわかった。オペレーション上の改善ポイントは、①最大待ち時間を五分以内にすること、②レジ待ちの状況に合わせて稼働するレジ数を調整すること、③レジ応援のタイミングを正確にすること、の三点である。このオペレーションを改善するために必要な情報としては、①正確な時間に正確な必要レジ台数がわかること、②その情報が提供されるタイミングは、応援する従業員が正確なタイミングで応援に入れるように、一〇～一五分程度前であること、となった。

❖ iQLANE導入後のレジ業務のオペレーション変更

二〇一〇年一二月よりiQLANEの稼働を開始した。ベイシア佐倉店では、前述の通り、有人レジが二三台、セルフレジが六台ある。あらかじめ、本部オフィスに設置してあるシステムには、過去のデータに基づいて当日の来店客数と混雑時間帯が予測されており、レジ係の配置と応援の人数と担当は割り振られており、現場レベルでの細かな調整はレジ前係が行うことになる。

iQLANEは、入り口のセンサーで検知した来店客数（組数）をもとに計算された一五分後のレジに並ぶ行列の予測を行い、精算している一組とレジで待たされる二組以上待たさない目標「１プラス２」の対応のために必要なレジ台数を割り出す。レジ前係はこの必要レジ数に対し稼働できるレジ数が足りない場合、店内携帯電話を通して社員に対してレジ応援を求める。別部門で働く社員は、そのときに仕掛かり中の業務、たとえば品出し、陳列などを済ませた後、レジに向かい、レジ前係が指定したレジ業務の準備をする。

レジ待ちの混雑が解消され、レジ前係から売り場に戻る指示がくると、また元の部門に戻る。このオペレーションの作業自体はｉＱＬＡＮＥ導入前と同じである。変化したことはレジ前係がレジ応援を依頼するタイミングである。従来は混雑してから対応していたが、導入後は混雑を予測する一五分前となっている。

図８－４に示すのは、導入前と導入後のレジ待ち状況の比較である。比較した日は、同じ日曜日であり、来店客数もほぼ同じである。レジに三組以上並んでいる状態が濃く示されるが、導入前と比較すると明らかに導入後は濃い部分が減少し、あったとしても短時間で解消しており、１プラス２のレジ待ち水準が実現されている状況となっていることがわかる。

次にレジの稼働実績をみてみると（図８－５）、導入前は、混雑しているにもかかわらずレジを開けていない状況が生まれていたり、その逆にレジ係が客を待っている状況が生じていたりしている。それに対して導入後は、レジ前係の指示により、必要な時間に必要な台数のレジが準備できるようになっている。このことが示すのは、ｉＱＬＡＮＥによるレジ待ち予測の精度だけではなく、オペレーション上の変化が大きいということである。レジ前係の的確な指示とその指示が事前に余裕をもってなされることで、レジ応援係がそのときに実行していた業務を片づけ、レジ応援の準備をする時間ができることにより、その指示に従うことを可能にしたのである。すなわち、ＰＤＡで必要なレジ台数が指示された通りにレジを開閉するように従業員がきちんと対応し、その結果としてレジ待ち状況が改

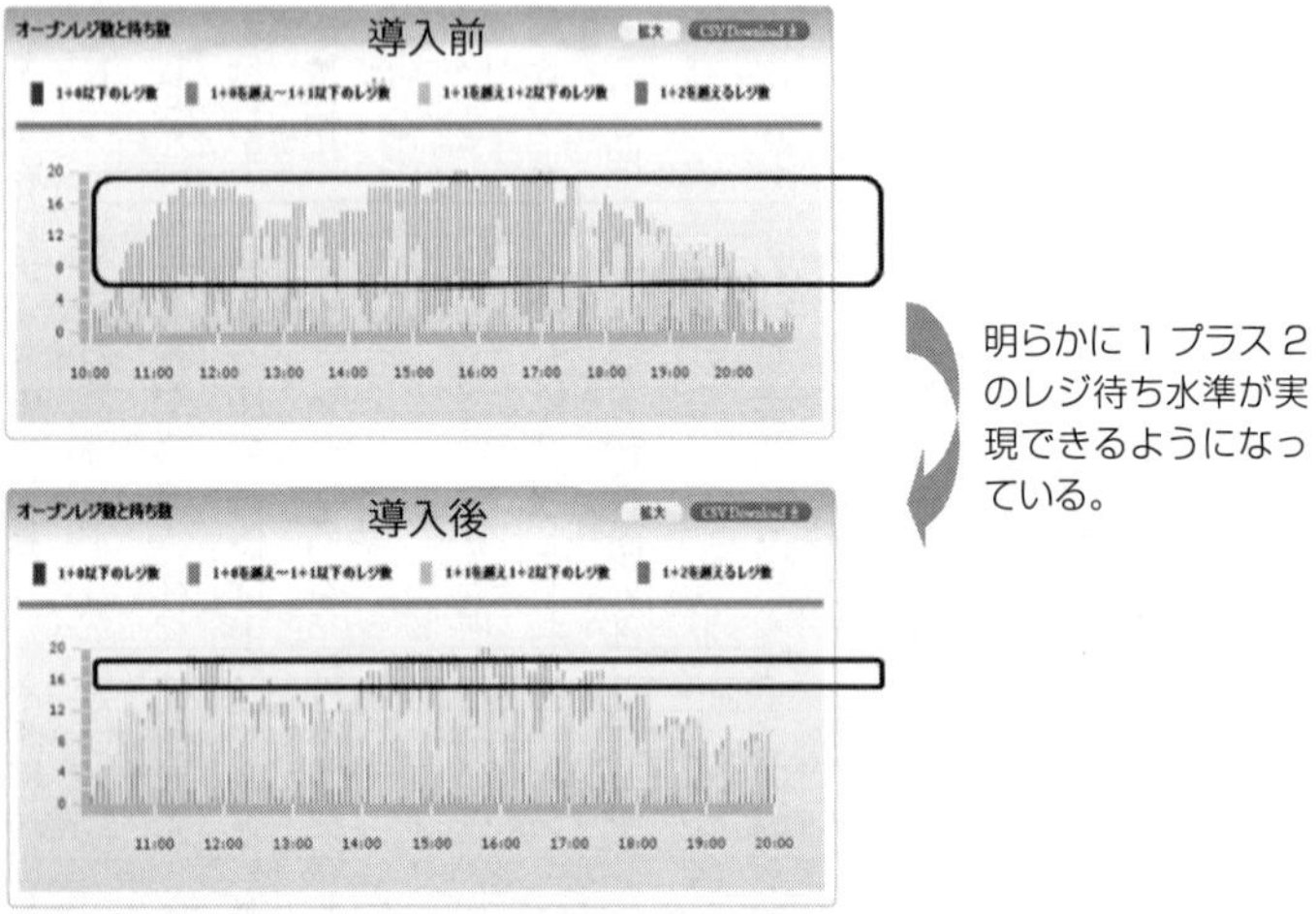

（出所）　高千穂交易株式会社より資料提供。

図 8-4　iQLANE システム導入の効果①：レジ待ち品質の向上

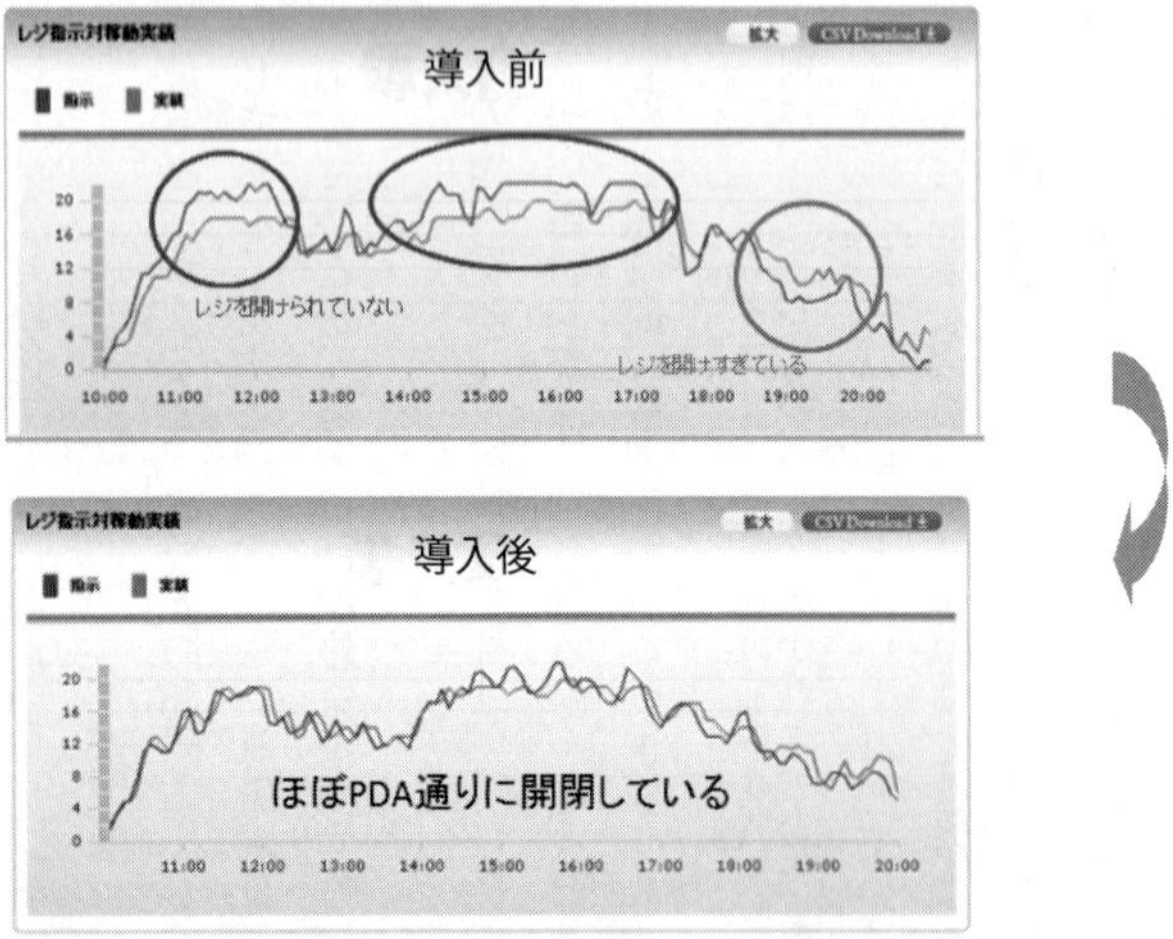

（出所）　高千穂交易株式会社より資料提供。

図 8-5　iQLANE システム導入の効果②

善されたのである。こうして混む前にレジ応援が入るようになり、レジ前係の指示通りに応援が入るようになったことによって、レジ待ちの混雑が緩和された。

ｉＱＬＡＮＥの導入とレジ業務の改革は、従業員の意識や業務の仕方にも変化が表れている。レジ待ちの行列が確実に少なくなり、レジ係はプレッシャーを感じることなく業務を安心して行えるようになった。またあらかじめ混雑する時間が正確に予測され、さらに呼び出しを受けてからレジに向かうまでに準備をする時間があることにより、時間帯ごとで仕事をイメージできるようになった。レジ待ちに対する一定の基準が明確になったことで、全員の意思統一として客を待たせないという目標の共有ができるようになったのである。

❖ 導入効果

ｉＱＬＡＮＥ導入による効果は、精度の高いレジ待ちの予測が可能になったことによる混雑解消、そしてレジ応援の担当者があらかじめ予測して業務を行うことができることによる生産性の向上が挙げられる。それとともに、ｉＱＬＡＮＥによりレジ業務にどれだけの従業員数や時間が必要となるかに関する精度の高い計画を策定できることで、レジ業務に割かれる稼働人員の効率化につながっていることが特筆される。レジ係の勤務表は一カ月前から計画を策定する。従来の過去の経験に頼った作成方法ではなく、ｉＱＬＡＮＥによる精度の高いレジの開閉台数の予測から得られた手法によって、レジ業務に必要な業務時間が適切に計画できることになる。表８-１は、従来の方法で計画していた必要時間よりも、ｉＱＬＡＮＥ導入による予測に基づくことで、より少ない稼働でレジ業務が可能と

表 8-1　iQ LANE システム導入によるレジ業務の効率化

①従来の作成方法による必要計画台数（レジ台数×時間）	4,112
②従来の作成方法による稼働計画台数（レジ台数×時間）	3,582
③ iQLANE の必要予測台数（レジ台数×時間）	3,240
差（③必要予測台数－②稼働計画台数）	▲342

なることを示している。

❖ ICTが実現するサービス・イノベーション

高千穂交易とベイシア佐倉店におけるレジ待ち問題解消への取り組みから、新技術導入により、効率性と顧客満足度のトレードオフが解消されることが示された。この事例では技術それ自体が業務の効率性を向上させることに役立っており、サービス・プロセスに投入する人員というコスト要因について時間帯ごとに投入を変動させることで、効率よく働かせ、生産性を向上させることを実証している。ここでポイントになるのは、単に新技術を導入することで生産性が向上したのではなく、新技術導入に伴い、レジ業務のオペレーション自体を改革したことにある。

この事例では、まずサービスをさまざまな業務プロセスのつながりと考え、問題解決すべき業務プロセスとして、レジ業務の部分を取り出し、プロセスを「見える化」し、測定するということを行っている。単に投入するコストを削減するという効率化のみならず、プロセスを変えることによる効率性向上に努力している。

今回の事例から明らかになったことは、iQLANEの導入によるレジ業務の改革は、単にレジ待ち行列の改善だけではなく、ビジネス・モデルとそれを支えるオペレーションを再設計することにつながっている。つまりレジ待ち改善によるサービス・オペレーションの改革は、結果的にスーパーにおける他の業務のあり方をも検討させることになる。現在、多くのスーパーでは、部門単位で業務が包括委任されている。すなわちレジ係はレジ業務のみ、魚・肉はそれぞれの部門で調達からアルバイトやパートの採用まですべての業務を管理しており、部門横断的に行われる業務は少ない。しかしながら、今回のレジ業務の改革は、さまざまな部門の従業員がレジ業務を担当することで可能となる。すなわち、従業員が部門横断的に業務を行うために、さまざまな業務を並行して担当できる多能工的な能力が必要となってくる。つまり、今後、業務の役割分担が変わるとともに、新たなタスク、すなわち業務と業務の間をつなぐ仕事が重要となってくる。レジ業務の改善では、レジ前係がこの役割を果たしている。このような「つなぐ」仕事が店舗やチェーン全体のさまざまな分野で必要となってくるであろう。

また、レジ業務の効率化の結果、従来と比べてレジ業務に携わる労働力にトータルとして余剰が生まれる。論点はこの効率化によって生じた余剰分の労働力を何に用いるかである。これを単にパートの雇用人員を減らしてコストの低減に資することも可能ではある。しかしながら余ったパート労働時間をパートのシフト時間帯を考慮せず、短時間勤務に切り替えるのは労働力の確保という点では現実的にはとりにくい策である。

むしろレジ業務に向けられていた時間の余剰を、サービスの改善やマーケティング活動といった価値創造のドライバーとして使うことも検討すべきであろう。iQLANE導入とそれに伴う業務オペレーションの改革において、ベイシアでは、それを単に人員とコスト削減を目的としてではなく、本来業務への集中・店舗内のマーチャンダイジング向上等、顧客へのサービス向上を狙いとしていた。たとえばレジ業務の効率化から得られた余裕の稼働をサービス開発につなげていくことを考えれば、店舗レベルでは、接客レベルの向上や店舗ディスプレイ、品揃え、棚割の工夫など商品政策面での向上が望める。その他にも、新しいマーケティング手法が導入できる。たとえば、入店カウンターの設置場所とPOSの販売動向情報を組み合わせれば、どの方面から来ている顧客が何を購入しているかの分析が可能となり、新たなDMやチラシの打ち方が提案できるであろう。現状、今回のケースでは、POSは売上のデータをみているのではなく、レジ終了のタイミングを通知するものだが、それをPOSに含まれている購買データと関連させることで、より効果的なプロモーション活動が可能となる。

ベイシアの顧客である消費者に対しては、精算についてのサービス・レベルを保ちながらロー・コストで運営することで、ストレスの少ない買い物機会を提供できる。顧客には、品揃えと品質、価格への満足のみならず、買い物経験自体に満足してもらうことが必要とされているのである。

一方、サプライヤーである高千穂交易は、顧客企業のビジネス・オペレーションを変革するドライバーになったといえる。単なるハードウェアのシステムを販売したり、顧客の要望に応じたシステムのカスタマイズではなく、顧客企業の事業システムに入り込み、問題点を把握し、ソリューションの提案を行っている。ソリューションの提供は、非常に複雑でかつ個々の顧客特有な事業プロセスを対象にする必要がある。レジ業務への改善提案は次なるソリューション開発への契機となる。

❖ ICTの役割と価値共創

本事例では、小売業におけるオペレーションの効率化を解決するための要件として、①サービス品質の基準を定めること、②サービス提供プロセスの見える化が重要であること、そしてそのオペレーションは③経験や勘に頼らず，できるだけ多くのその業務を担当可能な仕組みにすること，が明らかになった。しかしながら，これらを可能にするにはマンパワーだけではなく新技術の導入が必要であった。

ここで，ＩＣＴがこの事例において果たした役割を整理してみることにする。今回の事例では，レジ業務の問題解決のためには見える化が重要なことが特筆された。しかしながら，従来の人手に頼った方法ではこの見える化は不十分な結果になる。測定に多大な労力がかかること，そしてたとえ労力をかけて測定が可能となっても，その測定精度には問題がある。今回はｉＱＬＡＮＥを用いることで正確なデータ収集が可能になったのである。

このようなデータ収集に対する援用だけでなく，さまざまなデータを統合してさらに分析を行い判断に資するだけの情報を提供している役割の重要性を挙げることができる。大量の情報処理を行い，高度に分析する機能はＩＣＴがもつイネーブリングとしての役割の一つである。

レジ業務の担当割りを行う本部，そして適切にレジ混雑を判断し応援を依頼するレジ前係に，判断に必要な精度の高い情報が与えられない限り，適切に役割を果たすことができない。これはｉＱＬＡＮＥシステムにより質の高い情報がタイムリーに提供されることで可能となる。ここにＩＣＴの情報の統合化機能が役立っていることになる。

また，レジ前係はレジ業務とさまざまなスーパーでの業務をつなぐ役割を担っているが，ｉＱＬＡＮＥの端末からレジ以外の部門で働く従業員にも指示を出している。ｉＱＬＡＮＥで用いられている技術は業務の協働自体を推進しているといえる。

さらにこの事例では新しいＩＣＴの役割を示している。前述のようにｉＱＬＡＮＥは、もともとはイギリス製の軍事技術である赤外線センサーが鍵となる技術である。元来は夜間や遠く離れた人を熱源により認識するための技術であった。この技術を民生用に移管するためには、その技術を適用するアプリケーションが必要となってくる。一方、小売業においてレジ待ちを解決するために、レジ応援係とレジ前係を配置することによって、レジが混雑した場合のオペレーション方法はｉＱＬＡＮＥ導入までにも確立していた。しかしながら、効果的に運用するためには、正確に人（グループ）を認識する技術が必要不可欠であった。人を認識する技術とレジ待ちを解消するための手順は存在しているが、その間を橋渡しするための技術、レジが混む前にレジの混雑がわかるＩＣＴが必要となる。そしてそのシステムがｉＱＬＡＮＥである。ＩＣＴは、サービス・イノベーションを実行する際に必要不可欠な最先端の技術と人が実行するオペレーションを協働させる役割を果たしているのである。

新しいサービス・イノベーションには、イノベーションを起こすための新しい技術が必要である。しかしながら新しい技術が存在するだけでは何も起こらない。今回の事例では、システムを提供した高千穂交易、そしてその導入先のベイシアとが、本部、従業員との協働作業によって新たな価値を創出している。最先端技術、顧客とのインタラクションから生まれる価値共創のサイクル、そしてその間を協働させる役割を担うＩＣＴ、これらが有機的に働くことでサービス・イノベーションが成功するのである。

＊　本調査プロジェクトのために、高千穂交易株式会社シニア・スペシャリストの森田勉氏には多大な調査協力を

行っていただいた。記して感謝したい。

◎インタビュー・リスト（肩書きは取材当時）（以下の表記　氏名等、企業名 役職（業務）名：取材日）
小原敬一氏、高千穂交易株式会社 執行役員（取締役）：二〇一〇年五月一〇日、一一年二月二四日
森田勉氏、高千穂交易株式会社 シニアスペシャリスト：二〇一〇年五月一〇、一七日、八月二九日、一一月九日、一一年二月二四日
山下哲朗氏、高千穂交易株式会社 スペシャリスト：二〇一〇年一一月九日、一一年二月九、二六日
戸枝みずよ氏、高千穂交易株式会社 社員（ベイシア担当）：二〇一〇年一一月九日、一一年二月九、二六日
重田憲司氏、株式会社ベイシア ＩＴシステム部部長：二〇一〇年一一月九日、一一年二月二六日
大藤政道氏、株式会社ベイシア佐倉店 店長：二〇一一年二月二六日
従業員、株式会社ベイシア佐倉店 社員：二〇一一年二月二六日
パート社員、株式会社ベイシア佐倉店 レジ前係：二〇一一年二月二六日
パート社員、株式会社ベイシア佐倉店 レジ係：二〇一一年二月二六日

第９章　技術革新による新サービス開発
▽ＧＭＡＰコンサルティング社の事例

はじめに

本章では、新技術の利用により従来業務を効率化させ、さらに新規サービスを開発した事例として、地理情報システムのコンサルティング会社であるＧＭＡＰコンサルティング社の事例を取り上げる。技術がいかにビジネスにおける業務効率化を実現し、かつまた新しいサービス開発を促したかについて検討するために、まず地理情報システムとそれに関連する技術について述べていくことにする。

1 地理情報システムの利点

❖ さまざまな地図

私たちの生活において、地図は大変身近なものである。自分の住んでいる町内の地図を部屋の壁に貼っている人もいるであろうし、車の運転時には道路地図を確認したり、カーナビの地図を頼りにする。あるいはグルメ雑誌やサイトには店の紹介とともに場所を示す地図が必ず示されている。現在では、カーナビやスマートフォンなど、移動中の消費者に地理情報を使ったサービスが展開されている。このように地図は私たちの生活に大きな価値を提供しているが、しかしながら人が地図を必要とするのは、その人にとって何か必要な情報を入手したいからである。目的地が現在位置とどの程度離れていて、どのようにしていけばいいのか知りたいとき、あるいはそもそも目的地を探すために地図を利用するかもしれない。ビルが林立する大都市の場合、立体的にビルの形状がわかるような地図があれば目的地を探すのに便利であろう。また都市部を車で通り抜ける場合、地理的に最短な道を選ぶだけでなく、渋滞を回避する抜け道が示された地図があれば便利であろう。こうした地図は、一般消費者にとってなじみのあるものである。

地図の中にはある特殊の用途につくられたものもある。たとえば、環境省が提供しているさまざまな植物が群生している分布を地図上に示した植生図、海上保安庁が提供している日本沿岸に至る所に存在する定置網や養殖漁具の設置位置を提供する漁具定置箇所一覧図、同じく海上保安庁が提示している米軍や自衛隊が演習する海域を示した日本近海演習区域図などがある。これらの地図はごく限定された人たちに使われるものであるが、逆にこの地図がないと研究やビジネス、行政を執行することが困難となる。

❖ 地図ビジネスの構造

ここで地理情報について考えてみよう。ある人がラーメンを食べた後に述べた「おいしかった」という感想は、他人にとってあまり意味のある情報ではないだろう。しかしながら、ここに位置情報が付加され、「ある店」の「ラーメンはおいしかった」という情報になるとどうだろうか。またそのラーメンの味つけ（醤油・味噌・とんこつ）についての情報、住所、連絡先、営業日や開店時間などの情報が付加していくことで、意味のある情報になっていく。すなわち、位置情報とその位置に関するさまざまな情報（地図空間情報）の組み合わせが地図なのである。このように地図は、その地理的な関係を使って、知りたいことを知るために使われるものであり、地理的な関係から必要な情報を提供し、どのように表示するかが重要性をもつのである。

一般的に地図は「一般図」と「主題図」に分けることができる。一般図というのは、地形の状態を正確に記述した地図であり、たとえば地形を記号等で示した地形図がその例であり、地形の状態を縮尺に応じて正確に表すことが目的となる。利用者はこの一般図を用いて、自らに必要な情報を付加することで用を済ませる。

一方、主題図というのは、利用目的に応じてある特定のテーマを設定し、人口・年齢層等の統計データや自然・経済・社会に対するさまざまな情報を一般図上に表示することで、それを地図上で色分けや円グラフなどを使って表現したものである。地図のビジネスというと、一般的には書店等で販売している一般消費者を対象とした地図の販売を思い浮かべるかもしれない。しかしながら、地図ビジネスの基本は、個々の顧客用にオーダーメードした特定の目的に重点を置いて作成した地図（主題図）を提供することである。すなわち多くの地図業者は消費者向けではなく、企業・自治体を顧客とした企業間の取引を行っている。そしてそれが地図ビジネスの本流である。こうした地図会社の多くは、主に官公庁の求めに応じて、オーダーメイドの編集、製図、製版、印刷まで一貫した生産を行っており、このプロセスは地図の調製と呼ばれる。このような用途が特定された地図は、一般の人たちが目に触れない管理用の図面がほとんどである。

下水道の管理、電線の管理など、ユーティリティやインフラ関係の管理、維持、メンテナンスなどに使われる地図の調製には、「測量」技術や特殊器具を必要とするために、特殊な技術が必要とされてきた。たとえば、烏口、スクライブ・ベース、ピール・コート、多重焼き機、写植機、ネガピン・ホール止めなど特殊な道具とそれを使いこなす技術である。地図調製には高い専門技術が必要となるために、得意とする地図の種類ごとに、提供する企業が細分化され事業を行ってきた経緯がある。

◈ 地理情報システムと標準化技術

一九八〇年代から人工衛星の画像データが商業用として販売されるようになると、そのデータを普通の人が理解できるように処理するためのものとして、さまざまな情報化技術が現れてきた。これをデータとともに利用者の目的に応じてデータを加工できるシステムが、地理情報システム（ＧＩＳ：geographic information system, 以下ＧＩＳ）である。ＧＩＳとは、位置情報とその位置に関する情報を総合的に管理・加工、視覚的に表示して高度な分析や迅速な判断を可能にする技術である。しかしながら初期のＧＩＳはそのデータの大きさとプログラムを処理するコンピュータの性能が必要なことから、大型コンピュータを使わないと解析ができないために費用のかかるもので、一般の人が簡単に触れられるものではなかった。

一九九〇年代になると高性能で安価なパーソナル・コンピュータが出現し、さらにウィンドウズ・システムの出現により、性能的には複雑な画像を表示することが可能となり、ウィンドウズ上で表示できるパソコン型のＧＩＳソフトが普及した。人口や店の位置など、地図と各種の属性情報を結び付けて表示する作業を、パソコンにあるソフトウェアで行うことが可能となった。さらにインターネット関連技術の進展により、現在では、カーナビの地図や、携帯電話の地図案内、インターネットの地図情報サイトなど、あらゆるところで地理情報が使われるようになっている。

❖ ＧＩＳとジオデモグラフィックス

ＧＩＳの特徴は、座標軸を中心とした範囲のデータを収集・分析し表示できることにある。すなわち店を中心に半径一〇キロにどういう年齢層や世帯等が何人住んでいるかという検索、集計ができ、さらに地表の現象をいろいろな形で「見える化」し、視覚化することができる。こうした特徴はマーケティングのツールとして非常に有用である。

たとえば、高級車の販売ディーラーを開店する際の立地を検討する場合、富裕層やステータスを重視する人たちの居住区に出店するのが適切であろう。一方、大衆車が売れる場所は、価格面で訴求できる人が多く住んでいる地域を選ぶことになる。あの地域の人は富裕層が多い、この地域はファミリーや勤労世帯が多いというように地域を区分し、地域ごとの違いに基づきダイレクト・メールを打てば、レスポンス率が向上することが期待される。このように地理情報と属性データとを組み合わせることで、マーケティングに応用可能となるのである。ここで地域とその地域特性、たとえば所得階層の高い人たちや資産家がどこに多く住んでいるかがわかるデータの統合が重要となる。

消費者の行動や態度そしてライフスタイルを知るために市場をある基準で細分化することをセグメンテーションと呼ぶが、性別、年齢、所得、職業、学歴、家族構成など人口統計学的属性（デモグラフィックス）と地理的な違い（ジオグラフィックス）により説明することはマーケティング上、非常に有効な手段であると考えられる。このデモグラフィックスとジオグラフィックスをあわせた分析ツールをジオデモグラフィックスと呼ぶ。

イギリスのGMAPコンサルティング社が提供しているジオデモグラフィックスである、CAMEOというセグメンテーション・ツールは、国勢調査などのデータを使用し、町丁目単位で、その地域の消費水準、家族構成、住居形態などをもとにセグメント化した各地域をエリアセグメント・コードで分類するものである。具体的には、次に示すように、日本全国の消費者をライフスタイル、ライフステージと居住地域から一〇グループ五五セグメントに分類している。これは日本だけではなく、世界三〇カ国のデータがその国に合わせて準備され、ヨーロッパやアジアの国々で利用されてきている。

このデモグラフィックスを、消費者の買い物実態情報を収集するアンケート調査と組み合わせて使用することで、精度の高いマーケティングの有効な情報として活用することが可能である。

ＣＡＭＥＯコードは以下となる。①裕福な単身・二人世帯の多い都会地域、②裕福な中高年の多い地域、③裕福なファミリーの多い地域、④比較的裕福な単身者の多い地域、⑤ホワイトカラー・二世帯住宅の多い地域、⑥平均的な若い単身者の多い地域、⑦平均的な中高年の多い地域、⑧地方・郊外の単身・二人世帯の多い地域、⑨地方の中高年・高齢者の多い地域、⑩農村部など都心から離れた地域。

2　意思決定システムとしての地理情報システム

❖ＧＩＳの有効性

地理情報とそれに関連したさまざまな情報を組み合わせることで、経営戦略や、とくにマーケティング活動に必要な情報を視覚的に理解可能な情報へと展開することがＧＩＳの利点である。たとえば市場の大きさを視覚的に理解することで、店舗の出店計画に大きく資することができる。ＧＩＳを使うことで、データ集計が簡易になり、さらには男女五歳刻みの人口ピラミッドを地域ごとにつくることができる。このことは、該当エリアにおける「市場」について、どの程度の市場規模があるのかを視覚化し、その地域特性について、たとえば住宅地なのか、工場地帯なのか、オフィス街なのか、農村なのか、といった情報を図示して地域構造を明らかにする。また、エリア内の人口、年齢構成、一戸建てに住んでいる世帯が多いのか、集合住宅に住んでいる世帯が多いのか、世帯の人員数は何人が多いのか、また、単身者が多いのか、核家族が多いのかなどがこれにより把握できることになる。それと同時に、エリア内の競合企業の数や、そのシェアなどエリア内の「競合状況」を把握することができる。また交通機関や学校、病院のような地域環境の情報を得ることができる。

ＧＩＳの大きな特徴は「エリア内」の情報だけでなく、座標軸を中心とした「エリアの近接した範囲外」のデータも収集することができることである。これにより、より大きな視野から市場を分析することが可能となるため、広範囲のデータ収集と比較対象が増え、収集したデータは質的にも向上することとなり、より精緻で有効なデータ収集が可能となる。

しかしながら問題は、こうして集計したデータの結果と経営上の意思決定の間にはまだまだ大きなギャップがあることである。すでに述べたＧＩＳの利点は、いまだデータを高速で集計し、視覚的にデータをわかりやすく整理して、意思決定者の判断の参考資料を提示するというレベルにとどまっているといえる。データの集計と意思決定に大きな差があるということは、どのような状況を指すのであろうか。

❖ 意思決定システムの必要性

居住者に関するデータ収集だけでは、経営判断するための情報としては不十分である。得られた情報をもとに、自社や店舗がどのような業績上の成果を達成するチャンスがあるのか、関連する競合店の客数や売上、売れ筋の予測が欲しいということになる。つまり経営上の投資を行うために必要なデータとエリアの人口動態の情報の間には大きなギャップがあるのである。

もう一つは経営を科学的に行うためのロジックが必要な点である。小売業では、店舗の立地を決める場合、従来は住民台帳などから得られる情報をもとに分析しながらも、最終的には現場のベテランたちが経験に基づいて市場性について判断することが多かった。しかしながらこの方法には問題がある。第一に個人の蓄積された経験や勘で行われているために、そのノウハウを組織全体に還元することが難しいという点である。すなわち成功した場合のその再現性や、失敗した場合の要因を明らかにすることができないため、安定的に成果を得ることが難しくなる。このような大きな投資判断を属人的な手法で行うことには大きな危険性を孕《はら》むといえる。採算性を十分見込んで新規出店したものの、競合する既存店に勝てず、出店後に早々に撤退しまうことも現実には少なくない。

製造業者が海外進出する場合には、多くの場合、現地のパートナー企業をみつけて、既存の供給システムやチャネルを使い、製品ブランドを浸透させていく。しかしながら一方で、自分たちのブランド戦略のために、チャネルにおける管理力を強めることを意図して、直営店を出店していくことがしばしば観察される。日本国内において多くの外資系企業が、当初は日本の百貨店や専門店に製品を扱わせ、後に直営の路面店を出店し、供給面でも店舗運営でもコントロールしようとする。直接的に投資しようとすれば、出店にあたっての正確な市場分析能力、つまりその市場の潜在的な購買力評価や、競合環境での成果の予測能力が求められることになる。経営判断として、自分たちで基準を決め、出店先の比較評価を可能にする仕組み、つまり世界共通で使える指標を策定することが必要となる。外資ブランドは、本社への説明責任上も、世界共通で理解できる出店における投資判断のロジックと分析結果を必要とするのである。

市場分析を経営的な判断材料に資するためには、情報の収集、加工、分析能力の精度を上げ、かつスピーディに行う必要が生じる。これはコンピュータによる能力が必要となる。すなわち、データ収集、加工、分析と意思決定の間を埋める道具として、数理モデルの構築、あるいはデータ・サイエンスが要請される。たとえばデータは収集されただけでは意思決定に使えないが、集計されたものがある一定の基準でグラフやマップの形で高度に可視化されることにより、判断に必要な洞察を与えることになる。さらに、データの集計のみならず、どのような条件が与えられれば業績にどう影響するかの関係性を示すもの、つまりデータ分析や影響要因間の関係を示すモデル構築が求められる。

一九九〇年代半ばまでは、データを集計する作業そのものに価値があり、ビジネスとして成り立っていた。そのころのＧＩＳおよびデータ収集と分析の作業はすべて大型コンピュータで行われており、その分析結果を別の場所、たとえばクライアントに移転するのは非常に困難であった。しかしながら、一九九〇年代半ばからパソコンが普及することで、フロッピー・ディスクを利用したデータ交換が容易になったこと、そしてパソコン自体の性能向上と表計算ソフト等のアプリケーションの発展により、小売業者が、企業のデータおよび顧客のデータを収集し始め、その結果が利用できるようになってきた。そして小売業界それ自体において競争が熾烈を極めるようになり、小売業者はビジネスを拡大し、いっそうの成長を図る状態になってきた。このような状況のもとで、マーケティングや経営に関する情報を地理情報と関連しながら収集した結果と、経営判断に必要な情報との差を埋める領域のビジネスが新たに着目されてきたのである。次に具体的にこの領域のビジネスの発展を、ＧＭＡＰコンサルティングを例にみてみることにしよう。

3　事例：GMAPコンサルティング

❖GMAPの沿革

一九〇四年創立のイギリス・リーズ大学は、地理学において世界的に最も研究実績をもつ大学の一つである。一九七〇年代、リーズ大学の地理学研究科ではアラン・ウィルソン教授が消費者の選択行動、地域による選択行動、消費行動をモデル化する取り組みを行っていた。それは、いかに都市が機能するか、すなわち、人が住む所、働く所、買い物をする所、学校のある所、病院のある所の間をいかに移動するものであるか、数学的に表現しようとするモデルである。このモデルは空間的相互作用モデルとして知られている。そして、その専門領域の研究者たちを集め、リーズ大学の地理学部は地理学の研究拠点として黄金時代を形成した。

しかしながら、一九八〇年代になると、サッチャー政権の財政緊縮政策により、国からの公的な研究補助金が大幅に削減され、大学の研究が立ち行かなくなってしまう。国からの補助金が絞られる中で、研究者たちは民間からのスポンサーを集め、研究を受託することで研究を発展させようとする努力の中で設立されたのが、GMAPという組織である。この組織名は、geographical modeling and planningを意味する。当時のアラン・ウィルソン教授の研究室所属の研究者たちは大学のベンチャー支援組織のサポートを得て後に会社設立を行った。GMAPを設立した研究者たちは現在でもリーズ大学で教鞭をとり、地理学教室でＧＩＳおよび空間的相互作用モデルの専門家を育成するために学生を指導している。ここで学んだ学生たちの一部は専門的能力を生かして、ＧＭＡＰに就職している。

❖ 空間的相互作用モデルの考え方

買い物施設の選択は「提供される商品」と「その価格」に基づいてのみ決定されるのではない。買い物には、生活を維持するための義務的な側面と買い物自体を楽しむ経験的な側面がある。電車の中では、ファッション・ブランドの買い物袋を持つ人を多く見かけるが、日常の食料品や雑貨といった買い物の中身が見えるような袋を持った買い物客はあまり見かけない。これは、消費者にとっては、通常は日常の生活に必要不可欠な食料品や日用品をわざわざ遠くに、それも電車に乗って買いに行くことは滅多にないからである。同様に、タバコや飲み物、日用品を買うのであれば徒歩圏にあるコンビニを利用するであろう。しかしながら、洋服やバッグ、それに宝飾品などといった買い回り品や専門品は比較的遠くに電車に乗ってでも買いに行く。このように私たちの買い物行動には、空間的な影響を受けている。つまり消費者にとっては、買い物に関してコストが生じることになる。消費者の居住地から小売店の所在地までの出向にかかる時間やコストである。消費者はこのコストを最小にしたいと考える。そして小売企業はこのコストを最小にすることができる場所に出店することを考える。

どのようなモノをどのような立地で売ればいいのか、逆に自らの商品やサービスはどの場所で最も需要されるのか、消費者の行動と店舗の立地戦略を空間的な関係から記述することが必要となる。その考え方をモデルとして表現するのが、空間的相互作用モデルである。需要（消費者）と供給（店舗や商業集積）との間の相互作用を、両者が位置する地理的要因で関連づけられれば分析可能となるのである。供給と需要との空間的な相互作用に注目するモデルとして、W・J・ライリーの小売吸引力モデルやハフ・モデルがある。[(1)]

❖ 小売吸引力モデルとその限界

小売吸引力モデルと呼ばれるモデルの基底にある考え方は、次のように説明できる。小売の商圏とは、各小売店舗が消費者を吸引できる地理的な範囲として説明できる。小売吸引力に関連するモデルは、複数の商業集積が消費者を吸引する確率について注目してきたといえる。とくにライリー・モデルと呼ばれるものは、二都市間で消費者を吸引する確率を表すものである。また、ある地点から消費者が店舗に買い物に出向する確率を、店舗の魅力と店舗への距離への抵抗によって説明するハフ・モデルがよく知られている。

小売吸引力を具体的に次のような例で説明してみよう。関西の北摂地域（大阪府の北部と兵庫県南東部）にはJRと阪急の京都・神戸線があり、京都・大阪梅田・神戸とその間の交通の便利が非常にいい。すなわちこの地域に住む人にとっては、買い物するに適した商業集積地が複数存在している。兵庫県西宮市はちょうど大阪梅田と神戸三宮の中間である。ここに住んでいる住民はどのような消費行動をとるのであろうか。まず阪急線の西宮北口駅周辺に商業施設があり、買い回り品の買い物をする候補となる。東の方に移動すれば、大阪キタの梅田、大阪駅地区では、商業施設が集積して全国有数のショッピング・エリアがある。一方、西に移動し、神戸方面に向かうならば、三宮・元町方面の商業集積地がある。ハイブランドの買い物ならば元町、トレンド・ファッションなら梅田と使い分けている消費者も多いであろう。つまり西宮在住の消費者は、大阪、西宮、神戸という三都市から吸引されることになる。

近年、大阪駅北側の梅田北ヤード地区に複数の新しい商業集積が建設されてきている。三越伊勢丹百貨店とグランフロント（ショッピング・モール）の開店である。また阪急百貨店も新装された。これらの商業集積地の変化はこの地にアクセスできる消費者の行動に影響を与えている。商業集積地自体や集積における店舗が増えることは、取り扱う製品品目やブランドも増え、買い物客にとっては潜在的に買い物に関する魅力が高まることとなる。大阪駅・梅田地区の魅力が高まれば、買い物客が大阪に向かう確率が増え、他都市へ向かう確率は減る。つまり大阪の商業集積が買い物客を吸引する力が増えれば、神戸や西宮といった他都市も影響を受けるのである。

ハフ・モデルでは、商業施設への消費者の買い物出向の確率は、小売店舗の「魅力度」と消費者の小売店舗への移動距離とのバランスで説明される。つまり簡単にいえば、消費者のある店舗に向かう確率は店舗の魅力度に比例して大きくなり、店舗への移動距離の長さには反比例するというものである。そして魅力度は店舗面積の広さとして考えられてきた。

ハフ・モデルを修正したモデルが日本ではよく知られ、商業政策にも用いられてきた。しかしながら、小売企業がこのモデルをもとに出店計画を立てることには限界があることも指摘されてきた。店舗への出向確率を店舗面積で代表される魅力度と距離抵抗で計算することは直観的にわかりやすいが、同時に消費者が店舗を選択するのはそれだけの要因では説明しきれないことも、経験的に理解されるところである。

たとえば、距離抵抗についていえば、消費者の支払う移動コストは、空間的な距離や主要時間だけではなく、交通に利用する道路の状況や公共交通機関の運転間隔・運賃等の旅行する際の総合的なコストが含まれる。一方、魅力度は非常に多くの要因によって決定される。店舗を含む商業施設の立地点を取り巻く環境、施設自体の特性、マーケティング活動などで決定される。店舗の特性、売り場のレイアウト、品揃え、プロモーション活動、駐車場の整備など多くの要素が店舗や商業集積の魅力となる。

また、業態によりそのモデルは大きく異なってくる。たとえば生鮮食品を販売する食品スーパーと、自動車販売店とでは、来店頻度も一回の購入金額も大きく異なる。店舗を選択する消費者の選好や購買力も含めた属性の情報も明らかにされなければならない。どの地域から買い物に出向するかといった際のその地域自体が、その消費者の居住地として所得や職業、好みなど多くの情報を与えていることになる。また、世帯の中で使うことのできる費用は、その家族の数、単身者なのかカップルなのか、子どもがいるのか、それが幼児なのか、小学生、中学生なのかによって変わり、消費行動は変化する。一方、製品・ブランドを供給する側の商業施設も、量販店、小売チェーン店、直営店の違いにより提供する品揃え、価格帯、サービス内容が異なる。この違いをどのように記述してモデル化するかがポイントとなる。そこで、実際の小売企業の店舗の出店計画については、異なるロジックや消費者の選択基準を考慮したモデルが求められることになるのである。

❖ＧＭＡＰによる空間的相互作用モデルの商用化

空間的相互作用モデルの基本的な枠組みは、人と商業施設との関わり合いを計算するものである。消費者は商業集積に吸引されるが、商業集積に店舗が増えることにより魅力度が増し、その商業集積を選び、購買する金額を増やす。そのことにより、魅力の増した商業集積に顧客を奪われた商業集積では売上が落ちることになる。ショッピング・モールという商業集積内で、店舗が一つ増えれば既存店舗の売上を奪うことになるが、その商業集積自体の魅力は高まるので、近隣の商業集積からの売上を奪い、商業集積自体のトータルな売上は増える。これらの人と商業施設との関係は相互に影響し合っているといえる。

そこで、消費者という需要側と、店舗、商業集積という供給側の相互作用を検討する際に、消費者人口の分布や購買力、市場地域内の産業構造、公共交通機関の存在や自動車普及率等の交通体系等の市場地域特性、人口統計や社会的・経済的特性、ライフスタイルや価値観等の消費者特性などの需要側の情報収集を増やせば、需要側による店舗や商業集積への選択行動に対する予測力が高まることになる。また、供給側についても、店舗の属性や商業集積の規模や特性の情報、さらに取扱いブランドについての情報収集ができれば、需要と供給の関係において詳細な分析が可能となる。このモデル式を使うことで、新規出店した場合の経営的な影響を計算することができる。

たとえば、ある地域でコンビニエンス・ストアが数店密集している場合、新規出店があれば、その店舗に最も近いコンビニエンス・ストアは非常に大きな影響を被る可能性がある。その影響の大きさは、距離と新規出店の店舗の相対的な魅力に左右される。需要に対する供給側の柔軟性と相対的に変化する需要とを考慮して、その地域の適正な店舗数と需要の規模を算出することができる。大きな潜在的需要があり、供給がそれほど多くない場合は、新しく店舗を出店しても既存店の売上には大きな影響を与えない場合がある。また需要と供給とを測定すれば、さらに詳細な店舗単位、品目単位の売上予測が可能である。オフィス街に立地していれば、ほとんどの店舗は、土地柄、月曜から金曜までの昼休み時が中心の営業となる。つまり担当区域内の昼間人口に関する情報と年齢プロファイル等の情報を用いることで、一日の時間帯、および週の曜日によって売上がどのように変わるかを予測できる。

GMAPコンサルティングは、この空間的相互作用モデルというロジックをもとに、出店計画をサポートするために、次のような分析とコンサルティングの四ステップをつくり、ビジネス・システムを発展させてきた。その出店計画サポートとは、どの地域に店舗を出店すれば開店後にどれくらいの売上高を達成できるか、また近隣の店舗にどのような売上低下の影響が出るか、路面店や他ブランド扱い店などどのような形態で出店すればよいのか、の意思決定支援である。

まず一番目のステップとして、商圏の把握とターゲットとなる顧客の設定、そしてその顧客の行動分析を行う。POSデータ等で得られた販売時点の情報だけでなく、ターゲットとなる顧客が居住している地区の住民特性データを用いて、消費者自身の行動属性の分析を行う。次に、店舗に関するさまざまな属性を評点化し、統計モデルで解析を行う。これはスコアリング分析と呼ばれる。これにより多数の要因の業績に与える影響を総合的に評価することができる。三番目のステップとして、立地候補となる商業集積を小売中心地(2)として分析する。これは新店舗開店に適した立地商業集積とそこにすでに存在するブランドの関係を明らかにすることとなる。具体的には路面店、専門店、他ブランド扱いチェーンのどこに出店すれば売上高が最も高くなるかの予測を行う。最後にそれらの結果を統合して、投資のロードマップを作成する。

次にあるスポーツ・ブランドの顧客を例に、このコンサルティングのステップを説明する。

❖ GMAPによるコンサルティングのアプローチ

(1) 商圏分析

商圏分析としては、出店しようとする店舗の商圏と対象となる顧客の行動を理解することが最初のステップとなる。小売業の顧客に関する地理的分布、そしてそこからどの程度の距離を移動して来店しようとするのかを分析するために、潜在顧客層のプロファイリングを行う。人口統計データ、企業統計調査データ、小売業統計調査データなど多くの種類のデータを集める必要があるが、とくに詳細な地域レベルでの分析にはCAMEOジオデモグラフィックスの市場細分化コード（軸）が有効である。先に示した通り、CAMEOコードは、地理情報と人口動態の情報を組み合わせて、地域市場を細分化し、詳細な分析をするツールである。その地域での消費水準や家族構成、ライフスタイルの違いから消費者行動の違いが説明できる。また特定の地域にどのような購買層がどれくらい居住しているかを示すことができる。これにより、消費者の資産状況やライフステージの観点から、鍵となる住民の特徴を理解し、ターゲットとなる市場を分析する。

(2)　スコアリング分析

次は店舗側の分析である。目的はある業態の小売店における店舗レベルでの営業成績を左右する要因は何であるのかを分析することである。ここで把握する必要があるのは、①店の集客力に関連するさまざまな地理的要素、競合店の存在や出店する商業集積のタイプ、周辺の施設や設備などとともに、出店計画のある場所が集客にふさわしい適切な通りに面しているか、車の往来はどうか、などミクロ的にみた観点にも注目する必要がある。店舗がオフィス・ビルにある場合は、店舗が入居するビルで働く従業員数、ショッピング・モールならば、来店数は明らかにその店舗の売上の重要な要因である。また駅前にコンビニエンス・ストアの店舗がある場合、駅の特徴はその売上の重要な要因となる。把握する必要のある要素は、都心や郊外などの立地、どのようなタイプの駅であるか、毎日の乗降客はどれくらいか、駅の最寄りの入り口から店舗がどれだけ離れているかという情報である。

次に②店舗に関する要素、たとえば店舗の売り場面積、販売する商品の品揃えの幅、営業時間などである。店舗の設備はどのようなものか、店舗の認知度はどうであるか、競合相手と比較してどうであるか、このように店舗の特性すべてを検討する必要がある。必要とされるデータは、公開されているデータや市販データ、独自調査のデータを含めて、これらを空間的に整理したデータベースがあり、たとえば、すべてのコンビニエンス・ストアの立地、主なスーパーマーケット、カフェ、持ち帰り専門店のデータベースがあるため、これらのデータを使って競争の一部について把握可能になる。しかしながら、これらでは提供されない要素も重要になってくる。たとえば、自動販売機のデータについては、データベースからは取得できないが、コンビニエンス・ストアの出店計画を考慮すると、タバコやアルコール飲料の自動販売機の数は店舗の売上を左右するきわめて重要な要素になりうる。こうしたデータは独自に収集して、モデルの中に組み込む必要がある。

GMAPでは、スコアリング分析を使ってこれらの数々の要因が出店後の売上に与える影響を分析して、業績に関する予測性の高いモデルを構築し、経営の意思決定、つまり出店支援や、不採算店の識別を行っている。今回の事例として取り上げる外資のスポーツ・ブランドは、直営店舗には、そのコンセプトに応じて二種類の店舗フォーマットを展開している。一つ目はスポーツを本格的に行い、競技用、運動具としてそのブランドの購入を行う顧客層をターゲットとし、品揃えしている。二つ目は、スポーツ・テイストをファッションとして取り入れる、カジュアル・ファッション愛好者の顧客層である。本格的な運動具というより、シューズやバッグ、ウェアのバランスのよい品揃えがされている。

これらの店舗における店舗の規模、売り場面積やフロアの数、そして品揃えや商品展開などの店舗属性を、基準を決めて評点により評価する。また、店舗運営についての項目、正規・非正規従業員の数、開店時間等を評価する。これにより既存店舗や周辺の店舗に対する影響について分析することができる。

たとえば、表9-1をみると、店舗AやBは全体的にいいが、非常に競争の激しい地域であることを示している。この場合、マルチブランドや商品の差別化を行うことで競争に対応する必要があることになる。またD店については、立地に問題があることが示されている。この場合、店舗を小さくして立地を変えるか、あるいは撤退する選択肢が提案される。このように評点による分析は、不採算店

表9-1　スコアリングの結果

店　　舗	売　上	店舗サイズ	店舗オペレーション	立　地	需　要	競争環境	総合評価
最 高 点		8	8	15.5	12.5	6	50
A　店	834	5.83	7.13	14.65	9.98	3.15	40.70
B　店	618	4.13	6.33	10.50	9.75	3.30	34.00
C　店	427	4.73	5.78	12.10	2.95	3.90	29.50
D　店	417	5.03	6.38	4.65	9.65	5.65	31.40

（出所）GMAPコンサルティングより提供されたデータをもとに筆者加工。

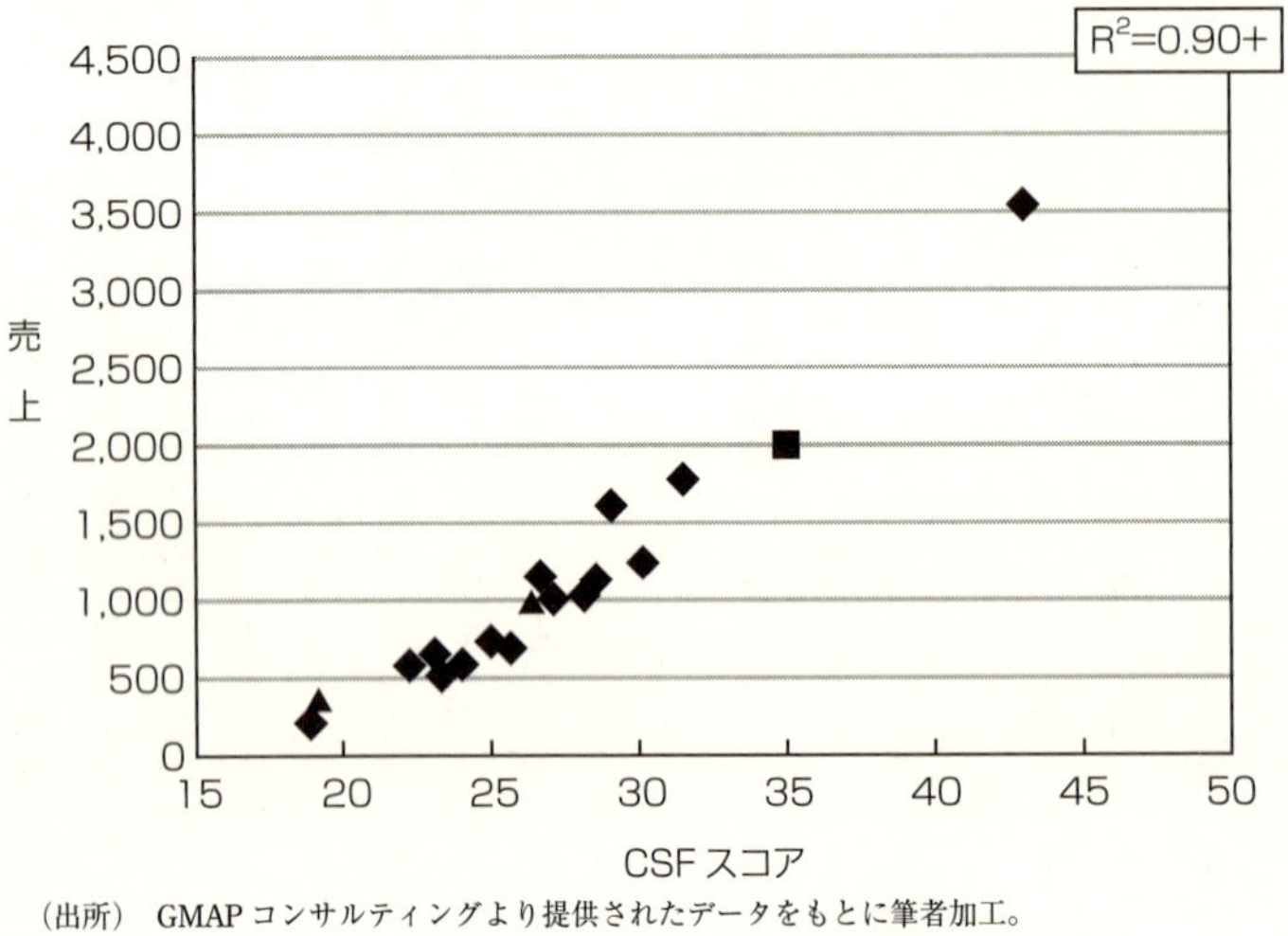

（出所）GMAPコンサルティングより提供されたデータをもとに筆者加工。

図9-1　スコアリングと売上の関係

舗の閉鎖や、路面店・商業集積内などのさまざまな立地での新規出店の売上予測を行い、最適な出店へとつながるように意思決定支援を行うことができる。

図9-1は、調査したスポーツ・ブランド店への評価点と売上の関係を示しており、非常に強い相関がある。モデルの当てはまりがこの精度に達するまでデータ収集項目を増やし、実際にデータを収集し、それを分析する必要がある。さまざまなデー

タを統合して分析できる仕組みが大変に重要となってくる。

(3) 小売中心地とブランド・マッピング

個店レベルでの分析には，ジオメトリックス型データベースを中心として地理的情報と商業施設の属性情報を組み合わせることで，回帰系のモデルで需要予測をすることができる。これはその地域のマネジャーが行う立地戦略への意思決定に有効であるが，しかしながらどのように出店投資を行い，ブランドを管理していくかといった経営問題についてはまだ課題が残る。消費者は買い物場所だけを選択するのではなく，ブランドについて買い回りをすることも考慮する必要がある。すなわち，それぞれの商業集積とそれに特徴をもつさまざまなブランドの位置づけと役割とが明確にされなければならない。そのうえで，出店するのに適した商業集積地をみつけ，出店戦略を策定し，投資のロードマップを作成することが必要となる。

前述のスポーツ・ブランドの日本市場における出店戦略は，具体的には次のように説明される。まず，全国にある小売商業集積と出店候補地としての適合性をみていくことになる。この小売商業集積とは，小売中心地，つまり消費者が流入，流出するポイントとなる場所である。GMAPでは，小売中心地を一万四五〇〇地点として識別している。東京都内というエリア単位ではなく，渋谷，表参道，原宿というように街単位の集積エリアである。日本全体でファッション，スポーツに関する，およびインターナショナルな小売業者が集積して大規模な商業集積をなしている小売中心地のうち，そのスポーツ・ブランドにとっての潜在的に出店しうるのを，トップ二五の商業集積から選択することにな

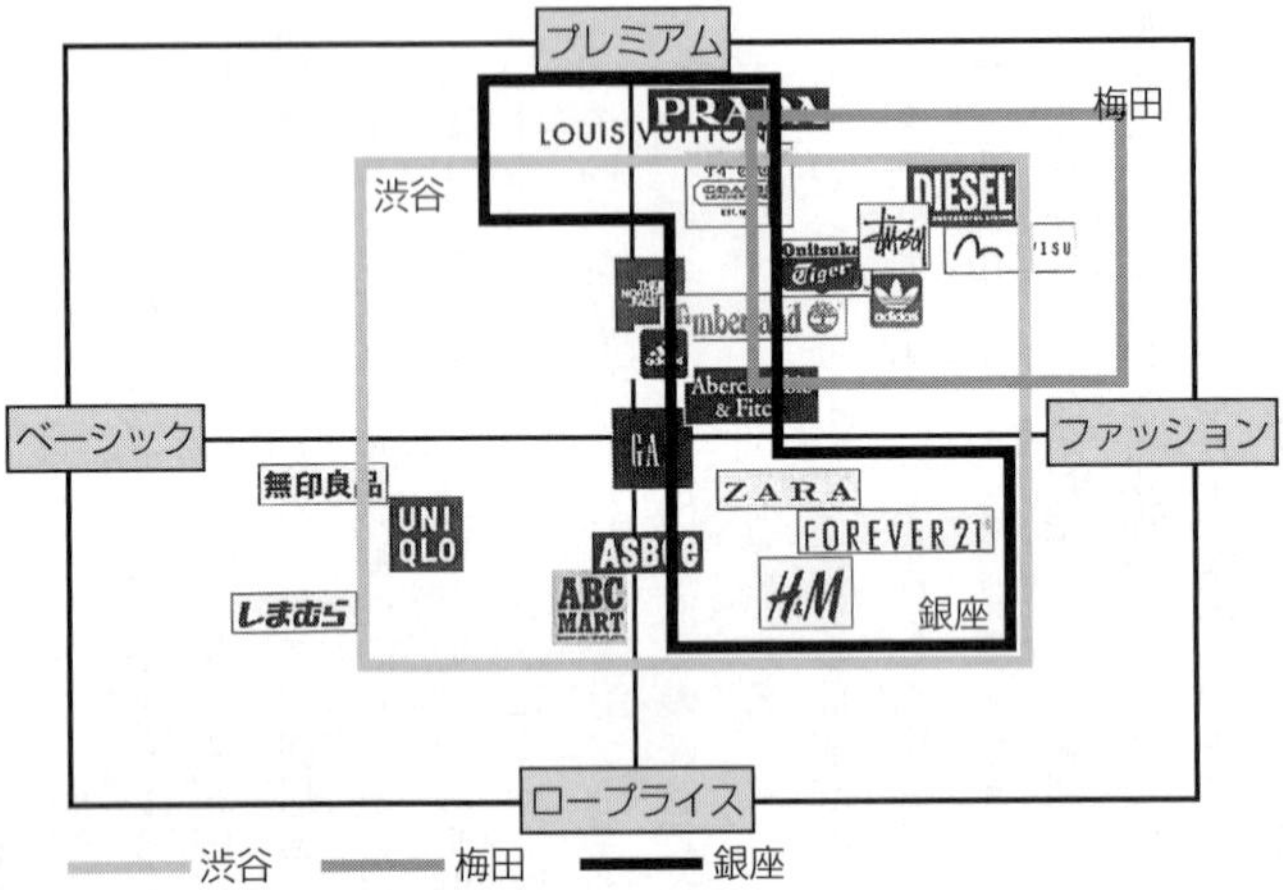

（出所）　GMAP コンサルティング社資料より作成。

図 9-2　小売ブランド・マッピング

る。ここで重要なことは商業集積の特徴を把握することである。

図9-2は、東京と大阪にある代表的な商業集積とそのブランドとのマッピング例である。基本的にカジュアル・ファッションと呼ばれるカテゴリー内で、低価格のものから高価格のものまで、ベーシック・ファッションと呼ばれるものから最先端のファッションまで含まれる。渋谷をみてみよう。渋谷は非常に大きく、かつさまざまな小売業者が存在する日本有数の商業集積地である。ここの特徴は、中程度の価格帯を中心に、低価格であってもファッション性の高いブランドが集積されていることがわかる。一方、大阪の梅田であれば、ファッション志向の高いブランドが多く、ファッション・ブランドまたはプレミアム・ファッション・ブランドにふさわしい集積地となる。銀座はさまざまなものが複合された場所であり、高級ファッションからファスト・ファッションのブランドと価格帯においては二極化して

いるエリアといえる。そこで、このスポーツ・ブランドにとっては、店舗フォーマットのうち、ファッション系のフォーマットをどのエリアに出店すべきかを検討することになる。

次に、その商業集積内での店舗形態の特徴も重要となってくる。たとえば、その集積地がマルチブランド中心で展開している場合、進出する店舗形態は、単一ブランドである直営店による出店より、卸売経由でビジネスを行う方が望ましいかもしれない。このように、商業集積ごとの競合相手、取扱い品目、ブランドや販売チャネル別の分配率、市場占有率が重要となる。これらの分析により主要な競合相手に対する現在の営業成績が明らかになる。さらに、単一ブランドを扱う直営路面店か卸売経由のマルチブランド店かの観点から、市場の構造が明らかになってくる。

店舗形態に対して、顧客のニーズを明確に対応させる必要がある。スポーツ用品のブランドは、ショッピング・センターの靴売場やスポーツ・コーナーでも扱っており、ABC MARTやスポーツオーソリティのような靴やスポーツの大手チェーン店でも扱っている。一方で、直営店ではそこでしか扱わない限定されたモデルを取り扱っている。ここで新たに直営店の店舗を開店する場合を考えると、直営店に来る客層と多くのブランドを扱う店舗を訪れる客層とは異なっていることに注目する必要がある。直営店に来る消費者は、そのブランドや商品・モデルについてよく知っていて、どういうモデルが欲しいということを明確にもち買いに来る。そしてそのようなモデルが数万円するものであっても、その価値を認識しているために購入する消費者がこのような直営店の対象顧客であろう。一方、スポーツ・ブランドの靴を選択する際に、一九八〇円と一万二〇〇〇円の違いが判別できない消費者もいる。つまり、そのスポーツ・ブランドはいろいろな流通チャネルで販売しているが、個々のチャネルごとに対象とする消費者は異なる。直営店を出店するためには、そのスポーツ・ブランドが揃えているさまざまな商品の違いが認識できる消費者が、その立地を計画している場所に数多く存在することが重要となる。

❖ 投資プログラムの作成

ここまで、市場、そして地理的な調査と商圏の分析をみてきたが、得られた分析結果だけでも十分に経営の意思決定に参考となることはわかるであろう。しかしながら、この段階では意思決定を行うために必要なデータとの間には大きなギャップがある。現実にも、ＧＩＳ関連ビジネスとして、さまざまなデータベースとモデル構築や、関連サービスを含めたパッケージが市販されている。単に回帰系モデルを利用するモデル構築のレベルでは、モデルが競争力の源泉にはなりえない。このビジネス領域では、マーケティングにおいて意味のある広範囲で詳細なデータを収集できる能力が競争力の源泉となるであろう。真に企業の意思決定レベルで使える分析結果、現実的にどのようなシナリオで投資を実行していくかについて提案できるレベルの分析を導き出せることが競争優位となる。

分析においてはモデリングの精度が重要性をもつ。ここまでのプロセスで立地・需要・競合する小売店、そしてその設備について情報と分析が行われてきた。またブランドとその商業集積に関する分析結果も得られている。

そこで最終的なステージでは、商業集積ごとに新店舗開店に適した立地であるかどうかを判断するために、立地とその店舗の業態の組み合わせで具体的な売上予測を行う。ここでは、空間的相互作用モデルを基礎としたGMAPのモデリング技術が鍵となる。この最終段階では投資のロードマップができ上がり、その投資プログラムの意思決定を支援する。

4　ICTによる業務革新

❖ ICTの標準化と統合化機能

GIS技術の進展には、ICTの発展が必要不可欠であった。GIS技術の発展で重要なのは技術の標準化活動である。標準化とは、データの設計、品質、記述方法、仕様の書き方等について共通のルールを定め、このルールに準拠することである。この標準化により、異なるGISソフトウェア間での相互利用が拡大され、標準化された仕様に準拠したアプリケーションであれば、データの交換や加工を行うことが可能となる。

行政府は、地図の中心的なユーザーであり、さまざまな部署で地理情報をもとに業務を行っている。GISの出現以前、すなわちアナログ・データを利用した地図作成の時代には、自治体組織の中で、都市計画部、税務課、農業局などの各組織が、それぞれに必要な地図を個々に作成・整備していた。しかしながら、同じような地図を複数つくることになるため、二重の投資になる。また部署間が独立してデータを集めて地図を作成しているために、同じ地域の地図情報をつくっているにもかかわらず、それらのデータ間で矛盾が生じうる。そこで、目的は異なっていようとも、少なくとも同じ地域の地図を整備するならば、ベースの地形図は共有した方がいいという考え方が出てくる。そのようなことから統合型ＧＩＳという概念ができている。これは、主に地方自治体において、各部署が利用している地図情報（道路、街区、建物、河川など）を統合・電子化し、一元的にメンテナンスすることで、庁内全体でのデータ共用を可能にする仕組みである。それにより、業務の効率化、情報交換の迅速化、コストの削減が期待できる。

官公庁以外にもビジネスに有効である地理情報を使った新たなサービスを提供するシステムとして、ウェブ技術を利用した統合型ＧＩＳ（ウェブＧＩＳ）も注目を浴びている。[(3)] これにより、簡単に地図を作成する環境が設定でき、多くの人が利用できるようになっている。すなわちシステム全体としては、従来、特別な機材や技術が必要であった地図作成が、ＧＩＳとインターネット関連技術の進展により、以前よりも容易にかつ低価格で可能になっているのである。

Google Maps はこのようなウェブＧＩＳの一種である。ユーザーは、ブラウザ機能のついた端末があれば、スマートフォンでもパソコン上でも地図を利用したサービスを受けることができる。一方、サービスを提供する側はグーグル側が用意した開発環境を利用すれば、簡単に地図サービスを提供できる。[(4)]

❖ ＧＩＳ関連技術の標準化動向

ここでＧＩＳ関連技術の標準化動向について述べる。ＧＩＳ関連の標準規格の検討・策定・推進を行っている団体は、ＩＳＯ／ＴＣ　２１１（国際標準化機構の地理情報に関する専門委員会）であり、日本では、ＩＳＯの国際規格案をもとに、国内標準として策定される地理情報標準（ＪＳＧＩ）がある。[(5)]

標準化される内容に関しては、まずは地図を表現する方法を規格化する必要がある。実世界をデジタル地図で表現する場合、実世界を個別の図形で表現する方法と、セルで表現する二つの方法がある。これはそれぞれ「ベクタデータ」「ラスタデータ」という方式で統一化されている。次に、つくられた地図データを保存するための標準データ・フォーマットが必要である。(6)

また、地図関連データを交換するための通信方式について、XMLをベースに標準化されている。(7)XMLとは、文章や図表などで構成されたデータ内部の構造や見栄え（フォント・サイズなど）に関する指定をテキスト・ファイルで記述するための言語である。テキスト・ファイルで記述してあるために、異なる情報システムの間で文章や図などのデータ共有が可能となる。そしてこれらのテキストで示された情報を定義して意味のある情報処理するために規格を定めることが必要となる。(8)このようにXMLで標準化されることで、利用する端末がパソコン、スマートフォン、あるいは独自の端末を利用していても、その通信を行う媒体（インターネット、専用線、無線通信等）の差異にかかわらず、アプリケーションを動作することが可能となる。これにより一般消費者に対して、地図を使ったサービスが展開し、普及することになる。

ＧＩＳ関連技術の標準化により、消費者や顧客の利便性が向上したため、地図情報を用いたサービスの普及が促進された。それとともにサービス開発の方法が劇的に変わったことで、新しいサービスが創出されてきている。地図情報作成に特別な道具や習得に何年もかかる特殊な技術が必要なくなったことから、サービス開発の自由度が増したこと、また同様に、地図に付随するさまざまなデータを統合することがさまざまな規格の標準化により容易になったことが、その大きな要因である。

❖ ICTイネーブラーとドライビング

こうしたGIS関連技術の標準化は、ICTの進展に伴い、地図情報を利用したサービスの利用が拡大するとともに、次々に新しいサービスが産出されることに貢献している。そして、そのことがビジネスのあり方自体を変えていっている。

ここで今回の事例を振り返ると、GMAPの分析ツールは、地理的関係をもとに、大きく分けて、商圏の市場分析、店舗の設備やマーチャンダイジング等に着目した店舗の魅力に関わる属性評価、そして小売集積とその小売業態、の三点を求めている。これら収集したデータをもとにして、回帰系の分析手法を用いてランクづけを行い、売上予測を行う。回帰系モデルの性質上、有効な説明変数が増えるほどモデルの当てはまり（フィッティング）はよくなる。すなわち売上に影響のあるデータの種類と量をどれだけ収集できるか、多種多様なデータを集めるデータ収集力が勝負となる。そして収集したデータ間を整理して統合することになるが、そのためには膨大なデータを処理する能力が必要となってくる。この能力はデータベース技術やコンピュータ関連、そして通信技術といったICTの発展によってもたらされたものである。しかしながら、これらの技術は確かにデータを統合するために必須な技術であるが、これらの技術によって「さまざまなデータを統合させた高度な分析能力」を実現させているのではない。データベース技術と通信技術とが主体的にさまざまなデータを統合させ「高度な分析」を行うわけではない。

つまりデータを単に統合するだけでなく、それを高度な分析にするために質的に統合化するためのドライバー（駆動要因）が必要となってくる。ICTがイネーブラーとしての役割を果たすためには、統合する技術以外に統合を駆動させる技術が必要となってくる。

それでは駆動するものとは何であろうか。先に述べたように回帰系モデルを使うことで、変数が多ければ多いほど、すなわち幅広い範囲のデータを深く収集することで、モデルの当てはまりは格段によくなる。しかし同時にこのモデルを経営の意思決定に使用するにはいくつかの課題がある。分析ツールにおけるモデルの役割は、将来の予測、たとえばその店舗の売上や利益、そして来店客数などを予測することで、出店計画や既存店舗のオペレーションを再設計したり、マーチャンダイジングの計画を策定したりすることにある。

そして、ビジネスで有効なツールとして使うためには、予測結果が良いだけでは意味がない。たとえば、出店計画の場合、ある特定の地域の予測は正解に出せるが、他の異なる地域・海外ではまったく通用しない、あるいは特定の業種には有効だが、異なる業種では正確な予測ができないというのでは実用性に限界がある。次に得られた予測結果が説明できなければならない。ここでは、経営計画の策定に参加する経営層・管理職層が共通して理解することができるロジックが必要である。特定の個人の経験に基づく属人的なものではなく、その業務に関わる経営層・管理職あるいは担当者が少なくともある程度の業務に精通していれば使えるものでなければならない。さらに再現性があることは非常に重要である。すなわちモデリングの結果とロジックから、店舗のオペレーションやマーチャンダイジングの改善点が明確になることが望まれる。

以上の点を踏まえると、回帰系のモデルをロジックや仮説をもたずに、全面的に使うことは課題がある。まず、モデルのフィッティングをよくするためには必然的に多くの変数を使うことになるが、そのためにどのようなロジックでその結果が得られたのか明らかにするのは難しい。そして、収集したデータは、そもそもフィールドで得られており、さまざまな事柄が影響し合っている。得られたデータ間でも相互に関連し合っている。そのため得られた結果から改善ポイントが明らかになっても、本当にそのことが重要な改善ポイントであるかが明確でない。また、そもそも改善ポイントがわかっても、それを実行できるのかという問題が残る。そこで現実的な改善施策につながるようなデータ分析が望まれることになる。つまり有効なデータを精査し、より現実的にオペレーション可能なモデルを開発することが重要になってくる。

データベースやコンピュータ、ソフトウェアや通信技術がそれぞれのデータを統合することを可能にしても、統合化だけでは経営に資する分析結果を導き出すことにはつながらない。それを可能とするのは、GMAPの事例では空間的相互作用のロジックとモデル構築技術である。このモデリング技術が核となり、さまざまな分析やコンサルティング・ステップをつなぎ合わせている。つまり、モデリング技術が意思決定システム策定へのドライバーとなっているのである。さらに、モデルをつくる力には、仮説をつくり上げるための調査設計力とそれを実現するデータ収集と分析能力、できあがったモデルを実際のビジネスで使えるようにする広範囲のデータを収集する能力が必要となり、このような能力がビジネスの競争力の源泉となる。

＊　本章の作成にあたり、日本GMAP株式会社代表取締役酒井嘉昭氏には、数度にわたるインタビュー以外にも

資料・談話の提供をいただいた。ここに記して謝意を表したい。

注

(1) 詳しくは、中西（一九八三）を参照されたい。
(2) 小売中心地は全国で一万四五〇〇のエリアを小売中心地として分析単位とする。この単位は、新宿、銀座といったエリア単位である。「小売り中心地」の概念に関する詳細は田村（二〇〇八）を参照されたい。
(3) インターネットの普及によりネットワーク環境を使うことが容易になっているが、ネットワークに接続した端末とサーバーのアプリケーション開発にウェブ関連技術を用いることで、端末側に特別なアプリケーションは必要なくなり、システム導入時のクライアント側のセットアップが不必要になった。
(4) もっとも、提供しているインターフェースの限界から、限られた種類のデータしか利用することができないという問題もある。さらに多様でかつ高度な地図情報システムを構築するには、本格的なウェブＧＩＳシステムを導入することが求められる。
(5) この標準から一部を取り出して、実用的に使いやすいように、内容をまとめ直した実用版の標準規格がある（ＪＰＧＩＳ）。一方、業界主導で地理情報の標準化に取り組んでいる非営利団体ＯＧＣ（Open Geospatial Consortium）がある。ＩＳＯ／ＴＣ ２１１とは協調・協力関係にあるが、より実務に近い観点からの標準化活動を推進している。
(6) 「シェープファイル」というフォーマットで実質標準化されていて、Google earth のファイル形式「kml」との交換が可能である。
(7) さまざまなウェブ関連技術の標準化を行っているＷ３Ｃが開発した規格である。
(8) ＯＧＣによって開発されたＧＳＩ用のＸＭＬがＧＭＬ（Geography Markup Language）であり、これはＩＳＯ １９１３６として国際標準化されており、日本でもＪＩＳ ７１３６として規格化されている。

◎インタビュー・リスト〔肩書きは取材当時〕〔以下の表記　氏名、企業（大学）名、役職（業務）名：取材日〕

Martin Clarke, リーズ大学教授、GMAPコンサルティング創設メンバー：二〇一〇年一〇月七日

Graham Clarke, リーズ大学教授、GMAPコンサルティング創設メンバー：二〇一〇年一〇月七日

Michael Jennings, ＧＭＡＰコンサルティング、ディレクター（International Business Development）：二〇一〇年一〇月八日

Chris Duley, ＧＭＡＰコンサルティング、コマーシャル・ディレクター：二〇一〇年一〇月七、八日

Julia Williams, ＧＭＡＰコンサルティング、シニア・コンサルタント：二〇一〇年一〇月七、八日

Luke Whittam, ＧＭＡＰ日本法人、社長（Asia-Pacific）：二〇一〇年一一月二四日

酒井嘉昭氏、ＧＭＡＰコンサルティング、マネージングコンサルタント：二〇一〇年一〇月二四日、一一年四月二五日、一三年九月二六日

馬場宏和氏、ＧＭＡＰコンサルティング、コンサルタント：二〇一〇年一〇月二四日

第10章 サービタイゼーション

▽ダイキン・ヨーロッパ社の事例

はじめに

製造業者にとって、近年では製造物だけを販売するだけでは顧客への訴求力が十分でないため、サービスと統合して顧客にとっていっそう価値のあるものを提供していこうという動きが出ている。製品とサービスとの境界線がなくなり、サービスも含めて製品をどのように顧客に提供していくかが重要性をもつようになってきているといえる。

本章では製造業者のサービス化アプローチ、すなわちサービタイゼーションと呼ばれる現象をサービス・イノベーションの例として取り上げ、サービタイゼーションが起こるプロセスと要件について検討を行う。本章で取り上げる事例はダイキン・ヨーロッパ社のエアコン・ビジネスである。

1　エアコン・ビジネスとサービタイゼーション

四季の気温差が大きく、猛暑に見舞われる日本ではエアコンは今や家庭やオフィスの必需品である。エアコンは機器として、専門業者による室内外に設置作業を伴う製品である。業務用であれば、アフターサービス、メンテナンス・サービス、そして設置前の設計業務も重要なサービスに含まれてくる。これらのサービス提供は、製造企業側がサポートしているものの、製造業者自体ではなく、設置業者が行うべきものとなっている。換言すれば設置や保守・修理のサービスは、製造業者にとっては、製品に必須のプロセスであっても、戦略的に位置づけられるものとは認識されてこなかった。

しかしながら、エアコンに含まれる、冷房や暖房、冷却といった技術をもとに製品ラインを拡張し、グローバルに市場を拡大していく過程で、エアコンの製造業者は業界構造やビジネスのあり方が変化していくことに直面することになる。

過去において、ダイキン工業の競合企業はアメリカや日本のメーカーであったが、現在は韓国や中国の企業へと変わってきている。アジアの新興企業の台頭は、エアコンの業界構造と競争戦略を変化させてきている。とりわけ品質における優位性を訴求してきた日本企業は、低価格を前面に押し出すアジアの新興企業に対し、エアコン・ビジネスにおける付加価値を向上させながら、市場開発を行うことが求められるようになってきているのである。

しかしながら、製品の付加価値を検討する際に、エアコン・ビジネスには業界特有の限界もある。

空調技術という点でみると、実は差別化する技術的優位となるものは恒久的ではない。技術的には、成熟したエアコンのコア技術であるヒートポンプ技術と熱交換を媒介する化学物質である冷媒の開発がポイントとなる。エアコン自体は複雑な精密技術を要するものはないため、生産技術での差別化も難しい。そこで生産も含めた総合的なコストを削減することに競争の焦点が当てられているという現状がある。そのような環境下では製造コスト面で優位に立つ中国や韓国の新興勢力との競争が激化していくことになる。現在、多くの製造業者が直面している問題は、急速な技術革新とグローバル化によって、競争優位の源泉であった生産技術を含めた技術自体が十分な収益を上げる前に陳腐化してしまうことであるが、エアコン業界もその例外ではない。

また国内市場においては、販売流通面では量販店が台頭している現状をみても、販売チャネルや設置業者の体制が変化してきていることが指摘される。エアコンの販売や設置において、流通業者のコントロール下に置かれ、メーカーとして末端の顧客に関わる部分が限定的であるという状況になりつつある。一方で今まで外部に任せていた空調ビジネスのサービス部門を垂直統合し、内部化する戦略は選択肢としてあったとしても、エアコン・ビジネスの競争優位はますます製造コストの削減にかかっている現在では、サービスの内部化がそのコストに見合うのか、サービス自体の差別化ポイントがあるのか、など課題は多い。つまり製造業者にとって、サービス・ビジネスの開発を進めようとする志向が強くても、収益化するビジネス・システムをつくっていくことにはよりいっそうの戦略性が求められることになる。

そのような厳しい競争環境下で、サービスをもとに戦略的に優位性を確立した事例として、ダイキン・ヨーロッパ社の事例をみていくことにしよう。

2　事例：ダイキン・ヨーロッパ社

❖ ダイキン・ヨーロッパ社の概要

ダイキン工業は消費者向け、業務用の空調システム会社として、世界ナンバーワンの企業である。日本だけでなく、中国、ヨーロッパ、北米へ積極的に進出し、進出国は現在一一カ国となっている。全世界で社員数一万九〇〇〇人である。

ダイキン・ヨーロッパ社は一九六六年に設立され、七二年に現在の所在地であるベルギーのフランダース地方の最西端のオステンドに本社と工場を設立した。現在五五〇〇人の従業員が働き、売上高は一八〇〇万ユーロとなっている。この場所をヨーロッパ市場進出の足場としたのは、地理的要因が大きい。当時、販売の二五％を占めていた重要な市場であるイギリスと距離的に近かったこと、そしてヨーロッパの各主要市場には陸続きで等距離であること、それらの市場にアクセスするための港、空港、高速道路などの物流インフラが整っていたことが挙げられる。また、労働者の質が高く非常に勤勉であり、言語についても、このフランダース地域の人々は、三、四カ国語を話せるのが普通であることから、投資先として条件が整っていたということも重要な意思決定要因であった。

❖ダイキン・ヨーロッパ社のターゲット市場

ヨーロッパのエアコン市場が日本とは異なる大きな特徴は、気候という点において、市場内で大きなばらつきがあることである。たとえば北欧では、気温がマイナス五度で湿度がほぼ一〇〇％という日が幾日もあるところがある。こうした地域では冷房よりも暖房需要が旺盛であり、実際、冷房を必要とするのは年に数日あるかないかである。一方、南ヨーロッパは温暖であり、日本より気温が暑くなる地域は多い。

ダイキン・ヨーロッパ社が管轄している地域はヨーロッパだけではなく、中東とアフリカを含んでいる。西側ヨーロッパのようにすでにエアコン・ビジネスとしては成熟市場である地域と、今後、戦略的に市場開拓が期待される中・東欧やトルコ、さらには中東アフリカと、エアコン・ビジネスを展開する潜在的な市場は数多く存在する。

エアコン・ビジネスを行うためには、この季節変動と需要の変動に対応する必要がある。とはいえ、エアコンは工業製品として、部品調達から製造、そしてロジスティクスと関わる部署も多く、また供給に時間がかかるために、リードタイムが比較的長くなる。猛暑や冷夏など実際の気候や気温変化に際し需要が予測に反すれば、サプライチェーン全体で対応するのに戦略性が必要となる。具体的にいえば、予想に反して製品が売れている場合には、部品調達がうまく行かなければ追加生産ができずに品薄、欠品という状況を招く。

そこでダイキン工業では、「最寄り化生産」というコンセプトで、北米、ヨーロッパ、アジアといった域内ごとに工場をもち、域内の需要変動に対して製造・配送のリードタイムを短くすることによって、需要に即応する戦略をとっている。ダイキン・ヨーロッパは、現在四つの工場をもつ。ベルギーのオステンドでは業務用のエアコン・システムや冷蔵システムを製造している。チェコにある工場では家庭向けエアコンを生産している。また別のチェコ工場では、比較的規模の小さい家庭用の温水タンクやヒートポンプ技術を利用した家庭用冷暖房システムを生産している。トルコの工場は最新の工場であり、ここでは一般消費者向けのランクの低い製品を製造している。従来、日本からの輸入では三〜四カ月かかっていた物流におけるリードタイムを一週間から一〇日に短縮することになった結果、一〇〇日以上の在庫レベルを一カ月切るレベルにまでもっていくことができるようになり、最寄り化生産は成功している。

❖ 設立時の困難とチャレンジ

ここでダイキン・ヨーロッパ社のヨーロッパ市場における挑戦をみてみよう。ダイキン工業は一九六六年にマルタ共和国でヨーロッパに現地法人を設立したが、七二年にベルギーに本社を移転し、翌年の七三年にエアコン製造を始めた。当初は、水冷式の一体構造型エアコンと産業用の空冷式冷却機の製造から始めたが、すでに水冷式一体構造型エアコンの市場は衰退しており、早晩行き詰まってしまった。ダイキン・ヨーロッパ社では、このような困難な時期にもかかわらず、継続的にヨーロッパ市場を調査し、ヨーロッパ市場向けの製品特徴を明らかにするということに努力してきた。たとえば、ヨーロッパ各国の有識者、産業界の経営者層、大学研究者を集めて意見を聞く場をつくったが、この会合は現在でも年に一回開催されている。こうした場を通じて、ヨーロッパの市場やさまざまな制度面に関する情報を集め、ビジネス上の事柄だけでなく、環境問題などの社会的な関心や規制動向など社会的な動向に関しても情報収集をしている。

しかしながら、日本やアメリカの市場と比べてヨーロッパ市場が小さかったこともあり、ダイキン・ヨーロッパ社からの市場対応についての提案に対して、日本側が全面的に対応することができないという状況から、ヨーロッパ社でできることは、日本で開発した商品をヨーロッパ向けに改良することに限られていた。エアコン・ビジネスといえば、部屋を冷やすクーラーの機能が強調されるが、先述の通り、ヨーロッパ市場では、冷房だけではなく暖房需要も潜在的に大きかった。すなわちダイキン製品に求められるのは、暖房機能が主であったといえ、しかも年に限られた日数だけ必要な冷房機能については追加的な機能として需要されていた。さらに特徴的なのは、冷暖房の機能・性能だけではなく、室内のインテリアと調和のとれたデザイン性の重要性が大きい点であった。

同時に広大なヨーロッパで市場参入するためには、財政面のみならず、人的資源面での手当が必要であった。日本からの駐在員だけでは絶対数が足りず、またそもそも、ヨーロッパ市場やヨーロッパのビジネス習慣を理解する人材が求められていた。現地の人間関係、現地従業員との言葉の壁から生じるコミュニケーション不足の問題も認識されていた。

そこでダイキン・ヨーロッパ社はヨーロッパ市場において積極的なM&A戦略を推進し、販売会社を買収することにより市場対応のスピードアップを行った。現在、一部の販社を除いて、ヨーロッパ各国にあるダイキンの法人は、現地の人材が経営を行っている。人材の問題も、ダイキン・ヨーロッパ社の成長とともに現地社員の育成が進み、問題は解消されていった。このプロセスを経て、ダイキン・ヨーロッパ社は日本のダイキン工業と半ば独立した形でビジネスを行っていくことになる。

❖ ヒートポンプ技術とVRVシステム

(1) コア技術とヒートポンプ技術

ヒートポンプとそれに関連する技術は、ダイキン工業を空調ビジネスにおいてリーディング・カンパニーへと導いた最も重要な技術であり、現在でもその競争優位はこの技術を基礎としたさまざまな技術によりもたらされている。一九七〇年に、ダイキン工業はこの技術を初めて家庭用エアコンに応用し商用化することに成功している。

ヒートポンプはエアコン機能の提供において非常に重要な技術であり、その原理は、冷媒を利用して熱交換を行うことである。たとえば冷房時には、ヒートポンプは建物内から熱を取り出し、外気に放出する、反対に暖房時には外気から熱を取り出し内部に熱を放出する。このエアコン・システムの特徴は、一台で冷房と暖房の両方の機能を提供することができることである。とくに現在では冷媒と技術の進歩により暖房機能も高い性能で提供できるようになっており、従来のガスボイラーなどの化石燃料を用いた暖房技術に代わる新しい技術として認識されてきている。ヒートポンプ・システムは建物内外の空気から熱を取り出すことで冷暖房機能を提供しているため、石油や石炭といった化石燃料を利用したシステムに比べて非常に燃料効率がよくなる。また一台で冷暖房機能を提供するために、設備設置とオペレーション、そして保守コストの低減が期待できる。

ヨーロッパ市場、とくに北欧では暖房需要が中心となるが、ダイキン・ヨーロッパ社はこれに対して新しい取り組みを行っている。ヨーロッパでは、暖房に関してはガスボイラー・システムが主流である。ダイキン・ヨーロッパ社はヒートポンプ技術を利用して、これに代替する新しい暖房システムを提案している。ヒートポンプの弱点は、非常に気温が低い場合、十分に空気中から熱を抽出することが難しいため、必要な熱量を取得できない場合があることである。そこで足りない熱量を電気から取得することで、ヒートポンプの弱点を補いつつ、効率の良い、ハイブリッド・システムを開発した。このシステムでは、エネルギー消費を抑えながらも冷暖房の機能は従来通り提供される。

(2)　VRV技術

ヒートポンプ技術を用いて、ダイキンは一九八二年にVRV（Variable Refrigerant Volume）システムを開発した。このシステムの出現は、ダイキン工業そしてダイキン・ヨーロッパ社にとって飛躍のポイントとなった。それだけでなく、このシステムはエアコン市場をも大きく変えることになる。

大規模の商業ビルにおいては、セントラル空調方式が主流である。これは、一台の大型空調機からダクトを通して複数の場所に一括して冷・暖気を送るものである。集中管理できるメリットがある反面、使用していない空間まで室内調整するロスが生じる。一方、VRV技術を使ったシステムでは、一台の室外機で、容量の異なる複数の室内機を個別に運転することができる。これにより、ビル内にある各部屋に対して個別にエアコン設定が可能となる。冷房が必要な部屋には冷房機能を、暖房機能が必要な部屋には暖房機能を、一台のシステムでそれぞれの部屋に個別調整できるのである。たとえば店舗では、室内を暖房しつつ、ショーケースを冷却するという需要がある。集中管理ではなく、空間ごとにカスタマイズできるということは、つまりＶＲＶシステムはエネルギー効率を考えた場合、最適なエアコン・システムになるということである。もちろんこれは大規模のビルだけでなく、小規模のアパートや家庭にも適用可能である。

(3)　技術と市場の変化、そして営業戦略

このようにＶＲＶシステムの開発により、ダイキン・ヨーロッパ社のビジネスは、一般消費者をターゲットに冷房商品の販売を中心としたものから、オフィス・ビルなどの法人に対して、冷暖房を含めた空調機能の提供へと転換していくことになった。従来、マスユーザーを相手にしてきた仕方とは異なり、個々の法人顧客ごとに異なる空調機能への要望と設置環境に対して、個別に対応することが重要になってくることを示す。

また、エアコンを設置する建物の構造や仕様が日本とは根本的に異なる。日本では新たなビルやアパートを新築する需要が旺盛であるが、ヨーロッパでは何世紀も前のアパートや建物を改装しながら人々が住んだり、オフィスにしたりしている。このような改築を基本とした市場をヨーロッパでは想定しなければならない。建物は画一的な規格ではなく、状態も個々に完全に異なっている。さらに、気候や建物の環境だけでなく、商慣習やローカルなビジネス上の関係も十分に考慮しなければならない。

このような点から、ダイキンは戦略的にヨーロッパ各国に販売網を構築してきた。現在、ダイキンに直接統治されている販売会社が売上の九〇％以上を上げている。それらの販売会社は、もともと現

地の販売代理店であったものだが、買収戦略を行い、現地企業をそのまま使っている。現地のことは現地が一番よく知っており、既存顧客も有しているとの判断からである。結果的にこの販売店網の直営化が、ダイキン・ヨーロッパ社にとって、ビジネス・モデルを変革することに役立つことになる。

❖ 環境問題に対する対応

環境問題は日本でも注目される重要な経営上の課題であるが、ヨーロッパではある意味でそれ以上に社会的な関心も高く、非常に厳しい規制が策定されている。EU議会では、Roadmap 2050 というものを策定している。このロードマップでは、主にCO_2削減とエネルギー消費に関する事柄が示されている。一方、ダイキン工業は、空調機器だけでなく空調に必須である冷媒に使用する化学物質も生産している。とくに家庭用エアコンや冷凍ショーケース等の冷凍空調分野ではフロンガスが幅広く使用されてきたが、これに代わる化合物の開発を行ってきており、オゾン層を破壊せず、エネルギー効率も優れた商業プラントでの生産体制をいち早く整え、積極的に生産・供給してきている。オゾン層破壊問題に関してフロン規制・全廃がいわれるようになったが、しかしながらすべてのフロンがオゾン層破壊物質というわけではない。

このように空調分野では環境規制は直接的に経営戦略に関わってくる問題であるが、ダイキンにとって環境規制への対応をビジネスの強みにすることも可能であるという判断があった。オゾン層破壊物質に変わる新たな代替品の開発、さらに地球温暖化対策は必須である。しかし一方で、人々が快適に過ごせるためにエネルギー効率のよい製品を開発する。この両方の課題を解決できれば、企業にとって大きな競争優位となりうる。厳格すぎて現実的に実現可能でない環境規制は、結果的にエネルギー効率の低下を招き、環境に負荷をかけることにもなりかねない。現実的にどのように環境問題に対応し、そのうえでさらなる環境負荷低減策を策定できるかがビジネスの鍵となる。

ダイキン・ヨーロッパ社の主力製品は空調機器であり、脱フロン化という環境負荷への問題だけではなく、消費電力の削減といった省エネルギー問題にも深く関連する。ダイキン・ヨーロッパ社は、環境対応への技術力をもとに、環境に関する法規制へ提言できる立場、すなわち環境政策策定のドライバーになろうと意図している。そのため、ダイキン・ヨーロッパ社は、ヨーロッパの環境規制に対応した商品開発や技術開発に携わる部署を設置して製造面で環境に対応するのみならず、ヨーロッパの環境動向に対する調査およびＥＵ議会の法案策定プロセスにも関与している。委員会で議定書を策定する場合、議会関係者は特定の外部関係者に対して、状況について学習し、レポート作成を行うために問い合わせをする。ダイキンはこのプロセスに関与し、情報提供や技術のロードマップ、市場動向、実現性として妥当な考え、そして実際に実行する時間枠組みを提案する。

このような法案策定プロセスに積極的に関わっていくことを踏まえて、ダイキン・ヨーロッパ社は、ドイツにダイキン・ネット・ゼロ・エナジー・オフィス（ゼロエナジー・オフィス）を設置している。これは、二〇一〇年に建てられた実験施設であり、建物の冷暖房や、換気、給湯、照明等に使用するエネルギーに再生可能エネルギーを使用し、年間を通じた建物のエネルギー収支ゼロを実現する目的をもっている。ここでは、実用的なデータを収集するために、実験室のみならず、実際に販売を行うオフィスとしての機能をもたせつつ、実験データを蓄積している。その結果は、ヨーロッパの規格制定のための情報として発信され、大学や研究機関にも実験メンバーに入り、専門的な見地から実験を行ってきている。

こうした法案策定プロセスに対するコンサルテーションは、ヨーロッパ当局に対して、環境保全に有効な規制レベルでありながら、しかも現実的に実行可能であるというバランスのとれた規制の策定を可能としている。それとともにダイキン・ヨーロッパ社に対してもある種の競争優位を与えている。ダイキンはこのコンサルテーション活動を通じて、自らの技術開発の方針を環境問題とリンクさせながら検討することができるようになる。このことで、競合企業より一歩先んじた技術開発が可能となる。

また最新の環境対策を施したダイキン製品は、そのものの省エネルギー性だけでなくブランド効果も相まって、強い競争力を有するようになっている。製造や物流面において、そのプロセスにおける温室効果ガス排出削減目標の達成も同時に求められるが、これは結果的にエネルギー効率の向上によって、コスト削減に直結することになる。このように、環境対応は、従来はコストアップの要因になると考えられていたが、現在では環境対応を積極的に行うことが、売上増加やコストダウンを図ることにつながると、むしろ戦略的な点から考えられるようになっている。これは空調システムを導入する顧客企業にとっても同様である。すなわち、環境対応したシステムの提案は、顧客企業にとって義務的に取り組むべき課題というだけでなく、顧客のビジネスに求められるものになってきているのである。

ヨーロッパにおいて、効率がよく、しかも環境に優しいシステムは非常に重要であると認識されている。現実的には、環境負荷低減を図ることはその機能提供においてエネルギー消費量が少ないということになるが、これは機能面での性能に大きく影響を与えてくる。すなわち経済的な側面と環境問題は相反することと従来は考えられてきたのが、現在ではヨーロッパにおいて各企業は経済的な効率性と環境面での貢献を両立するように法的にも求められている。たとえばあるオフィス・ビルが、環境面と経済面の両立をある基準で満足させた場合、公的機関によりそのことを認証するシステムが存在する。このように空調を使うビルのオーナーや建築設計を行う企業に対して、環境負荷低減を実現させつつ快適な機能を提供するソリューションの提案が強く要請されているのである。

❖ソリューション・ビジネスへの転換

ヨーロッパ市場の動向とその特徴、そしてエアコン・ビジネスを取り巻く環境の変化に伴い、ダイキン・ヨーロッパ社は自らの事業ドメインを、従来のエアコン・システムの生産・販売事業者から、冷暖房だけでなく快適で高い品質のさまざまなサービス提供を通して、住居・ビル等の建物に対する総合的なエネルギーオペレーション・サービスプロバイダーである、と再定義した。さらに、高いエネルギー効率性と環境に対する負荷を可能な限り低減しつつ、個々の顧客を取り巻く環境や要望に応じて提案するソリューション提供を今後の戦略の柱と設定した。

こうした戦略を実行するためには、長年築き上げてきたヒートポンプ技術やVRVシステムといった内部資源だけでなく、顧客がもつ資源を含めてさまざまな外部資源を融合することが必要になる。またそれと同時に顧客を探索し、顧客の問題を認識し、ソリューションを提案する能力、そのソリューションを実現するための高い技術レベル、高い資源統合能力が要求される。また個々の顧客を取り巻く環境や要望は異なるため、それら個別の独立した案件に対して、きちんと提案できる仕組みを作り上げなければならない。つまりこれは、空調機単体の販売だけではなく、開発、営業、設計、施工、保守など、個々のビジネス・ユニットが全体としてソリューションを提供できる体制を確立するように、バリュー・チェーン全体を見直すことになる。それでは、ダイキン・ヨーロッパ社はいかにして、製造業からソリューション・プロバイダーとして、ビジネスを変革していったのであろうか。次にイタリア市場でのプロジェクトをもとに検討していく。

❖ ロンバルディア市庁舎プロジェクト

二〇一一年にイタリア・ミラノで完成したロンバルディア市庁舎は、三九階建てでおよそ三〇〇〇人が働いているイタリア国内で最大級の複合ビルである。このビル全体の空調設備はダイキン・ヨーロッパ社が一括して受注し、設備を納めている。この大規模ビル建設にあたって、ビル全体の空調機能の提供に対して、求められていた要件は、以下のようなものであった。一つ目は高いスケーラビリティである。このビルは三九階建てであり、一〇〇〇を超える数多くの部屋があるために、それらを効率的に、またそれぞれの部屋に求められる状態で室温を調整できることが求められた。二つ目はコストの低減である。多くの部屋を効率的に、しかしながら低コストで室温調整できる仕組みが必要である。それとともに環境への負荷低減が求められていた。つまり経済的側面と環境面を両立できる仕組みが求められていたのである。

ダイキン・ヨーロッパ社は、要求された条件を満足させるため、自社の水冷型ヒートポンプをコア技術として用いたシステム提案を行った。ヒートポンプ方式には建物内外の熱を交換して冷暖房の機能を提供するが、熱を取り出す熱源として外気の空気を利用する空冷方式と水中から熱を取り出す水冷方式との二種類がある。ちなみに現在のエアコンの九〇％以上は空冷式である。空冷式の場合、熱源を空気に求めているために、気温によりその空調能力が大きな影響を受ける。つまり外気温度と室内温度の差が大きいと冷暖房能力が低下することになる。北欧のような寒冷地域では冬季の暖房では著しく能力が低下するため、大きな温度差を補う能力が必要となり、そのためガスを用いたガスヒートポンプ・エアコンを設置している。一方、温暖な地方では、冬場は暖房の能力が十分なものの、暑い夏には冷房能力が不足するという問題が発生する。

水冷式では、たとえば井戸等の地下水を利用すると、地下水の温度は年間一定であるため、夏季冷房や冬季暖房運転時にも外気温度の影響を受けないので、安定的に冷暖房の両方の性能を発揮できる。温暖地域で夏季外気温度が四〇度以上になる場合でも、地下水温度は約一五度前後に保たれるため冷房能力は高くなり、空冷式エアコンに比べて効率性に優れる。しかしながら水冷方式は、水温を一定にできる水源が必要なことと、水熱交換器の腐食対策や水質管理の維持管理が必要なため、設置環境に恵まれないとコスト高になってしまう。その結果として、空冷方式の性能が進んだ現在、使用される場面が減少している。

ロンバルディア市庁舎のプロジェクトにおいては、建設地の地下に大きな地下水源が存在しており、ダイキンは、これを用いることで、効率的にも環境面においても優れたシステム構築が可能であると判断し、地下水を用いた水冷式VRVをもとにしたシステムを提案した。

❖ ソリューション提供のバリュー・ネットワーク

ダイキン・ヨーロッパ社のロンバルディア市庁舎プロジェクトに対する取り組みから、製造企業が顧客に対してソリューションを提供するプロセスがみえてくる。この事例より、ソリューション提供に関しては四つのフェーズのあることがわかる（図10-1）。第一段階は、ソリューションの要素を認識することである。市庁舎のプロジェクトとしてこの案件は入札プロセスにより施工企業が決定される。ダイキンの取り組みとして、このプロジェクトの開始は、ダイキンの営業部隊とともに、販売代理店、そしてビルの設計事務所と設計コンサルタントとの間での情報収集より始まった。この段階において、顧客が望んでいることは環境と経済を両立させた空調能力の提供であると認識された。そしてこの顧客の課題の要素は、ダイキンのもつ資源で解決できると認識されるに至った。

次の段階は具体的なソリューションの提案である。ヒートポンプ技術を核としたVRVベースの技術に建設予定地にある地下水を利用した空冷型システムでもって、顧客の要求条件を満足できるように設計され、提案を行った。この提案に至るまでのプロセスでは、建築事務所のコンサルタントとの綿密な連携が必要とされた。詳細な要求条件の確認や建築・設置条件といった制約条件をクリアしながら最終的な提案となった。

第三段階は、ソリューションの開発である。この段階では、内外の資源統合、顧客の資源をも利用することが行われた。顧客の資源には地下水源も含まれた。最後の第四段階ではダイキン内部の資源

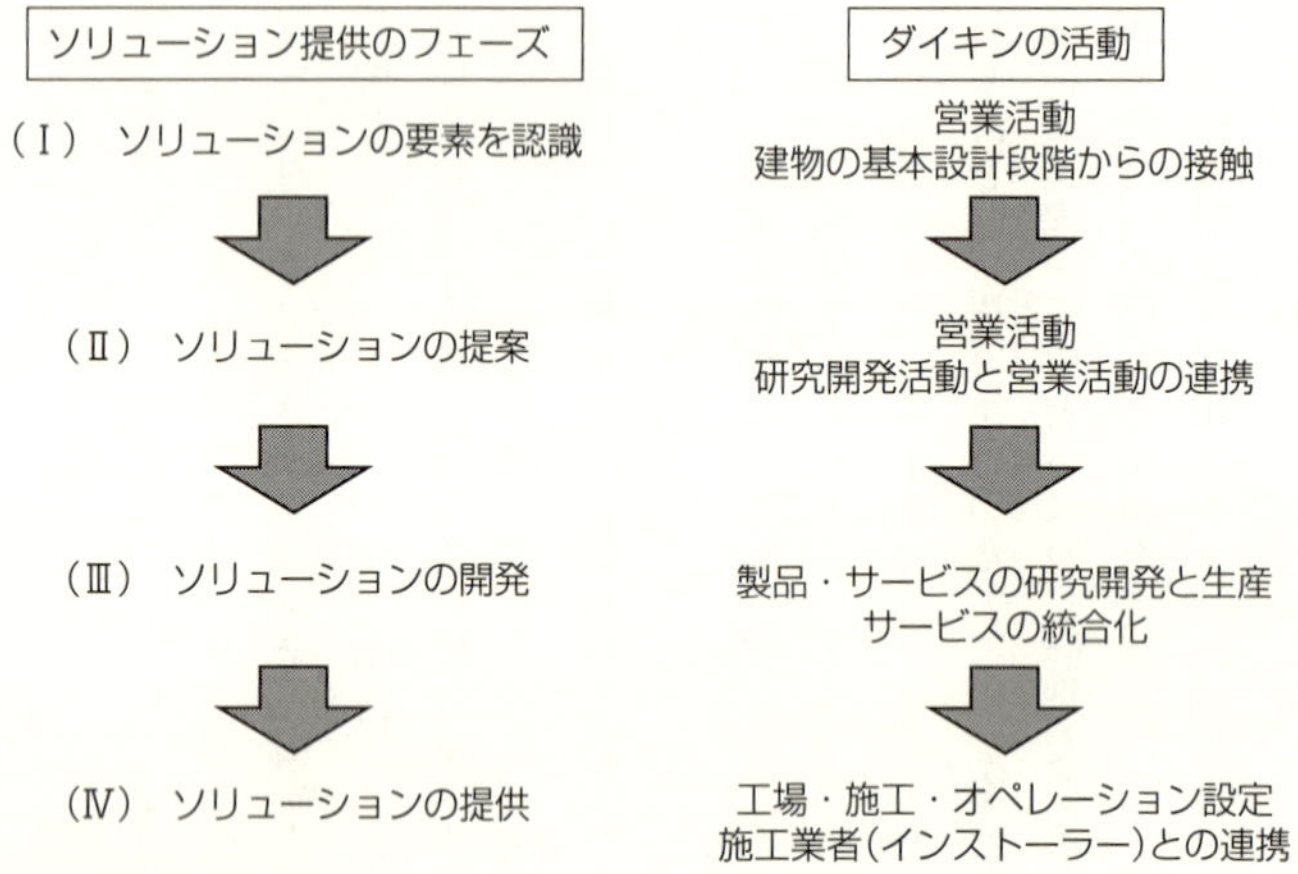

（出所）筆者作成。

図 10-1　ソリューション提供のプロセス

のみならず、営業部隊と設置業者との協働関係に基づき、建築・設置工事、システム導入後の維持管理・保守そして、オペレーションに関するコンサルタント業務が行われた。

(1) 営業部隊の役割

バリュー・チェーンの中で営業部隊は顧客に対して直接アプローチし、価値を提案するという点で主要な役割を果たす。イタリアではエージェント制と呼ばれる独特な営業組織が制度化されている。これは、メーカーとは資本上も独立した別法人でありつつ、契約を結んだメーカーの製品を法的に定められたエリア内で、専業で販売を行う制度である。この販売組織は、商品を仕入れて再販売することは行わず、顧客をみつけ、製品の紹介を行うという営業機能に特化している。メーカーとの契約形態については、成功報酬制が一般的であり、販売不振の場合は契約を解除されることもある。そのため、活動地域内でメーカー製品の購入意思のある顧客をみつけて、顧客の支払い能力などは考慮せずに、メーカー側に顧客の意思を伝えるだけということで成功報酬が得られる場合がある。当然、この場合メーカー側が代金回収をできないというリスクを負うことになってしまう。

しかし、ダイキン・ヨーロッパ社は、これらのエージェントに対して包括的に契約を行うことでこのリスクを回避し、システム設計から製品と工事の調達、アフターサービスまでのバリュー・ネットワークを作り上げている。このことにより、空調機を単に販売するのではなく、さまざまな用途開発の提案に対してもエージェントが重要な役割を果たしている。

(2)　開発機能の重要性

空調機能を顧客へのソリューションとして提供するためには、空調機能の快適性と効率性のバランスをいかにとるかということがポイントとなる。そのためには、製品レベルでのハードウェアの調整とシステム・レベルでのソフトウェアの調整、さらに導入におけるサービスの調整作業とのすべての対応が必要になってくる。

ダイキン・ヨーロッパ社は、システムに必要な中核技術と製品開発は日本で行うが、現地市場の環境に適応的なシステムの調整作業は、ヨーロッパで行う仕組みをつくっている。ダイキン・ヨーロッパ本社と開発部隊があるベルギー・オステンドは、EUのさまざまな規格の標準化や規制の決定機関があるブリュッセルから地理的に近いため、そこで策定された標準化、規制動向を素早く製品開発に反映することができる。ヨーロッパの仕様に適合した製品を日本で開発し、ヨーロッパで上市するには二年程度かかる。しかしながら、開発部門をヨーロッパ内にもつことにより、日本で基礎的な技術開発を終えた製品をヨーロッパ市場へ対応調整することにかかる時間が一年となり、開発期間が大幅に短縮できる。またこのことは、日本では優先度が低い需要であっても、ヨーロッパにおいて重要視される技術についてはヨーロッパ内で最優先として開発できるようになる。たとえば、ヒートポンプ技術の暖房機能への需要は日本より、ヨーロッパが高く、製品の評価技術でいえば、むしろ日本より進んでいるという面もある。

(3)　インストーラの位置づけと役割

空調機能をシステム化して提供する場合、顧客の要望に応じたカスタマイズ作業と環境への適合化作業がサービス提供段階で重要性をもつ。ヨーロッパ市場では、ダイキン・ヨーロッパ社は空調システムを設置するサービスをインストーラ（施工業者）と呼ばれる外部業者を通じて行っている。そしてこのことは、顧客との接点で営業部隊だけでなく、インストーラも関わっていることを意味し、実際、とくにヨーロッパにおいてはインストーラの果たす役割は非常に大きい。ヨーロッパ市場と一口にいっても、地域により天候はきわめて多様である。ダイキン・ヨーロッパ社は寒さの厳しいノルウェーから温暖なスペインで使用される広範囲のレンジの製品を供給してきた。また、温暖で比較的湿度の低い地中海地方への対応は、日本の気候に適した製品開発の技術で対応できたが、寒くて湿気の多いスカンジナビア地方への対応は、従来の日本製の製品技術だけでは課題が多い。つまり、画一的な本社主導による製品開発だけでは、個々のシステムを設置する環境に対応させることが不可能である。

ここで二つの点が重要となってくる。製品開発面で現地の状況に応じた製品を開発することと、それと同時に現地の状況に適合したシステムとして設置工事を行い調整する能力をもつことである。とりわけ後者の顧客に供給するサービス面での適応能力が重要となってくる。

ダイキン・ヨーロッパ社は二〇〇七年、ベルギー、オステンド郊外の住宅街にダイキンハウスと呼ばれる一般住宅仕様の実験施設を建設した。この施設は、ベルギーでは一般的な家屋として設計され、その中に、ヒートポンプ技術でつくられた空調システムが設置されている。ここではヒートポンプ技術を使用したダイキン・ヨーロッパ社の新製品を展示し紹介するのみならず、エネルギー効率性と暮らしていく上での快適性を評価する実験も行っている。この施設のターゲットは最終ユーザーではなく、むしろユーザーに製品・システムを推奨するインストーラである。インストーラは、ヨーロッパ北部では一般的なガス給湯による暖房システムも取り扱っている。そこで、それらと比べて、ヒートポンプ方式による空調システムがもつ省エネ性、快適性を営業や設置工事部署等に家屋型の実験施設で体感してもらうことを目的としている。

さらにこの施設は、設置やアフターサービスといった空調に関わるサービス開発に示唆を与え、そして研修としての場として有効な点が注目される。市場投入前のシステムの試作段階において、インストーラに触れてもらい、意見交換する場となっている。ダイキンハウスを利用して新しいシステムについて既存住宅に取り付け可能な施工方法を示したり、あるいはインストーラと共同でその手順の開発が行われている。

このように、ダイキン・ヨーロッパ社は、日本で開発された製品の販売を製造面でのみ調整を行うのではなく、気候に合った快適性というソリューションの提供のため、インストーラもバリュー・ネットワークの一員として取り込み、全体の仕組みとして市場対応を行っている。

❖ 資源の統合

ソリューションの提供を行うためには、ダイキンはその製品ラインナップと技術を自社のみに求めるのではなく、他社との連携を含めてネットワーク的に拡張し求めていく必要がある。これによりダイキンは、現在有していないが顧客へのソリューションを提供するために必要な資源を、適宜ネットワークを通して獲得することが可能になる。営業戦略として、ダイキンは新しい市場を開拓する際には、現地の販売会社をM&Aで入手してきた。これにより、顧客の発見と同時に求められているソリューションの要素を認識する精度が高まることになる。

そして次の段階であるソリューションの提案を行うためには、異なるビジネス領域の製品やサービス、そして技術を識別し、育成もしくは外部より獲得する必要がある。ダイキンにとっては産業財として使われるさまざまな応用システム（applied system）分野の需要を重視している。この分野は、企業顧客をターゲットとし、製品単体を設置、納入するのではなく、他企業との取引においてさまざまな技術と商品、サービスとを組み合わせて個々の顧客に適応したシステムを構築して提案するビジネスである。ダイキン・ヨーロッパ社では、この戦略に従い二〇〇六年にはグローバルに業務用空調事業を行っているOYL社と業務用の空調機器メーカであるマッケイ（McQuay）社を、〇八年にはドイツの製造企業であるロテックス（Rotex）社を獲得した。ロテックスは暖房機器、ボイラー、ソーラーパネル、そして床暖房の機器を提供しているが、それらはダイキンにないものであり、今後の事業拡大に必要なものであった。今回のロンバルディア・プロジェクトにおいても、ロテックスやマッケイの遠心分離式やスクリュー型大型冷却装置等、従来のダイキンがもっていない産業用大型装置を導入している。

ダイキンはサービス事業の拡大もめざしている。エアコンのサービス、設置工事といったものは、販売会社が提供しており、ダイキンはそれらの販売店を通して製品を販売してきた。しかしながらビジネスの拡張に伴い、新たな業務用分野では顧客が製造業者であるダイキンに直接サービス提供を求め、システム導入からアフターサービスまですべての面でダイキンが責任をもち、機能提供と品質を保証することが求められるようになってきている。そこでヨーロッパのサービス会社をダイキンが買収して自ら直接サービス提供を行う案件を増やしてきている。二〇〇八年にはベルギーのACT社、一二年にはオランダのService Ned社と、それぞれの国で最も大きな産業用のシステム・サービス企業を買収している。このように従来の空調ビジネスに必要であった資源だけでなく、関連した事業と製品、そして技術を獲得し、さらにサービスに関しても内部化することで、ソリューションを提供するためのリソースの確保と開発に努めている。

❖ ソリューション提供のための仕組み

エアコン・ビジネスには設置とメンテナンス・サービスが必須である。そして、エアコン・ビジネスにはサービスがその提供プロセスに含まれている。エアコン・ビジネスにおいて、サービス関連ビジネスを内部に取り込み、さらなるビジネスを発展させる理由は、そのサービス提供プロセスが含まれているためである。

ＶＲＶ開発以前では、ダイキンのビジネスはエアコン装置を販売することであり、新たなエアコン市場を開拓していくことが重要であった。そしてエアコン・ビジネスに関わるプレイヤーたちは、製造と販売、そして設置・メンテナンス等のサービス提供において、それぞれ独立していた。しかしながらＶＲＶの開発以降はその形態は一変することとなる。ＶＲＶによって、顧客に合わせたシステム、そしてオペレーションの提案とコンサルタントを行うことが必要となってきた。すなわちＶＲＶシステムが提供するものは、顧客の使用価値に対する総合的なソリューションとなる。このような顧客対応能力が必要となってくるために、販社を自前でもつ必要が出てきたのである。そして現在、エアコン・ビジネスではエコロジーとエコノミーを両立させた機能の提供とともに、顧客の総合的なエネルギー・ソリューションを提供することをその価値提供の中心としている。

❖ソリューション提供に求められる能力

以上のケースをみていくと、ソリューション提供のために製造業者に求められる能力として、次のような点が要請されることになる。すなわち、①市場機会を検知する能力、②製品・サービスと顧客価値を一致させる能力、③組織内・組織外、そして顧客資源を統合する能力、という三つの能力である。

(1)　市場機会を検知する能力

ダイキン・ヨーロッパ社は、「環境対応」にこそ市場機会があると認識した。エアコン・システムは多くの場合、フロンガス排出の問題から、環境に負荷をかけるとみられており、ヨーロッパの規制はこの点で特別に厳しい。ダイキンはこのような状況に対して能動的に行動し、EU議会に対するコンサルテーションを行うことで環境問題に対してメーカーとして積極的に関わり、これらの取り組みを通じて蓄積された技術的・制度的ノウハウが顧客の「環境対応」を可能とさせている。

(2)　製品・サービスと顧客価値を一致させる能力

製造企業は顧客価値を生み出すためには製品とサービスを融合させなければならない。ロンバルディア市庁舎のプロジェクトでは、地下水を利用した空冷式システムを提案したが、そのシステムはすべてがダイキンの技術や製品で構成されているのではない。地下水の利用は、顧客側が自然資源を使うことで環境負荷の低減を希望したことから、顧客のもつ資源としてビルの周りにある地下水利用を提案したのである。このように顧客価値を製品・サービスと一致させる能力が必要となってくる。

(3)　組織内・組織外、そして顧客の資源を統合する能力

ソリューション提供のためには、製品・サービスを組み合わせて提供する必要があるが、そのためには、顧客のもつ資源とともに他の企業がもつ資源を使うことが必要となってくる。エアコン・ビジネスは、多くのサービス要素が必要となってくる。とくに大規模ビルにおける設置工事では、建設デ

ザイン、計画そしてコンサルタント業務が必要となってくるし、施工後も維持管理や効率的なオペレーションをコンサルタントすることも重要であり、さまざまなサービスが求められる。そのため製造企業は、これらのサービスの方向性と製品開発を常に考える必要がある。

ダイキンは設置・メンテナンス・保守サービスを、外部組織を通じて提供している。しかしながら、ダイキンはこれらのサービスに対して、それらの品質を保証することで関わる必要がある。すなわちダイキンはエネルギー・マネジメント・サービスをトータル・ソリューションとして提供するためには、内外の製品やサービスを統合して提供する必要がある。

ディーラー・ネットワークもダイキンが資本関係で所有しているものではないが、仮想的に垂直統合しており、これらはダイキンがビジネスを発展させる際に大きな強みとなっている。というのも、ディーラーは最終顧客と密接に関わっているからである。それに加えて、自らの産業外の外部企業との協働関係、たとえば建築事務所や環境問題を取り扱う組織が顧客価値を創出するために大きな役割を果たしている。

このようにビジネスの拡大に伴い、ダイキンは自らの足りない資源を獲得するために、自社を中心とした資源のネットワークを拡張する必要が生じてきている。サービスや産業機材会社を獲得することで、ダイキンは既存の内部資源と新しく得られた資源の統合を行っている。さらに重要なことは、このケースでは顧客企業の資源をも利用していることで、顧客価値を生み出している。すなわち組織内・組織外、そして顧客資源を統合する能力が必要とされ、そのことによる組織の構造変化が生み出されることになる。

（4）　ソリューションへの技術的なドライバー

しかしながら、これら市場ニーズの掌握や資源統合能力があるだけで、製造企業がサービス化志向を深め、ソリューションを提供できるわけではない。そこにはコア技術の存在が必要不可欠である。ダイキンには、ヒートポンプ技術、そしてVRV技術というエアコン機能、そして経済的で、なおかつ環境負荷を低減することに有効なさまざまな機器を制御する技術をもっていた。この技術はダイキンがもつ技術的な競争優位源泉であった。これらの技術を中核に据えることで、それ以外の派生的な技術を統合することができたのである。このように製造企業においては、その事業を行うために中核となる技術資源をもつこととともに、それを継続的に開発し続けることが重要となってくる。サービタイゼーションは、製造業者が自らの製造物にサービスを統合させる形のサービス・イノベーションである。この事例より示唆されることは、製品とサービスとの単なる組み合わせではなく、顧客需要へのカスタマイゼーションを可能にする技術的な蓄積があったからこそ、サービスにおける適応化を進め、さらに顧客価値を実現するソリューション展開への契機を開いたということである。

＊　本章は二〇一三年六月から一一月にかけて、日本そしてヨーロッパにおいて実践した、左記に示す調査協力者へのインタビュー内容と現地調査および一般に公開されている情報に基づき、解釈・構成している。ありうべき誤謬は筆者の責に帰するものである。

◎インタービュー・リスト〔肩書きは取材当時〕〔以下の表記　氏名、企業名 役職〔業務〕名：取材日〕
Frans Hoorelbeke, ダイキンヨーロッパ　会長〔取締役〕：二〇一二年一〇月二五日

Wim De Schacht, ダイキン　ヨーロッパ　副社長（取締役）：二〇一二年一〇月二五日
Shinichi Nakaishi, ダイキン　ヨーロッパ　部長（研究開発）：二〇一二年一〇月二五日
Masatsugu Minaka, ダイキン　ヨーロッパ　社長（取締役）：二〇一二年一〇月二六日
Shigeki Morita, ダイキン　ヨーロッパ　副社長（取締役）：二〇一二年一〇月二六日
Bart Aspeslagh, ダイキン　ヨーロッパ　マネジャー（研究開発）：二〇一二年一〇月二六日
Martin Dieryckx, ダイキン　ヨーロッパ　アシスタント・ディレクター（環境経営）：二〇一二年一一月一〇日
Shinji Izumi, ダイキン　エアコンディショニング　イタリア社　社長（取締役）：二〇一二年一〇月二九、三〇日
Marco Dall'ombra, ダイキン　エアコンディショニング　イタリア社　マネジャー（マーケティング）：二〇一二年一〇月二九日
Luca Della Giovanna, ダイキン　エアコンディショニング　イタリア社　マネジャー（アプライド・システム戦略ユニット）：二〇一二年一〇月三〇日
Guido Davoglino, Tekser 社　ディレクター（設計事務所）：二〇一二年一〇月二九日
Raffaele Strada, A.CO.M. 社　パートナー（セールスエージェント）：二〇一二年一〇月三〇日
Ezio Bussolin, Progetto Clima 社　ディレクター（設置業者）：二〇一二年一〇月三〇日

終章　顧客価値を実現するサービス・イノベーション

1　サービス・イノベーションにおけるICTの役割とビジネス・システム

❖ サービス・イノベーションへのマーケティグ・アプローチ

今日、サービス・イノベーションと呼ばれる現象は、企業レベルのみならず、国の成長戦略に貢献するものと位置づけられ、その推進が求められている。サービス・イノベーションは経営管理やマーケティング、工学など、さまざまな分野からアプローチされているが、むしろ一領域にとどまらず総合的にアプローチすることで経済活動や社会に役立つことが期待されているともいえる。

本書では、とりわけマーケティングの視点を軸として、サービス・イノベーションにおける新技術導入と顧客価値に焦点を当て、理論的な整理を行い、五つの事例を通じてサービス・イノベーションとは何かということを明らかにし、サービス・イノベーションを実現するために必要な要件とは何か、またサービス・イノベーションが実現した結果、企業や消費者に何がもたらされるのかを検討してきた。サービス・イノベーションの定義として、とくにマーケティング分野でアプローチされてきた考え方である、①サービスの生産性向上と顧客満足とのトレードオフ関係を技術により解消すること、②顧客も競合企業も認めるような、新市場開発が技術の援用により実現されること、という考え方を採用した。

サービス・イノベーションに関する数あるアプローチの中で、とくにマーケティングにこだわる理由は次による。イノベーションとはサービス分野に限らず、技術的な発展をもとにしているが、技術的な発明やあるいは創案といったものに限らず、社会的に導入され、普及されていくプロセスを含む。社会に受け入れられるということは、開発された技術や創案が企業や消費者に価値あるものとして受け入れられなければならない。サービスにおけるイノベーションは、そのサービスを生み出すこととそれを消費することとが不可分であり、プロセスとして、いわばサービス提供者である企業とユーザーである企業や消費者との相互作用や協働作業として起こる。新しい技術が生み出されたときに、それを受容する側は、相互作用を通じて何らかの価値を自ら生み出しているはずである。

また、技術というものは実験室にとどまるものではなく、何らかの製品やサービスに適用されて初めて価値が生まれるものである。本書では今日のサービス・イノベーションが、ＩＣＴの進展により実現されてきていることに注目し、とくにＩＣＴの役割を明らかにすることに焦点を置いた。

❖ 理論編で明らかにされたこと

本書の第1部（理論編）において明らかにされたことは、次の通りである。

(1)　サービス・イノベーションがサービスの特性に依存して出現してきているということ。
(2)　サービス財やその取引には、モノとは区別される特性があること。
(3)　サービスの品質評価には顧客満足と顧客側が評価する価値が関連するということ。
(4)　顧客価値とは一面的なものではなく、多様で文脈依存的なものであること。
(5)　企業は顧客に対し価値ある製品を提供しているのでなく、使用において価値を実現するのは顧客であり、企業は価値の提案をしているのにすぎないこと。
(6)　顧客価値はバリュー・チェーンに関連し、顧客価値実現のためにバリュー・チェーンの再定義や組換えが起こること、そのためネットワーク化された企業間の関係に注目する必要があること。
(7)　ICTはそれのみで企業の経営に役立つというより、企業の活動をイネーブリング（実現化）しているということ、とくに統合化、協働化、大容量の情報の処理や高度な分析を実現しているということ。
(8)　ICTのイネーブリング機能は、結果として企業のビジネス・プロセスの開発、そしてビジネス・システムの変革を実現しているということ。

本書において重要な点であるICTイネーブリング機能について、ここで再び整理しよう。ICTは自社の部門間や、企業間を統合する役割をもっている。イントラネットやインターネットによる部門間や企業間の情報交換は情報通信の統合化機能によって実現される。この統合化機能は、機械的な接合にとどまらず、部門間や企業間のコミュニケーションを促進し、ビジネス上の協働が促進される。つまりICTとは組織間をつなぎ、関係を密にするという役割を有しているといえる。一方で、ICTはさまざまな情報をデータとして生成し、収集、保管を容易にするという技術である。そして大容量のデータを高度に分析できる技術自体が、これまで実現できなかったことを可能にしている。たとえばビッグデータと呼ばれるデータ集積は、技術的に分析可能な時代になり、どこかでつぶやいているだけの消費者の声も、集積され、瞬時に分析されうるようになったことで、マーケティングや経営戦略上の意思決定に資するものになっていっているのである。

バリュー・チェーンとは企業の価値連鎖を意味するが、ICTはたとえば情報流と物流を分離し企業間を統合することにより、企業間によって構成される価値の連鎖自体を組み替えることになる。新しくバリュー・ネットワークが形成された結果、最終顧客に実現される価値自体と、価値を創り出す仕組みとの両面において、変化が起こることになる。これがサービス・イノベーションと呼ばれる現象である。

サービス分野のみならず、バリュー・チェーンの変化という点では、製造業者も顧客価値の実現のためにサービス統合を推進してきているという現状がある。つまり、サービス・イノベーションとは、サービス産業において起こっている現象のみならず、製品の製造や提供においても、製品とサービスとの境目が曖昧となり、企業の提供物は一つのサービスとして顧客価値の実現をめざすことになってきているのである。

2　サービス・イノベーションにおいて実現される顧客価値

❖ 事例分析によって明らかになったこと

本書で紹介した五つの事例により明らかになったことは、次の通りである。

(1)　タビオの事例では、靴下業界においてファッション・トレンドを創り出していくこと、つまり変化の激しい、移り変わりやすい市場に即応するビジネス・システムへの変化がＩＣＴの援用とともに観察された。この事例では、ＩＣＴは、資本関係にない他社、他組織との統合を実現し、市場情報のタイムリーな交換を促進していることを示した。市場に即応することが、ビジネス上有効なシステムであるとの認識から、企業間の協働が促進されることが明らかになった。

(2)　イタリアのクライの事例では、タビオの事例と同じく、最終消費者市場に対して有効なサプライチェーン・システムを形成していくために、ＩＣＴによる統合、協働機能が確認された。量り売りの販売方法は目新しいものではないが、環境に対応するという文脈の中で、トレーサビリティのある企業間の供給システムをつくっていくためにはＩＣＴは重要な働きを行う。しかしながらタビオの事例との違いは、タビオのアジャイル型と呼ばれる市場即応型のサプライチェーンが情報収集、情報交換、製造へのフィードバックなど、ＩＣＴによってのみ実現されているのに対し、クライの場合は、ＩＣＴの利用は限定的である。ＩＣＴは環境対応型サプライチェーンを支援するものであるが、量り売りの販売方法という顧客サービスには、ＩＣＴが実現化するという役割の程度は相対的に低いといえる。

(3) ベイシアと高千穂交易の事例においては、ICTの統合化能力と高度な処理能力により、精算業務における生産性向上が実証された。人間を熱源として感知する技術はそれだけでは軍事利用にとどまっていたかもしれないが、人に対する感知技術は来店客数のカウント能力と、レジ待ち行列の測定とに結び付けられ、形成される行列の予測へと役立つことになった。顧客に接客上対応しすぎると人時《にんじ》生産性が落ち、人件費のコスト削減を図ろうとすると顧客満足度が低下する。このトレードオフ問題を、この事例では新技術により解消を図り、サービスにおける生産性向上を実現している。

また、この事例において重要な点は、オペレーション自体を全体として一つのシステムとして捉え、精算、陳列といった一つ一つの分割可能なプロセスとして成り立っているという発想に立ち、精算業務の生産性向上のために、顧客に対してどのようなレベルのサービスを提供すべきか方針を決め、そのうえで、まず見える化、測定化を行ったことである。その結果として業務改善を行うことで、実際にどれくらい人時生産性が向上したかが計測可能になった。

さらに本事例では一つの業務の生産性向上にとどまらず、全体の仕組みとして部門別管理ではなく、どのようなオペレーションの組換えがありうるか、検討するに至っていることである。

(4) GMAPコンサルティングの事例では、まさしくデータの高度な処理と分析が、出店予測の精度を上げることを可能にしていることが明らかになった。地理に関する情報は用途に応じてさまざまな地図として表示される。この地理的な情報は、商業施設つまり供給側と、消費者つまり需要側との空間的な相互作用というロジックにより表現されることは二〇年前に行われていた。しかしこのモデルが高度なマーケティング利用に可能になってきたのは、高度に処理、分析できるＩＣＴのイネーブリング機能によるものである。ＧＭＡＰコンサルティングのサービスは、小売企業にとって重要な意思決定である出店戦略だけでなく、既存店舗に関してもオペレーション上のさまざまな改善点を示した。

小売業は現在、実店舗によるビジネスだけでなく、ネットを含めたさまざまな流通チャネルをミックスさせてビジネス展開を行っている。ネットとリアルの融合であるＯ２Ｏ（online to offline）が一つの例である。地図を必要とするのは、その人にとって何か必要な情報があるからである。つまりだれがその情報にアクセスしているかで顧客を区別できる。現在、これらの情報はモデル化され、売上予測や出店計画のための最適化がより高度化され、進行しつつある。

(5)　ダイキン・ヨーロッパ社の事例は、必ずしもＩＣＴの援用により実現化されたイノベーション事例ではないが、技術がドライブしたサービス・イノベーション事例として位置づけられる。製造業者にとって、サービス統合による付加価値供与はさまざまなプロセスにより実現可能であるが、ＶＲＶシステムという、冷暖房においてカスタマイゼーション可能な制御技術が開発されることにより、ダイキン・ヨーロッパ社はビジネス・アプリケーション分野への進出を促進していくことになり、空調メーカーからエネルギー・マネジメントというソリューション・ビジネス・プロバイダーへと転換した。この事例においては、バリュー・ネットワークにおける企業間の資源の統合が重要性をもつことが強調される。

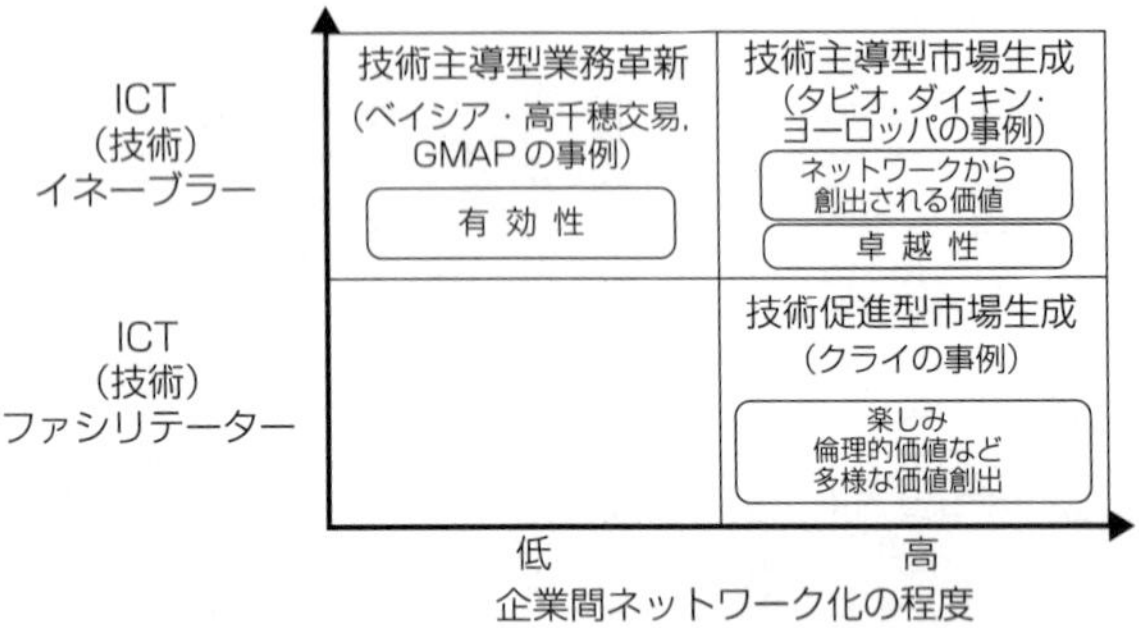

図終-1　サービス・イノベーション類型と顧客価値

❖ サービス・イノベーションの類型と顧客価値

それではこれら五つの事例において実現された顧客価値とは何であろうか。図終-1に示すように、ベイシア・高千穂交易とGMAPコンサルティングの事例では、ICTイネーブリングの程度が高く、またビジネス・システムとしては、サービス・イノベーション創出におけるネットワーク化の程度は低いといえる。これらの企業は「技術主導型業務革新」のサービス・イノベーションと位置づけられる。このタイプのサービス・イノベーションにおいて、顧客にとって実現される価値は、「有効性の価値」である。つまりこのイノベーションはレジ待ち問題の解消や、小売出店や売上予測という業務効率を上げるという点で、ICTによるイノベーションが用具的に役に立つといった価値を提供したといえる。

ICTイネーブリングの程度が高く、企業間のネットワーク度も高いサービス・イノベーションの類型として、タビオとダイキン・ヨーロッパ社の事例が位置づけられる。このタイプのサービス・イノベーションは「技術主導型市場生成」と捉えられ、ネットワーク形成により生み出される価値を享受している。このイノベーションから生み出されている価値は、バリュー・ネットワークとしてのシステム自体の「卓越性の価値」である。つまり、市場への即応や環境への付加削減という優れた価値を実現しているのである。

クライは、ネットワーク化の程度は高いが、ＩＣＴのイネーブリングの役割の程度としては相対的に低く、「技術促進型市場生成」のサービス・イノベーションのタイプといえる。クライの量り売りの販売方法により顧客に実現された価値は、楽しみや倫理的価値、経済的価値、教育的価値など多様である。

クライの事例は、バリュー・チェーンのそれぞれのアクター、つまり製造業者ペドンにも、小売企業であるクライにも、消費者にもさまざまな価値を提供している。とくに消費者がこの量り売りの方法を通じて創り出している価値は、一見したところの環境対応における価値のみならず、環境対応をしているという自尊心の価値や、環境対応が節約につながるという経済的価値など、多様な価値を創り出していることが強調される。

3　サービス・イノベーションを実現するために

本章では、ＩＣＴがイネーブリングする程度と企業間のネットワーク化の程度によって、サービス・イノベーションの類型化を行った。この分類軸に基づき得られた知見を最後にまとめておく。

サービス・イノベーションにおいては、企業内で起こすパターンと、企業間のネットワークから起こるパターンがある。

前者のパターンについては、本書ではとくに業務効率化、生産性の向上の事例に焦点を当てた。これらの事例は従来から行っている業務である、スーパーの精算業務や、小売店の出店計画など、マンパワーでできる業務をICT導入により、生産性の向上を実現している事例である。生産性向上のためにはコスト削減とアウトプット向上との両者の方向性があるが、ベイシアと高千穂交易の事例では、まずサービス・レベルというアウトプットのレベルを設定し、コスト削減できる部分を測定している。GMAPコンサルティングの場合は、出店後の売上高の最大化をアウトプットとして捉え、そのアウトプットを実現するための影響要因の特定化を行い、モデル構築を行っている。

◈生産性向上のために

ここで実務的インプリケーションとしていえることは、サービス・オペレーション自体を各種の分割可能な部分から成り立つ一つ一つのシステムとして捉え、まず一つ一つの部分を見える化し測定を行うということである。その次の段階としてシステム全体の効率性を検討するということである。

コストに対するアウトプットとして、その業界においてどのようなロジックが成り立っているかを考慮に入れ、レジ待ち行列、供給と需要の相互作用の例にみられるように、そのロジックに従って検証していくことが求められる。

◈ 他企業との資源統合とネットワーク化

サービス・イノベーションには、他企業とネットワーク化することにより実現されるものがあることが明らかになった。企業間ネットワーク化の程度が高いパターンのイノベーションを実現していくためには、ネットワーク全体としてどのような価値を顧客に提供していくかを知る必要がある。市場への即応、顧客へのソリューションといった、ネットワーク全体から実現される価値について、ネットワークのメンバーが意識を共有することが必要になる。最終的に果たされるべき価値について、自社内にないリソースは何かを識別する必要がある。ネットワーク化は段階的に市場動向に応じて形成されていくものであり、リソースの補完や統合がその形成プロセスの中で行われていくものである。

最終的に顧客に実現される価値に対して、調達、製造、販売という過程で付加価値を創り出していくというバリュー・チェーンの考え方を進化させ、当該の企業がどの事業範囲を行うかを決めるのみならず、バリュー・チェーンの組換えや自社の位置づけの再検討が必要となる。従来型のバリュー・チェーンではなく、バリューを生み出すネットワーク化が必要となるのである。

◈ 技術をイネーブリングするために

ＩＣＴイネーブラーとは、ＩＣＴが直接的にビジネスに効果をもつのではなく、むしろ間接的にビジネス変革に影響を与え、実現するという考え方である。ＩＣＴ自体をイネーブリングするためには、組織内と取引先や顧客企業、あるいは最終顧客との間でコミュニケーションや情報交換を可能にするためのインフラと組織内の調整がされている必要がある。たとえば、部門間でコミュニケーションを行う機会や手段があるか、専門的な知識が部門を超えて相互に交換される場がつくられているかということが重要である。他社とのつながりにおいては、互換性のあるシステム構築を行っているか、業務運用手順が統合化されているか、生きた情報が互いに入手、交換できる手段があるかなど、ＩＣＴの恩恵である、協働関係が形成されるような基盤ができていることが重要である。

❖顧客価値実現のために

顧客価値の実現はサービス・イノベーションにおいて最終目標となるべきものである。従来は企業が提供しているものに対して顧客が価値を感じるならば、顧客が製品を購入すると捉えられていたのが、進化したマーケティングの考え方では、顧客が使用において価値を創り出すのであり、企業の役割は価値創出のための提案を行うことと捉えられている。

コスト・パフォーマンスは顧客が感じる価値の一面にしかすぎず、顧客がその製品やサービスから価値を見出し、経験していく中から価値を創り上げていく。その過程は、個々の消費者、個々の文脈に依存し、実は多様である。多様であるからそれに対応しようとするのではなく、クライの事例にみられるように、企業として顧客にとっての価値提案を行うことにより、顧客自身はそれぞれに価値を創り上げていくということを企業は理解する必要がある。換言すれば、消費者においてさまざまに価値が創られていくのが良いサービスであるといえる。

企業間の取引関係における価値に関する議論は、経済的価値、技術的価値に陥りがちであるが、それ以上に顧客企業のビジネスにおいて価値が向上するような価値提案が望まれている。顧客企業のオペレーションの効率性を高めたり、あるいは顧客がアクセスできる情報以上の情報を提示したりということである。

サービス提供が顧客との相互作用や協働作業により行われるという点では、サービス・イノベーションは顧客の視点や行動を考慮することなしに実現しえない。顧客の視点とは何か。それは消費者であれ企業顧客であれ、顧客が何に対して価値を感じ、どのように価値を創り出していくかということである。サービス・イノベーションとは、技術が実現化する、新たな顧客価値の創出といえる。

あとがき

本書は、筆者二人が過去数年間にわたりサービス・イノベーションに関するさまざまな研究プロジェクトに関わった成果をもとに執筆したものである。社会や産業界において、サービス・イノベーションという言葉から連想されることは多々あるであろう。イノベーションという響きは、画期的な技術が何か新しいことをもたらすというイメージを起こさせるのではないかと思う。しかしながら、サービス・イノベーションは、単に「サービス業界」におけるイノベーションという現象ではない。この研究を進める上で筆者らには、サービス・イノベーションは、製造技術や生産過程において起こる「イノベーション」とはさまざまな点で異なっているという認識があり、それを掘り下げたいという思いがあった。実態として、あるいは学界で、サービス・イノベーションはどのように定義されているのか、そこから考え始めることとなった。

イノベーションの研究を進める上で、広く産業界全般に対して調査を行うようなことは研究の進め方として不向きであるという認識があった。イノベーションというものは、企業全般の一般的な傾向や、何かの出現分布をみることとはほど遠いところにある。そこで、サービスに関連して何らかのイノベーティブなことが起こっている企業事例を探すことから始まった。日本国内のみならず、ヨーロッパの企業事例など、調査プロジェクト開始時には、情報量が少なく、本当にこの事例がサービス・イノベーションといえるのか、どの点がイノベーティブなのか、そもそもサービス・イノベーションとは何なのかという自問自答が続いた。結果として、一連のサービス・イノベーションのプロジェクトは、きわめて帰納法的なアプローチで行われることになった。調査対象となった企業のあらゆる階層や職種の方々の生の声を聴き、そこから考え、結果として筆者らが考えるサービス・イノベーションの事例として形づくられていったのである。

しかしながら筆者らは、最初からサービス・イノベーションを研究テーマとして設定し、まとまった研究をめざしていたわけではない。南は、その研究者としての最初のキャリアは消費文化論を通じてサービスにおける多財選択を研究し、その後サービス分野におけるICT利用の顧客関係管理へと研究の関心を移してきた。一方、西岡は、大手通信企業において技術とビジネスに携わった経験から、研究開発の役割、とりわけ、技術管理の方法ではなく、技術の市場適合について関心をもっていた。つまりこの研究を開始する以前は、二人ともサービスにおいて先端的な事象に関心はあったものの、イノベーション研究を始めるという明確な意図はもってはいなかったのである。ところが、サービス研究に関するさまざまなプロジェクトに参加・推進していくことで、これまでと異なった研究上の関心が生まれきた。そしてその関心に従い研究を進めていくことで、サービス・イノベーションという現象を対象とする領域へと研究を発展させていくことになったのである。

具体的に、どのプロジェクトから本書の企画を意図したかは明確でないが、二〇〇九年一〇月に開始した本書にも収録しているイタリアのボランタリー・チェーン、クライ社の事例は大きな契機となった。通常はパッケージに入って販売されるはずのパスタやシリアルが量り売りで店頭販売されている。この試みが、環境団体とともに開始されたということや、ECR（efficient consumer response：効率的消費者対応）の関連団体が関わっている取り組みだという情報を事前に得ていても，本当にイノベーション事例であるのかどうか，現地で調査をするまでは半信半疑のところもあった。ところが調査を進めるにつれ，この量り売りの取り組みは実に示唆の多い事例となった。何が革新的なのかを事例を通じて考えていくうちに，この取り組みは，顧客に，あるいは世の中にさまざまな価値をもたらしていると考えるに至った。サービス・イノベーションとは，何か新しいことを生み出すことのみならず，そのことが顧客価値につながっていることが重要であると認識したのである。そしてさまざまな研究プロジェクトをベースに一冊の本にする際に，サービス・イノベーションを起こさせる技術的な視点とともに，結果としてもたらされる価値について掘り下げることが，この本を世に出す意味であるのではないかと考えるに至った。

本書の理論編のベースや事例研究は，さまざまな研究プロジェクトに関連しており，多くの研究助成を受けることになった。とりわけ事例編の中心を占めているのが，神戸大学経済経営研究所による「サービス・イノベーション研究の体系化と成果普及推進事業」である。この事業は，文部科学省「サービス・イノベーション人材育成推進プログラム」（二〇〇八～二〇一〇年度），内閣府経済社会総合研究所「サービス・イノベーション政策に関する国際共同研究」（二〇〇九～二〇一〇年度），概算要求特別経費（二〇一一～二〇一三年度）の研究助成を受けている。本書の事例研究には，経済経営研究所，伊藤宗彦教授を中心とする，本事業プロジェクト・メンバーたちとの共同研究の成果が多く反映されている。このプロジェクト自体はサービス・イノベーション人材育成のための教材開発を事業目的として開始された。本書は、これらの事例研究および別目的で開始した事例研究を総合的に解釈し直し、筆者ら独自の分析軸により研究を進めたものである。なお、事例研究の内容の一部に関しては、経済経営研究所附属企業資料総合センターにてビデオ教材として閲覧可能である。

また、研究助成として、科学研究費補助金基盤研究Ａ「小売り企業における加速的成長のための基盤構築に関する研究」(課題番号２４２４３０５０、研究代表者：南知惠子、二〇一二〜二〇一六年度予定)、科学研究費補助金基盤研究費Ｃ「ソリューションビジネスにおける顧客関係管理の戦略的有効性」(課題番号２１５３０４３５、研究代表者：南知惠子、二〇〇九〜二〇一一年度)、科学研究費補助金基盤研究Ｃ「情報通信技術がＢtoＢサービス開発プロセスに与える影響に関する研究」(課題番号２３５３０５２３、研究代表者：西岡健一、二〇一一〜二〇一三年度)の助成を受けている。さらに、理論編で言及している、顧客満足度の研究に関しては、経済産業省委託、サービス産業生産性協議会による「日本版顧客満足度指数開発」委員会(委員会座長：小川孔輔法政大学教授、主査：小野譲司青山学院大学教授)のＣＳＩ開発ワーキングおよびアドバイザリー・グループ(二〇〇七〜二〇一四年)に南が参加し、得られた研究成果の一部を示している。これらの研究助成を受けたことを記して感謝する。

そして、一連のサービス・イノベーション・プロジェクトにおいては、国内外で実に多くの企業、マネジメント層、従業員の方々から調査協力を得た。多くの時間を割き、積極的に情報提供してくださったことに深く感謝する。また、調査実施にあたり、多くの方々に調査にあたっての紹介やコーディネートなどの協力を得た。中でもエジンバラ大学のジョン・ドーソン名誉教授には、ヨーロッパのさまざまな事例の紹介の労をとっていただいた。記して感謝したい。

また本書は研究の骨子として、とりわけ情報通信技術の役割に着目していることをその特徴とする。この着眼点は、筆者である西岡が、長年、通信技術に携わることで得られた知見から始まっている。その点では、筆者に通信技術と技術開発管理、そして業務オペレーションについて指導してくださった日本電信電話株式会社、西日本電信電話株式会社の方々に深く感謝する。

最後に、本書を通じて、サービス・イノベーションについて、さまざまな関連する理論や諸説を述べ、事例を通じて解説を行ったが、これらが机上の空論ではなく、実務に何らかの貢献ができることを切に願っている。

二〇一四年四月

南　知恵子
西岡　健一

❖ 参考文献一覧

小川進（二〇一三）『ユーザー・イノベーション――消費者から始まるものづくりの未来』東洋経済新報社。

小野譲司（二〇一〇）「JCSIによる顧客満足モデルの構築」『季刊マーケティングジャーナル』第一一七号、二〇－三四頁。

酒井麻衣子（二〇一〇）「顧客維持戦略におけるスイッチングバリアの役割」『季刊マーケティングジャーナル』第一一七号、三五－五五頁。

高嶋克義・南知恵子（二〇〇六）『生産財マーケティング』有斐閣。

田村正紀（二〇〇八）『立地創造――イノベータ行動と商業中心地の興亡』白桃書房。

土田尚弘・鈴木督久（二〇〇九）「顧客満足度調査にもとづくインターネット調査と郵送法調査の比較研究」『マーケティング・リサーチャー』No. 110、四三－五〇頁。

中西正雄（一九八三）『小売吸引力の理論と測定』千倉書房。

ヘスケット、ジェームス・L（山本昭二訳）（一九九二）『サービス経済下のマネジメント』千倉書房。

南知恵子（二〇〇五）『リレーションシップ・マーケティング――企業間における関係管理と資源移転』千倉書房。

南知恵子（二〇一二）「サービスマーケティングにおける『価値共創』とリサーチ」『マーケティング・リサーチャー』No. 118、一〇－一五頁。

南知恵子・小川孔輔（二〇一〇）「日本版顧客満足度指数（JCSI）のモデル開発とその理論的な基礎」『季刊マーケティングジャーナル』第一一七号、四－一九頁。

山本昭二（一九九九）『サービス・クオリティ――サービス品質の評価過程』千倉書房。

Achrol, R. and P. Kotler（2006）"The Service-Dominant Logic for Marketing: A Critique," In R. Lusch and S. Vargo eds., *The Service Dominant Logic of Marketing: Dialog, Debate and Directions*, Armonk, New York: M. E. Sharpe.

Anderson, E. and C. Fornell（2000）"Foundations of the American Customer Satisfaction Index," *Total Quality Management*, 11(7), pp. 869-882.

Anderson, E. and M. Sullivan (1993) "The Antecedents and Consequences of Customer Satisfaction for Firms," *Marketing Science*, 12(2), pp. 125-143.

Anderson, J., H. Håkansson and J. Johanson (1994) "Dyadic Business Relationships within a Business Network Context," *Journal of Marketing*, 58(4), pp. 1-15.

Arnould, E. (2008) "Service-Dominant Logic and Resource Theory," *Journal of the Academy of Marketing Science*, 36(1), pp. 21-24.

Ashurst, C., A. Freer, J. Ekdahl and C. Gibbons (2012) "Exploring IT-enabled Innovation: A New Paradigm?" *International Journal of Information Management*, 32(4), pp. 326-336.

Bagozzi, R. (1974) "Marketing as Organized Behavioural System of Exchange," *Journal of Marketing*, 38(4), pp. 77-81.

Bagozzi, R. (1975) "Marketing as Exchange," *Journal of Marketing*, 39(4), pp. 32-39.

Baines, T., H. Lightfoot, J. Peppard, M. Johnson, A. Tiwari, E. Shehab and M. Swink (2009) "Towards an Operations Strategy for Product-Centric Servitization," *International Journal of Operations & Production Management*, 29(5), pp. 494-519.

Ballantyne, D. and R. Varey (2008) "The Service-Dominant Logic and the Future of Marketing," *Journal of the Academy of Marketing Science*, 36(1), pp. 11-14.

Banker, R., I. Bardhan, H. Chang and S. Lin (2006) "Plant Information Systems, Manufacturing Capabilities, and Plant Performance," *MIS Quartely*, 30(2), pp. 315-337.

Barge-Gil, A. (2010) "Open, Semi-Open and Closed Innovators: Towards an Explanation of Degree of Openness," *Industry and Innovation*, 17(6), pp. 577-607.

Bauer, H., T. Falk and M. Hammerschmidt (2006) "eTransQual: A Transaction Process-based Approach for Capturing Service Quality in Online Shopping," *Journal of Business Research*, 59(7), pp. 866-875.

Bernardes, E. and M. Hanna (2009) "A Theoretical Review of Flexibility, Agility and Responsiveness in the Operations Management Literature: Toward a Conceptual Definition of Customer Responsiveness," *International Journal of*

Operations & Production Management, 29(1), pp. 30-53.

Berry, L., V. Shankar, J. Parish, S. Cadwallader and T. Dotzel (2006) “Creating New Markets Through Service Innovation,” *MIT Sloan Management Review*, 47 (2), pp. 56-63.

Bharadwaj, A. (2000) “A Resource-based Perspective on Information Technology Capability and Firm Performance: An Empirical Investigation,” *MIS Quarterly*, 24(1), pp. 169-196.

Bhatt, G., A. Emdad, N. Roberts and V. Grover (2010) “Building and Leveraging Information in Dynamic Environments: The Role of IT Infrastructure Flexibility as Enabler of Organizational Responsiveness and Competitive Advantage,” *Information & Management*, 47(7-8), pp. 341-349.

Bitner, M. (1990) “Evaluating Service Encounters: The Effects of Physical Surroundings and Employee Responses,” *Journal of Marketing*, 54(2), pp. 69-82.

Bitner, M. and A. Hubbert (1994) “Encounter Satisfaction versus Overall Satisfaction versus Quality: The Customer’s Voice,” In R. T. Rust and R. L. Oliver eds., *Service quality: New Directions in Theory and Practice*, Thousand Oaks, CA: Sage, pp. 72-94.

Briggs, E., T. Landry and P. Daugherty (2007), “Patronage in Continually Delivered Business Service Contexts,” *Journal of Business Research*, 60(11), pp. 1144-1151.

Cassiman, B. and R. Veugelers (2006) “In Search of Complementarity in Innovation Strategy: Internal R& D and External Knowledge Acquisition,” *Management Science*, 52(1), pp. 68-82.

Chang, H. and C. Wang (2011) “Enterprise Information Portals in Support of Business Process, Design Teams and Collaborative Commerce Performance,” *International Journal of Information Management*, 31(2), pp. 171-182.

Chesbrough, H. (2003) *Open Innovation: The New Imperative for Creating and Profiting from Technology*, Boston: Harvard Business School Press.（大前恵一朗訳『Open innovation ――ハーバード流イノベーション戦略のすべて』産業能率大学出版部，二〇〇四年）

Chesbrough, H. (2011) *Open Services Innovation: Rethinking Your Business to Grow and Compete in a New Era*, San

Francisco: Jossey-Bass.（博報堂大学ヒューマンセンタード・オープンイノベーションラボ・TBWA・HAKUHODO 監修・監訳『オープン・サービス・イノベーション――生活者視点から、成長と競争力のあるビジネスを創造する』阪急コミュニケーションズ，二〇一二年）

Christopher, M.（1998）*Logistics and Supply Chain Management: Strategies for Reducing Cost and Improving Service*, London: Pitman Publishing.

Christopher, M. and D. Towill（2001）"An Integrated Model for the Design of Agile Supply Chains," *International Journal of Physical Distribution and Logistics Management*, 31(4), pp. 235-246.

Cohen, W. and D. Levinthal（1990）"Absorptive Capacity: A New Perspective on Learning and Innovation," *Administrative Science Quarterly*, 35(1), pp. 128-152.

Colombo, M., K. Laursen, M. Magnusson and C. Rossi-Lamastra（2011）"Organizing Inter- and Intra-Firm Networks: What is the Impact on Innovation Performance?" *Industry and Innovation*, 18(6), pp. 531-538.

Constantin, J. and R. Lusch（1994）*Understanding Resource Management*, Oxford, OH: Planning Forum.

Coviello, N. and R. Brodie（2001）"Contemporary Marketing Practices of Consumer and Business-to-business Firms: How Different are They?" *Journal of Business & Industrial Marketing*, 16(5), pp. 382-400.

Davies, A., T. Brady and M. Hobday（2007）"Organizing for Solutions: Systems Seller vs. Systems Integrator," *Industrial Marketing Management*, 36(2), pp. 183-193.

Davis, M. and J. Heineke（1994）, "Understanding the Roles of the Customer and the Operation for Better Queue Management," *International Journal of Operations & Production Management*, 14(5), pp. 21-34.

Davis, M. and T. Vollmann（1990）"A Framework for Relating Waiting Time and Customer Satisfaction in a Service Operation," *Journal of Services Marketing*, 4(1), pp. 61-69.

Day, G.（1994）"The Capabilities of Market-Driven Ogranizations," *Journal of Marketing*, 58 (4), pp. 37-52.

Day, G.（2006）"Achieving Advantage with a Service Dominant Logic," In R. Lusch and S. Vargo eds., *The Service-Dominant Logic of Marketing: Dialog, Debate and Directions*, Armonk, New York: M. E. Sharpe.

Dong, S., S. Xu and K. Zhu (2009) "Information Technology in Supply Chains: The Value of IT-enabled Resources under Competition," *Information Systems Research*, 20(1), pp. 18-32.

Dotzel, T., V. Shankar and L. Berry (2013) "Service Innovativeness and Firm Value," *Journal of Marketing Research*, 50(2), pp. 259-276.

Edvardsson, B., A. Gustafsson and I. Roos (2005) "Service Portrays and Service Constructions: A Critical Review," *International Journal of Service Industry Management*, 16(1), pp. 107-121.

Foote, N., J. Galbraith, Q. Hope and D. Miller (2001) "Making Solutions the Answer," *McKinsey Quarterly*, 3, pp. 84-93.

Fornell, C. (1992) "A National Customer Satisfaction Barometer: The Swedish Experience," *Journal of Marketing*, 56(1), pp. 6-21.

Fornell, C., M. Johnson, E. Anderson, J. Cha and B. Bryant (1996) "The American Customer Satisfaction Index: Nature, Purpose, and Findings," *Journal of Marketing*, 60 (4), pp. 7-18.

Gadrey, J., F. Gallouj and O. Weinstein (1995) "New Modes of Innovation: How Services Benefits Industry," *International Journal of Service Industry Management*, 6(3), pp. 4-16.

Gebauer, H., B. Edvardsson, A. Gustafsson and L. Witell (2010) "Match or Mismatch: Strategy-Structure Configurations in the Service Business of Manufacturing Companies," *Journal of Service Research*, 13(2), pp. 198-215.

Gebauer, H., E. Fleisch and T. Friedli (2005) "Overcoming the Service Paradox in Manufacturing Companies," *European Management Journal*, 23(1), pp. 14-26.

Gulati, R. and M. Sytch (2007) "Dependence Asymmetry and Joint Dependence in Interorganizational Relationships: Effects of Embeddedness on a Manufacturer's Performance in Procurement Relationships," *Administrative Science Quarterly*, 52(1), pp. 32-69.

Gummesson, E. (2006) "Many-to-Many Marketing as Grand Theory: A Nordic School Contribution," In R. Lusch and S. Vargo eds., *The Service Dominant Logic of Marketing: Dialog, Debate and Directions*, Armonk, New York: M. E. Sharpe.

Gummesson, E. (2008) "Extending the Service-Dominant Logic: From Customer Centricity to Balanced Centricity,"

Journal of the Academy of Marketing Science, 36(1), pp. 15-17.

Heskett, J., T. Jones, G. Loveman, W. Sasser, Jr. and L. Schlesinger (1994) "Putting the Service-Profit Chain to Work," *Harvard Business Review*, 72(2), pp. 164-174.

Holbrook, M. (1999) "Introduction to Consumer Value," In M. Holbrook ed., *Consumer Value: A Framework for Analysis and Research*, London and New York: Routledge.

Homburg, C. and B. Rudolph (2001) "Customer Satisfaction in Industrial Markets: Dimensional and Multiple Role Issues," *Journal of Business Research*, 52(1), pp. 15-33.

Huang, M. and R. Rust (2013) "IT-Related Service: A Multidisciplinary Perspective," *Journal of Service Research*, 6(3), pp. 251-258.

Hunt, S. and S. Madhavaram (2006) "The Service-Dominant Logic of Marketing Theoretical Foundations, Pedagogy, and Resource-Advantage Theory," In R. Lusch and S. Vargo eds., *The Service Dominant Logic of Marketing: Dialog, Debate and Directions*, Armonk, New York: M. E. Sharpe.

Hunt, S. and R. Morgan (2005) "The Resource-Advantage Theory of Competition: A Review," *Review of Marketing Research*, 1, pp. 153-206.

Ittner, C., D. Larcker and D. Taylor (2009) "The Stock Market's Pricing of Customer Satisfaction," *Marketing Science*, 28 (5), pp. 826 - 835.

Jackson, R. and P. Cooper (1988) "Unique Aspects of Marketing Industrial Services," *Industrial Marketing Management*, 17 (2), pp. 111-118.

Johnston, R. (1999) "Service Transaction Analysis: Assessing and Improving the Customer's Experience," *Managing Service Quality*, 9(2), pp. 102-109.

Johnston, R. and G. Clark (2005) *Service Operations Management: Improving Service Delivery*, 2nd ed., Harlow: Financial Times/Prentice Hall.

Jones, P. and E. Peppiatt (1996) "Managing Perceptions of Waiting Times in Service Queues," *International Journal of*

Service Industry Management, 7 (5), pp. 47-61.

Katz, K. L., B. M. Larson and R. C. Larson (1991) "Prescription for the Waiting-in-Line Blues: Entertain, Enlighten, and Engage," *Sloan Management Review*, 32 (2), pp. 44-53.

Lambert, D., J. Stock and L. Ellram (1998) *Fundamentals of Logistics Management*, Homewood: Irwin, Boston: McGraw-Hill.

Levitt, T. (1972) "Production-line Approach to Service," *Harvard Business Review*, 50 (5), pp. 41-52.

Liang, C.-J. and H-J. Chen (2009) "A Study of the Impacts of Website Quality on Customer Relationship Performance," *Total Quality Management & Business Excellence*, 20 (9), pp. 971-988.

Lichtenthaler, U. (2011) "Open Innovation: Past Research, Current Debates, and Future Directions," *Academy of Management Perspectives*, 25 (1), pp. 75-93.

Lowson, R. (2001) "Retail Sourcing Strategies: Are They Cost-effective," *International Journal of Logistics: Research and Applications*, 4 (3), pp. 271-296.

Lusch, R. and S. Vargo eds. (2006) *The Service Dominant Logic of Marketing: Dialog, Debate and Directions*, Armonk, New York: M. E. Sharpe.

Lusch, R., S. Vargo and A. Malter (2006) "Marketing as Service-Exchange: Taking a Leadership Role in Global Marketing Management," *Organizational Dynamics*, 35 (3), pp. 264-278.

Lusch, R., S. Vargo and M. Tanniru (2010) "Service, Value Networks and Learning," *Journal of the Academy of Marketing Science*, 38 (1), pp. 19-31.

Lusch, R., S. Vargo and G. Wessels (2008) "Toward a Conceptual Foundation for Service Science: Contributions from Service-dominant Logic," *IBM Systems Journal*, 47 (1), pp. 5-14.

Maglio, P., S. Vargo, N. Caswell and J. Spohrer (2009) "The Service System is the Basic Abstraction of Service Science," *Information Systems e-Business Management*, 7 (4), pp. 395-406.

Macdonald, E., H. Wilson and V. Martinez and A. Toossi (2011) "Assessing Value-in-use: A Conceptual Framework and

Exploratory Study," *Industrial Marketing Mangement*, 40(5), pp. 671-682.

Madhavaram, S. and S. Hunt (2008) "The Service-Dominant Logic and a Hierarchy of Operant Resources: Developing Masterful Operant Resources and Implications for Marketing Strategy," *Journal of the Academy of Marketing Science*, 36(1), pp. 67-82.

Maister, D. (1985) "The Psychology of Waiting Lines," In J. A. Czepiel, M. R. Solomon and C. F. Surprenant eds., *The Service Encounter: Managing Employee/Customer Interaction in Service Businesses*, Lexington: Lexington Books, pp. 113-123.

Marimon, F., R. Vidgen, S. Barnes and E. Cristóbal (2010) "Purchasing Behaviour in an Online Supermarket: The Applicability of E-S-QUAL," *International Journal of Market Research*, 52(1), pp. 111-129.

Mason-Jones, R., B. Naylor and D. Towill (2000) "Engineering the Leagile Supply Chain," *International Journal of Agile Management Systems*, 2(1), pp. 54-61.

Mathieu, V. (2001) "Product Services: From a Service Supporting the Product to a Service Supporting the Client," *Journal of Business & Industrial Marketing*, 16(1), pp. 39-58.

Matthyssens, P. and K. Vandenbempt (1998) "Creating Competitive Advantage in Industrial Services," *Journal of Business & Industrial Marketing*, 13(4/5), pp. 339-355.

Matthyssens, P. and K. Vandenbempt (2008) "Moving from Basic Offerings to Value-added Solutions: Strategies, Barriers and Alignment," *Industrial Marketing Management*, 37(3), pp. 316-328.

Matthyssens, P. and K.Vandenbempt (2010) "Service Addition as Business Market Strategy: Identification of Transition Trajectories," *Journal of Service Management*, 21 (5), pp. 693-714.

Matthyssens, P., K. Vandenbempt and L. Berghman (2006) "Value Innovation in Business Markets: Breaking the Industry Recipe," *Industrial Marketing Management*, 35(6), pp. 751-761.

Meuter, M., A. Ostrom, R. Roundtree and M. Bitner (2000) "Self-Service Technologies: Understanding Customer Satisfaction with Technology-Based Service Encounters," *Journal of Marketing*, 64(3), pp. 50-64.

Miles, I. (1993) "Services in the New Industrial Economy," *Futures*, 25(6), pp. 653-672.

Minami, C. and K. Nishioka (2012) "Value Creation in Reciprocal Process of Solutions," *The Journal of Japanese Operations Management and Strategy*, 3(1), pp. 74-90.

Myhal, G., J. Kang and J. Murphy (2008) "Retaining Customers through Relationship Quality: A Services Business Marketing Case," *Journal of Service Marketing*, 22(6), pp. 445-453.

Neely, A. (2008) "Exploring the Financial Consequences of the Servitization of Manufacturing," *Operations Management Research*, 1(2), pp. 103-118.

Normann, R. and R. Ramirez (1993) "From Value Chain to Value Constellation: Designing Interactive Strategy," *Harvard Business Review*, 71(4) pp. 65-77.

Oliva, R. and R. Kallenberg (2003) "Managing the Transition from Products to Services," *International Journal of Service Industry Management*, 14(2), pp. 160-172.

Oliver, R. (1980) "A Cognitive Model of the Antecedents and Consequences of Satisfaction Decisions," *Journal of Marketing Research*, 17(4), pp. 460-469.

Oliver, R. (1999) "Value as Excellence in the Consumption Experience," In M. Holbrook ed., *Consumer Value: A Framework for Analysis and Research*, London and New York: Routledge.

Parasuraman, A., V. Zeithaml and L. Berry (1988) "SERVQUAL: A Multiple-Item Scale for Measuring Consumer Perceptions of Service Quality," *Journal of Retailing*, 64(1), pp. 12-40.

Parasuraman, A., V. Zeithaml and A. Malhotra (2005) "E-S-QUAL: A Multiple-Item Scale for Assessing Electronic Service Quality," *Journal of Service Research*, 7(3), pp. 213-233.

Parvatiyar, A. and J. Sheth (2001) "Customer Relationship Management: Emerging Practice, Process, and Discipline," *Journal of Economic and Social Research*, 3 (2), pp. 1-34.

Payne, A., K. Storbacka and P. Frow (2008) "Managing the Co-creation of Value," *Journal of the Academy of Marketing Science*, 36 (1), pp. 83-96.

Penttinen, E., and J. Palmer (2007) "Improving Firm Positioning Through Enhanced Offerings and Buyer-Seller Relationships," *Industrial Marketing Management*, 36(5), pp. 552-564.

Raddats, C. and C. Easingwood (2010) "Services Growth Options for B2B Product-centric Businesses," *Industrial Marketing Management*, 39(8), pp. 1334-1345.

Rai, A., X. Tang, P. Brown and M. Keil (2006) "Assimilation Patterns in the Use of Electronic Procurement Innovations: A Cluster Analysis," *Information and Management*, 43(3), pp. 336-349.

Rauyruen, P. and K. Miller (2007) "Relationship Quality as a Predictor of B2B Customer Loyalty," *Journal of Business Research*, 60(1), pp. 21-31.

Reichheld, F. and W. Sasser, Jr. (1990) "Zero Defections: Quality Comes to Services," *Harvard Business Review*, 68(5), pp. 105-111.

Ritter, T. and A. Walter (2012) "More is not Always Better: The Impact of Relationship Functions on Customer-perceived Relationship Value," *Industrial Marketing Management*, 41(1), pp. 136-144.

Ross, J., C. Beath and D. Goodhue (1996) "Develop Long-Term Competitiveness through IT Assets," *Sloan Management Review*, 38(1), pp. 31-42.

Schwarz, A., M. Kalika, H. Kefi and C. Schwarz (2010) "A Dynamic Capabilities Approach to Understanding the Impact of IT-Enabled Businesses Processes and IT-Business Alignment on the Strategic and Operational Performance of the Firm," *Communications of the Association for Information Systems*, 26(4), pp. 57-84.

Shepherd, C. and P. Ahmed (2000) "From Product Innovation to Solutions Innovation: A New Paradigm for Competitive Advantage," *European Journal of Innovation Management*, 3(2), pp. 100-106.

Sheth, J., D. Gardner and D. Garrett (1988) *Marketing Theory: Evolution and Evaluation*, NY: John Wiley & Sons.

Solomon, M., C. Surprenant, J. Czepiel and E. Gutman (1985) "A Role Theory Perspective on Dyadic Interactions: The Service Encounter," *Journal of Marketing*, 49(1), pp. 99-111.

Stremersch, S., S. Wuyts and R. Frambach (2001) "The Purchasing of Full-service Contracts: An Exploratory Study within the Industrial Maintenance Market," *Industrial Marketing Management*, 30(1), pp. 1-12.

Swaminathan, J. and S. Tayur (1998) "Managing Broader Product Lines through Delayed Differentiation Using Vanilla Boxes," *Management Science*, 44(12), pp. s161-s172.

Taylor, S. and T. Baker (1994) "An Assessment of the Relationship Between Service Quality and Customer Satisfaction in the Formation of Consumers' Purchase Intentions," *Journal of Retailing*, 70(2), pp. 163-178.

Vandermerwe, S. and J. Rada (1988) "Servitization of Business: Adding Value by Adding Services," *European Management Journal*, 6(4), pp. 314-324.

van der Valk, W. (2008) "Service Procurement in Manufacturing Companies: Results of Three Embedded Case Studies," *Industrial Marketing Management*, 37(3), pp. 301-315.

Van Looy, B., P. Gemmel and R. Van Dierendonck eds. (2003) *Services Management: An Integrated Approach*, Harlow: Financial Times/Prentice Hall.（白井義男監修・平林祥訳『サービス・マネジメント――統合的アプローチ』ピアソン・エデュケーション，二〇〇四年）

Varey, R. and D. Ballantyne (2006) "Relationship Marketing and the Challenge of Dialogical Interaction," *Journal of Relationship Marketing*, 4(3-4), pp. 11-28.

Vargo, S. and M. Akaka (2009) "Service-Dominant Logic as a Foundation for Service Science: Clarifications," *Service Science*, 1(1), pp. 32-41.

Vargo, S. and R. Lusch (2004) "Evolving to a New Dominant Logic for Marketing," *Journal of Marketing*, 68(1), pp. 1-17.

Vargo, S. and R. Lusch (2008) "Service-Dominant Logic: Continuing the Evolution," *Journal of the Academy of Marketing Science*, 36(1), pp.1-10.

Wade, M. and J. Hulland (2004) "Review: The Resource-based View and Information Systems Research: Review, Extension and Suggestions for Future Research," *MIS Quarterly*, 28(1), pp. 107-142.

Walter, A., T. Ritter and H. Gemünden (2001) "Value Creation in Buyer-Seller Relationships: Theoretical Considerations and Empirical Results from a Supplier's Perspective," *Industrial Marketing Management*, 30(4), pp. 365-377.

Williams, P., S. Khan, N. Ashill and E. Naumann (2011) "Customer Attitudes of Stayers and Defectors in B2B Services: Are They Really Different?" *Industrial Marketing Management*, 40(5), pp. 805-815.

Williams, P., S. Khan and E. Naumann (2011) "Customer Dissatisfaction and Defection: The Hidden Costs of Downsizing," *Industrial Marketing Management*, 40(3), pp. 405-413.

Windahl, C. and N. Lakemond (2006) "Developing Integrated Solutions: The Importance of Relationship Within the Network," *Industrial Marketing Management*, 35(7), pp. 806-818.

Windahl, C. and N. Lakemond (2010) "Integrated Solutions from a Service-centered Perspective: Applicability and Limitations in the Capital Goods Industry," *Industrial Marketing Management*, 39(8), pp. 1278-1290.

Wise, R. and P. Baumgartner (1999) "Go Downstream: The New Profit Imperative in Manufacturing," *Harvard Business Review*, 77(5), pp. 133-141.

Wynstra, F., B. Axelsson and W. Van der Valk (2006) "An Application-based Classification to Understand Buyer-Supplier Interaction in Business Services," *International Journal of Service Industry Management*, 17(5), pp. 474-496.

Zeithaml, V., A. Parasuraman and L. Berry (1985) "Problems and Strategies in Service Marketing," *Journal of Marketing*, 49(2), pp. 33-46.

Zeithaml, V., A. Parasuraman and A. Malhotra (2002) "Service Quality Delivery Through Web Sites: A Critical Review of Extant Knowledge," *Journal of the Academy of Marketing Science*, 30(4), pp. 362-375.

Zeng, F., Z. Yang, Y Li and K.-S. Fam (2011) "Small Business Industrial Buyers' Price Sensitivity: Do Service Quality Dimensions Matter in Business Markets?" *Industrial Marketing Management*, 40(3), pp. 395-404.

Zhu, K., K. Kraemer and S. Xu (2006) "The Process of Innovation Assimilation by Firms in Different Countries: A Technology Diffusion Perspective on E-Business," *Management Science*, 52(10), pp. 1557-1576.

索　引

◎ さ 行

◎ た　行

◎ な　行

◎ は　行

◎ ま　行

◎ や　行

◎ ら　行

◎ アルファベット

◈著者紹介

南　知恵子（みなみ・ちえこ）
神戸大学大学院経営学研究科教授（専攻：マーケティング論），博士（商学）（神戸大学）
ミシガン州立大学大学院コミュニケーション研究科修士課程，神戸大学大学院経営学研究科博士前期課程修了，同研究科博士後期課程退学。横浜市立大学大学院経営学研究科助教授等を経て，現職。
主要著作：『ギフト・マーケティング』千倉書房，1998年；『リレーションシップ・マーケティング』千倉書房，2005年；『顧客リレーションシップ戦略』有斐閣，2006年；『「製造業のサービス化」戦略』（西岡健一との共著）中央経済社，2017年

西岡　健一（にしおか・けんいち）
関西大学商学部教授（専攻：サービス・マネジメント論，事業創生論），PhD（エジンバラ大学）
東京理科大学大学院工学研究科修士課程，神戸大学大学院経営学研究科専門職大学院，エジンバラ大学ビジネススクール博士課程修了。日本電信電話株式会社ネットワークサービスシステム研究所，西日本電信電話株式会社を経て，2009年より関西大学。
主要著作：『「製造業のサービス化」戦略』（南知恵子との共著）中央経済社，2017年

サービス・イノベーション——価値共創と新技術導入
Service Innovation: ICT as an Enabler for Co-Creating Value

2014年6月20日　初版第1刷発行
2021年3月30日　初版第2刷発行

著　者　南　知恵子
　　　　西岡　健一
発行者　江草　貞治
発行所　株式会社　有斐閣
郵便番号　101-0051
東京都千代田区神田神保町2-17
電話　(03)3264-1315〔編集〕
　　　(03)3265-6811〔営業〕
http://www.yuhikaku.co.jp/

印刷・萩原印刷株式会社／製本・大口製本印刷株式会社
© 2014, C. Minami and K. Nishioka. Printed in Japan
落丁・乱丁本はお取替えいたします。
★定価はカバーに表示してあります。
ISBN 978-4-641-16446-8

JCOPY 本書の無断複写（コピー）は，著作権法上での例外を除き，禁じられています。複写される場合は，そのつど事前に(一社)出版者著作権管理機構（電話03-5244-5088，FAX03-5244-5089，e-mail：info@jcopy.or.jp）の許諾を得てください。